MICKEL · GELEHRTENREPUBLIK

Reclam Bibliothek

KUNSTWISSENSCHAFTEN

Karl Mickel

GELEHRTEN-REPUBLIK

Aufsätze und Studien

1990

Reclam-Verlag Leipzig

ISBN 3-379-00602-5

Nachweis der Quellen am Schluß des Bandes

Reclam-Bibliothek Band 1363
1. Auflage
Reihengestaltung: Lothar Reher
Printed in the German Democratic Republic
Dresdner Druck- und Verlagshaus GmbH
Gesetzt aus Garamond-Antiqua
LSV 7002
Bestellnummer: 661 529 7
6,–

Inhalt

Vorbemerkung zur ersten Ausgabe, Halle 1976

Die folgenden Aufsätze und Studien sind Resultate des Selbstverständigungsprozesses; Fragmente eines, ungeführten, Sudelbuchs. – Der Methode liegt die Überzeugung zugrunde, daß die Dichter vergangener Perioden Augen im Kopf gehabt haben; daß ein Mann, der heute die gleiche Kelter tritt, lernen kann, mit diesen Augen zu sehen; er ist dann Augenzeuge der Geschichte. Marx zitiert Goethe: „Sollte diese Qual uns quälen / Da sie unsre Lust vermehrt?“

30. 7. 1975

Zu dieser Ausgabe

Die vor fünfzehn Jahren ausgesprochne Einsicht (: daß die Dichter eh und je Augen im Kopf gehabt haben etc.) bestimmt mein theoretisches Interesse nach wie vor. Doch sind mir seither zwei Folgesätze Maximen geworden: Literaturanalyse ist die Fortsetzung des Kunstwerkes mit anderen Mitteln, also Historiographie.
Die großen Kunstwerke sind die Leitfossilien ihrer Zeitalter; sie beantworten die Frage: Wo bin ich?
Die wenigen Kommentare zur unmittelbaren Gegenwart sind extrem fragmentarisch; fast alles ist ausgeklammert, was mir poetischer Gegenstand geworden ist oder werden kann.

8. 10. 1989 K. M.

DIE VÄTER

Was die Hymne leistet

Klopstock, der älteste deutsche Klassiker, gilt als der langweiligste deutsche Klassiker. „Haben Sie schon den ‚Messias' gelesen?" ist eine Gegenfrage, die niederschmetternd gemeint ist. Lessing hat die Sprachgewalt dieses Gedichts analysiert; Lessings Analyse (in „Das Neueste aus dem Reiche des Witzes etc." 1751) ist kaum bekannt, landläufig ein Epigramm des gleichen Verfassers: Klopstock wolle weniger gelobt denn gelesen werden. Kenner dieses Epigramms sind Lessinglober. – Andre verleugnen Klopstock nicht, nur der Name macht ihnen gewisse Schwierigkeit. Sie assoziieren Klopstock = Rohrstock = Schulmeister; unversehens ist der Dichter vom Marmorsockel hinübergerückt auf den Holzsockel; man fühlt sich subaltern (: eines dürftigen Todes Leib); der Subalterne sieht auf seinem Gegenpol Kälte statt Kaltsinn, Unnahbarkeit statt Selbstbehauptung. Keine Rede davon, daß man dem Vorbild mit freiem ehrfürchtigem Gelächter nahe. Ich entsinne mich, wie ich einem Freunde, in der S-Bahn über dem Schutzwall, verzweifelt zu beweisen suchte, „Die deutsche Gelehrtenrepublik" sei eine große Satire der Deutschen; ich fand mich einem Bierernst gegenüber, welcher den Bierernst verteidigte. – Zum dritten war eine mehr oder weniger bewußte Verachtung des Hymnus dem Ansehen Klopstocks abträglich; dieser und jener Lessinglober gab zu, die eine oder andre Ode sei vortrefflich, mit dem stillen Vorbehalt: sofern man die Berechtigung des Hymnus unterstelle. Mit der Antwort auf die Frage, was die Hymne leistet? setzt das ehrfürchtige Gelächter ein, welches ich für ein wünschenswertes Verhältnis zu Klassikern halte. – Was leistet die Hymne? 1751 erhielt Friedrich Gottlieb Klopstock vom Dänenkönig Friedrich V. ein Gnadengehalt (400 Reichsthaler jährlich) zugesprochen, damit er in Kopenhagen die Messiade mit guter Muße und ohne Distraktion beendigen könne. Klopstock wurde, wenn er seine Heimatstadt, Quedlinburg, besuchsweise bewohnte, mit dringlichen Aufforderungen, ins preußische Militärdienstverhältnis einzurücken, wiederholt belästigt, dergestalt, daß Haussuchungen, seiner habhaft zu werden, nur durch Verfügung der Quedlinburger Äbtissin, einer schleswig-holsteinischen Herzogin, abgewendet werden konnten. – Sogleich dichtete Klopstock die Ode „Für den König".

Psalter, singe dem Herrn! geuß Silbertöne, / Laute Jubel herab! und ruf zur Stimme / Deiner Feyer Gedanken, / Welche Jehova, den Schöpfer, erhöhn!

Jehova, der Schöpfer, wird durch die Tätigkeit des Dichters erhöht; der Dichter nimmt die Operation der Erhöhung an seinem Gotte vor.

Du bist herrlich und mild! Du gabst, du Geber! / Uns, dem glücklichen Volk, in deinen Gnaden / Einen weisen Beherrscher, / Daß er die Ehre der Menschlichkeit sey!

Dem Volke kommt, mittels Schreibkonvention, der Plural der Majestät zu („Uns"); der Verssprung „in deinen Gnaden / Einen weisen Beherrscher" weist, indem er die Singularität betont, auf Kommendes.

Preis und Jubel und Dank dem grossen Geber!

Wem? dem Geldgeber.

Heil dem Könige! Heil dem Gottgegebnen! / Segn' ihn, wenn du herabschaust, / Schau unverwandt, o Jehova, herab!

Der Dichter befiehlt seinem Gotte, seinen Mäzen unausgesetzt im Auge zu behalten.

Schau herunter, und gieb ihm langes Leben, / Sanftes Leben, du Gott der Menschenfreunde! / Giebs dem Theuren, dem Guten, / Ihm, der die Wonne der Menschlichkeit ist! // Den wir lieben! er ist, er ist der Jubel / Unsrer Seele! dir rinnt die Freudenthräne! / Heil dir! Weh dem Erobrer / Welcher im Blute der Sterbenden geht, // Wenn die Rosse der Schlacht gezähmter wüthen, / Als der schäumende Held nach Lorbern wiehert! / Stirb! so tief sie auch wuchsen / Fand sie des Donnerers Auge doch auf!

Klopstock ergreift die Gelegenheit, daß sein König nicht in Kriege verwickelt ist, um, indem er ihn lobt, die Kabinettskriege allesamt zu verurteilen. Die sie betreiben, wachsen nicht hoch, sondern tief; dadurch, daß sie sich klein machen, werden sie dem Gericht dafür, daß sie sich klein machen, nicht entgehen. Der Übergang vom Jubel zum Gericht wird bezeichnet mit der Vertauschung Mensch/Vieh im Sprachbild.

Flüche folgen ihm nach! Ein lauter Segen / Jauchzt dem edleren zu, der dieses Nachruhms / Schwarze Freuden verabscheut, / Sich zu der bessern Unsterblichkeit schwingt! // Dann bald höher empor zum Gipfel aufsteigt, / Spricht zum Ruhme: Du kennst die Aussenthat nur! / Edel handelt! zum Lohne / Selbst nicht das Lächeln des Weisen begehrt! // Reines Herzens, das seyn! es ist die letzte, / Steilste Höhe von dem, was Weis' ersannen, / Weisre thaten! Der Zuruf / Selber des Engels belohnet nicht ganz // Einen König, der Gott sein Herz geweiht hat! /

Klopstock kehrt, nach kurzer Intensität des Gerichts, sofort zum extensiven Jubel zurück. Umgehend stellte er dem Bejubelten eine Aufgabe, deren Bewältigung ihn noch höheren Jubels würdig machen würde: des Jubels nicht nur, auch des Lächelns der Weisen entraten zu können. Dann wäre das Lob des Engels geringer denn das Verdienst.

Kaum vom Tage bestrahlt, lallt's Kind von ihm schon!

Eine unglaubliche Schmeichelei! Ein Lob, welches, weil es platterdings nicht eintreten kann, unverdient ist. Der Effekt ist satirisch.

Und, entglimmender Sonnen / Seher, erlöschender nennt ihn vor Gott!

Dieser Seher ist Klopstock selber; da er im Begriffe steht, seinen König vor seinem Gotte zu nennen, scheint es nun, als habe der Monarch die Aufgabe, die ihm gestellt worden war, bereits bewältigt. Wie aber soll er? da im Augenblick das geschieht, was, wenn es hätte verdient sein sollen, nicht stattfinden dürfte: Lobrede. Die Satire übergipfelt sich.

Einen Christen, ich sah den Weisen sterben, / Einen Christen, zur Zeit der neuen Heiden!

Die Betonung der Singularität erfolgt wieder durch Verssprung; das beweist, daß dies, wie oben mehrfach, Absicht ist.

Liebend wandt' er sein Auge / Gegen den Enkel, und lächelte so: // Erst sey dieses mein Dank, der ewig daure, / Daß mein Schöpfer mich schuf, und nun mich wegwinkt, / Von der Schwelle des Lebens, / Zu dem unsterblichen Leben empor! // Und dann bet' ich ihn an, daß dies mein Auge / Noch den Menschenfreund sah, den uns sein Gott gab! / Gott, Gott segne, ja segn' ihn! /

Wie! ein Sterbender gedenkt in letzten Zügen seines Königs? Weiß er nichts Wichtigers?

Wende dich nicht, ach, und weine nicht, Sohn! // Gott, Gott segn' ihn! Hier wird der Tod mir bitter, / Hier nur! Denn nun erblickt mein todtes Auge / Meinen König, den besten, / Ach den geliebtesten König nicht mehr!

Das Gegenstück zum friedrichlallenden Kinde, jedoch im Bereich des Möglichen. Es erfolgt die Prophezeiung eines langen Lebens für den König:

Du, mein glücklicher Sohn, du wirst ihn lange, / Lange wirst du ihn sehn, noch, wenn das Alter / Ihn, mit silbernen Haaren. / Und mit der Wonne des Lebens bedeckt, // Ach der Wonne, vor Gott gelebt zu haben! / Gute Thaten um sich, in vollen Schaaren, / Zu erblicken! Sie folgen, / Jüngling, ihm nach in das ernste Gericht!

Die Ode scheint nun bieder panegyrisch auszulaufen. Aber.

Vieles sah ich. Ich weiss, was gross und schön ist / In dem Leben! Allein das ist das höchste, / Was des Sterblichen Auge / Sehn kann: Ein König, der Glückliche macht!

Klopstock lobt einen König und verwirft die Gattung. Ein König macht Glückliche! Dies ist so außerordentlich, daß ein Sterbender den letzten Atem daran wendet? Kann die Institution schneidender abgeurteilt werden?

Sey du würdig, von ihm gekannt zu werden, / Lern bescheidnes Verdienst: er wird dich kennen. / Nun ... Gott segne, ja segn' ihn! / Segne der Könige Besten! Er starb.

Der Sohn kennt, da er an ihn empfohlen wird, diesen König noch nicht. Folglich: der einzige Mann, der einen derart außerordentlichen Monarchen gekannt hat, ist tot.

Ewald von Kleist an Herrn Rittmeister Adler

Kürzlich kaufte ich einen Raubdruck aus dem Jahre 1765, angeblicher Verlagsort Amsterdam, welcher die Sämmtlichen Werke des Dichters Ewald von Kleist enthält. Ewald von Kleist war uns merkwürdig durch sein Gedicht „Der Frühling"; sein Ende lag begründet in der Schlacht bei Kunersdorf (12. 8. 1759). – „Er hatte sein Leben niemals ängstlich geliebt, und liebte es nie weniger als itzt, da er unter Friedrichs Augen zu siegen oder zu sterben die Wahl hatte. Er griff, unter der Anführung des Generals von Fink, die Rußische Flanke an. Er hatte mit seinem Bataillon bereits drey Batterien erobern helfen, er hatte dabei zwölf starke Kontusionen empfangen, und war in die beiden ersten Finger der rechten Hand verwundet worden, so daß er den Degen in der linken Hand halten mußte. Sein Posten als Major verband ihn eigentlich hinter der Fronte zu bleiben, aber er bedachte sich nicht einen Augenblick vorzureiten, als er den verwundeten Commandeur des Bataillons nicht mehr erblickte. Er führte sein Bataillon unter einem entsetzlichen Canonenfeuer von Seiten der Feinde gegen die vierte Batterie an. Er rief die Fahnen seines Regiments zu sich, und nahm selbst einen Fahnenjunker beym Arm. Er ward wieder durch eine Kugel in den linken Arm verwundet, so daß er den Degen nicht mehr mit der linken Hand halten konnte, er faßte ihn also wieder in die verwundete rechte Hand mit den beiden letzten Fingern und dem Daumen: er drang weiter, und war nur noch dreißig Schritte weit von dieser letzten Batterie, als ihm durch einen Kartetschenschuß das rechte Bein zerschmettert wurde. Er fiel vom Pferde und rief seinen Leuten zu: Kinder, verlaßt euren König nicht!" (Vorbericht) Dieser Preuße schrieb den wunderlichsten Nekrolog, den ich kenne: das in elegischem Versmaß gehaltne Gedicht „An Herrn Rittmeister Adler". – Über jenen heißt es in der Fußnote: „Dieser vortreffliche Mann, der zu Ehren der preußischen Armee, der Kriegskunst und der schönen Wissenschaften lange hätte leben sollen, ward 1745 bey Landshut in Schlesien, in einem Scharmützel mit den Oesterreichern und Sachsen, von den Uhlanen erstochen."

Die Elegie stellt die „Ewigkeit des Ruhms" dem „Augenblick des Glücks“ entgegen; sie erklärt diejenigen, die für erstere sich entscheiden, mithin den toten Adressaten sowie, vorausschauend, den Verfasser, für Idioten. (So wenig Nutzen ziehen die besten Geister Preußens aus ihren Einsichten).

Kriegsruhm und Glück sind alternierend beschrieben; dies ist der übliche barocke Extremismus. Das Mädchen heißt Phyllis, die berühmten Krieger sind die Alten. Die Bildwahl ist zeit- und landläufig, der Vergleich am Schluß ein, innerhalb des gespannten Rahmens, guter Einfall. Außerordentlich sind die ersten vier Verse:

Die Stürme wüten nicht mehr,

ist das der Winter? oder der Sommer? sind die Herbst- oder die Frühjahrsstürme beendet? ist das Ruhe? oder Totenstille?

man sieht die Zacken der Tannen

Nicht mehr durch gläsernen Reif;

sieht man die Zweige nicht *mehr*, weil sie jetzt vereist sind? oder sieht man sie *nicht* mehr durch Eis?

man sieht im eislosen Bach
Am Grunde Muscheln und Gras und junge wankende Blumen;

also weder Sommer noch Winter, sondern Frühjahr? Die jungen Blumen wanken der Strömung halber, aber warum schwanken sie nicht? Dies Wort wäre nicht entsetzlich –

Ein dunkles schwebendes Laub erfüllt den Buchwald mit Nacht.

Das scheint auf Herbst zu deuten. Ist jedoch Frühjahr, denn erst die neuen Knospen stoßen das alte Laub ab. – Die heitre Coulisse, welche die folgenden Glücksbilder umgibt und konstituiert, ist, ebenso wie die, von diesen reinlich getrennte, Heldenwelt, aus Einer Beschreibung entwickelt: item in nuce in ihr enthalten. Die Balance beider Kompo-

nenten ist dergestalt, daß keine genauere denkbar scheint. Was vorliegt, ist die oft zitierte und vollkommene Einheit der Widersprüche; Kleist führt nicht zu ihr hin, sondern er exponiert und zerstört sie. Seine Explikation reißt den Antagonismus auf, bis nichts mehr die Pole vermittelt: über allem die Fiktion, Einer habe die Wahl. Ein zartes Motiv verhindert, daß das Gedicht reißt, wie die Welt, die es beschreibt, zerrissen ist: Phöbus sieht weder den Soldaten im Grab noch die Schäferin im Gebüsch. – Die Elegie ist mithin, von den Schluß-Folgerungen gesehn, hedonistisch, auf ihre Struktur analysiert, schneidende Klage. In unserer Sammlung folgt diesem Stück ein Panegyrikus an die preußische Armee.
Wir ehren einen Mann, der vier Verse lang auf der Höhe der Weltliteratur sich befand und ein Gedicht lang die Fesseln seiner Erziehung und seiner Umstände gesprengt hielt.

Une eternité de gloire
Vaut-elle un jour de bonheur?
(Gresset.)

Die Stürme wüten nicht mehr, man sieht die Zacken der Tannen
Nicht mehr durch gläsernen Reif; man sieht im eislosen Bach
Am Grunde Muscheln und Gras und junge wankende Blumen;
Ein dunkles schwebendes Laub erfüllt den Buchwald mit Nacht.
Hier reizt der Nachtigall Lied durch tausend laufende Töne
Der West im Rosengebüsch bläst süße Düfte zur Flur.
Dort strahlt im glänzenden Strom das Bildniß blühender Hecken,
Und flieht nebst Ufer und Rohr des Fischers gleitenden Kahn.
Freund! flieh der Waffen Geräusch, itzt ist die Zeit des Vergnügens:
Fühl itzt in Wäldern die Lust, die Held und Höfling nicht kennt.

Was hilfts, mit freudigem Blick, vom Dunst der Ehre betrunken,
Mit Ordensketten beschwert, gekrönte Henker zu scheun?
Was hilfts, wenn künftig dein Grab vergüldete Waffen beschützen,
Wenn man aus Mamor dein Bild im schreckenden Panzer erhöht!
Achill und Hannibal muß die Nacht des Todes durchschlafen,
Die, nach der Schickung Gesetz, mich einst in Finsterniß hüllt.
Im Tode werd ich ihm gleich, im Leben bin ich beglückter.
Er sah nur Auen und Blut, schlief nur vom Himmel bedeckt,
Und hört ein ewig Geschwirr von Schilden, Spiessen und Pfeilen;
Ihn flohn Vergnügen und Scherz, und Cypris freundlicher Sohn.
Ich seh auf blumigter Flur das Winken schattigter Erlen,
Den Schmuck des lachenden Hains, die weissen Birken voll Laub,
Den Thal durchirrenden Bach. Ich schlaf in Lauben von Rosen
Und höre Chloens Gesang, ob dem die Nachtigall schweigt,
Und lauscht, und aufmerksam horcht. Rings um mich flattert die Freude.
Die kleine Phyllis im Hain verbirgt sich, wenn sie mich merkt,
Ich such und finde sie nicht; bis sie im dicken Gesträuche,
Wo Phöbus selbst sie nicht sieht, ein schalkhaft Lächeln verräth.

Die deutsche Gelehrtenrepublik, eine große Satire der Deutschen. Ich korrigiere mich. Klopstocks Weltbild ist eigentümlich unhistorisch; auch Deutsche unter seinen Zeitgenossen sahen das Netzwerk ökonomischer, sozialer, nationaler, ideologischer, philosophischer und politischer Faktoren und Einflüsse, deren inneres Wechselwirken Geschichte fortrückt (: Möser, Merck, Hamann, Herder, Forster, Schiller, Goethe). Klopstock faßte den religiös-ideologischen und den politischen Aspekt, letzeren mit solcher, monomanischen, Kraft, daß seit Klopstock die deutsche politische Dichtung datiert. – Die Dichter des Dreißigjährigen Krieges hatten den Weltzustand beklagt; ihre Losung hieß: Frieden. An Stelle eines unerträglichen Zustandes müßte ein genießbarer eingesetzt sein: wie wir heute Ersatzteile einfügen, nur sollte ausgewechselt werden: die Welt. Es stank zum Himmel, so daß kaum einer Gott verantwortlich zu machen sich unterstand; der Teufel hatte sich als Euphemismus für Söldner erwiesen, und der Komet nicht die Ernten gefressen, wohl aber der Heerwurm. Verbrechen im Namen der Religion stumpften ab gegen religiöse Formeln, wo doch offensichtlich Gewalt Zweck der Gewalt war. Dreißig Jahre Krieg massakrierten mit dem dogmatischen den historischen Sinn, der eschatologische blühte auf. Johann Georg Schoch teilte der Geliebten mit und ließ die Nation wissen: „Ich sitze, Candia, bei dir in Ruhe hier / Und lass indessen dort das höchstbedrängte Meißen / Mein liebes Vaterland, das Hertze sich zerreißen / Indem sich Deutschland müht, mit emsiger Begier // Sein Henker selbst zu sein. Ich bleibe hier bei dir! / Ein andrer steh für mich in eingeschlossnen Eisen. / Und mag sich auch der Feind um meine Güter reißen: / Du bist mein Losungswort, du bist mein Hauptquartier. // Hier such ich meinen Feind, den kann ich recht bekriegen / Ich kann in deinem Schoß, o schöne Candia / So gut und besser noch als sie zu Felde liegen: // Ein Kuß ist die Parol, die Losung eitel Ja / Die Festung muß bei dir nicht erst beschossen sein / Du läßt mich durch Akkord mit Sack und Pack hinein." – Ich zitiere das Sonett, weil es ein extremes Stück ist; das Motiv wirkt weiter zu Kleists Elegie an Adler, zu Goethens

Reisezehrung; der Titel hätte durchaus auch Entsagung heißen können. Es ist ebenso irdisch wie nihilistisch, heiter wie antipolitisch. Politik war höfisch, war, was ins Schlamassel geführt hatte. Doch die bewußte Abwendung des Dichters bestätigt die These von Werner Krauss: daß im Verlaufe des XVII. Jahrhunderts die Völker lernten, sie sind Objekt des Krieges, nicht Subjekt. Sie waren nur körperlich anwesend; in Gang gesetzt wurde, zwangsweise, die leibliche Mechanik. Die Reformation war das ideologische Pendant zum Bauernkrieg, der im Schlußdrittel des XV. Jahrhunderts sich angebahnt hatte, die Revolutionierung des Gottesbegriffs das geistige Medium der frühbürgerlichen Revolution gewesen; indem Einem diese Kopplung durch Erfahrung und Überliefrung eingefleischt war, konnte ihn die Ideologie, welche er mit seinem Interesse vermählt glaubte, obwohl sie es bereits mit dem Feind trieb, in den Kampf locken, wo er aus allen Kräften sich bewähren zu müssen vermeinte. Die Augsburger Konfession codifizierte die Scheidung, seit dem Westfälischen Frieden ist sie irreversibel: cuius regio, eius religio; Bekenntnis ist Aktensache (: statt Herzenssache). Die militärischen Auseinandersetzungen hießen nicht länger Glaubens-, sie hießen Erbfolgekriege. Abschaffung des Krieges schien ein mechanischer Vorgang, wie der Krieg selber. Der Würger kann uns nicht mehr schaden. Ein Wörtlein kann ihn fällen. Die Großen spielen ihr Spiel, wir werden uns ins Spiel mischen. Politik, die spielerische Komponente im Geschichtsprozeß, als einfachstes Mittel zum ernstlich-endlichen Zweck, gewann Rang im Bewußtsein der antifeudal-ideologischen Opposition. Schach war seit dem frühen XVIII. Jahrhundert die Metapher für Politik; Lessings Saladin spielt Schach, das zeigt den Herrscher; Heinse schrieb einen Roman: Anastasia oder das Schachspiel: ein Weib regiert die Domäne der Männer (= Herren). La Mettrie verfaßte: Der Mensch, eine Maschine; der Impuls kam ebenso vom mechanischen Charakter politisch-gesellschaftlicher Regungen wie von der Beobachtung neuer Produktionsinstrumente. Goethe probierte zehn Jahre in Weimar, was von innen gewirkt werden könne; Fürstenerziehung, einschließlich Manipulation regierender Personen, war offenbares Geheimnis intellektueller Konspirationen. Die Gelehrtenrepublik existierte, nämlich das faktische Bündnis antifeudaler Ideologen Europas. Die französische Enzyklopädie war auch organisatorisches Zentrum. Persönlich zerstritten, in scharfen Positionskämpfen, verfeindet bis zum Verfolgungswahn, Materialisten und Idealisten, Ökonomen und Theologen, Katholiken und Protestanten, Moralisten und Spieler, arme Hunde und Dandies: die „Heroen mit befleckten Westen" (Diderot) arbeiteten auf ein Ziel, listig und unverschämt, im historischen Gewand und im Bürgerrock, von innen und außen, heimlich und öffentlich: 100 Jahre Aufklärung, dann fiel die Bastille. – Die deutschen Fürsten ahmten die französischen Könige nach, in Unkenntnis der Gefahr. Goethe formulierte 89 höhnisch wissend: „Lange haben die Großen der Franzen Sprache gesprochen / Halb nur geachtet den Mann, dem sie vom Munde nicht floß. / Nun lallt alles Volk entzückt die Sprache der Franken. / Zürnet, Mächtige, nicht! Was ihr verlangtet, geschieht" (Epigramme Venedig, Nr. 58). Exzellenz unterschied Franzen und Franken: das noble Wort dem Volke; frank = frei.

Wie die Verachtung der Politik umgeschlagen war in Interesse am strategischen Spiel, so hatte die Säkularisierung der Religionen auf eigentümliche Weise den Glauben aktiviert. Die pietistische Strömung verzweigte mächtig, gespeist wurde sie aus Einer Quelle. Nicht die Werke machen selig, die Gnade tut es, das ist das Lutherwort, auf welches das Gefühl direkter Beziehung des Gläubigen zu Gott, Gottes zum Gläubigen gründete. Schon Luther hatte, unter Druck machtpolitischer Verwicklung, gesondert über die christliche Obrigkeit, die von Gott sei, handeln müssen, um die Konsequenzen seiner Theologie abzubinden. Gottesgnadentum der Monarchen fußte auf dieser intellektuellen Selbstverstümmelung Luthers. Dagegen polemisierte, in theologischer Gestalt, die pietistische Lehre. Direktschaltung Mensch/Gott implizierte Nonexistenz der Ämter, Negation der Hierarchie, Nichtachtung aller Zwischennullen. Die Pietistengemeinden, die Stillen im Lande, waren Staat im Staate. Ein pietistisches Gotteshaus ist ein Ort, wo das Volk sich versammelt, die Sitze auf die Längswand gerichtet, um vorn und hinten anzugleichen; kein Turm, über uns ist nur Gott, und der ist unter uns. Das Gleichnis vom Zinsgroschen war bevorzugter Gegenstand der Exegese; gib

doch dem Kaiser was des Kaisers ist, die Füße derer, die ihn hinaustragen werden, stehen schon vor der Tür. Die Praxis sah meist anders aus; Moritz hat ihre muffigste Variante am Leibe erfahren, die neuen Herren schlimmer als die alten. Dennoch tilgt keine Praxis ganz und gar die ursprüngliche Intention; war Spartacus ein glühender Vorkämpfer für Feudalismus und Fronarbeit gewesen?
In dieser Atmosphäre atmete Klopstock. Gottscheds Schelte, Klopstock sei poetischer Herrnhuter, ist exakte Bestimmung geistigen Zusammenhangs. Es ist unsinnig, das Messias-Epos aus dem Kontext zu lösen und als, leider Hauptwerk gewordne, Schrulle zu belächeln, oder lediglich direkt polemische Passagen (: das Gericht über die bösen Könige) notfalls gelten zu lassen. Ohne Messias keine Hermannsschlacht, ohne diese keine Gelehrtenrepublik, ohne letztere nicht die Oden von 89 und 94. – Die Folge ist merkwürdig retardierend; gemeinhin verfassen die Dichter Lyrik und gelangen dann zu Stück und Epos; indem Klopstock die Messiade erzwang, befestigte er sich gewaltsam die Einheit der Welt, die er zerrissen sah. Gegenstand ist Christus der Mittler; die Vermittlung zwischen Gott und Welt Strapaze, die nur der Gottmensch leisten kann. Die Menschheit, mit Gott uneins, ist uneins mit sich. Der Riß, der durch die Welt geht, geht durch Klopstock. Das kolossale metaphorische System zielt auf die Erlösung aus extrem geschärften und verfestigten Widersprüchen. Aber Klopstocks Denkweise reproduziert, gerade im Messias-Epos, die mörderische Schizophrenie, welche er wieder und wieder unterdrückt. – Das Ganze muß von kunstverständigen Philosophen, Historikern, Theologen und Psychologen gemeinsam monografisch untersucht werden; ich kann hier nur merkwürdige Beobachtungen mitteilen und hypothetische Verbindungen knüpfen. – Sadomasochistische Züge mit überwiegendem Masochismus. Einfühlend beschreibt der aufrechte Antifeudale, wie der Sohn vor dem Vater sich auf dem Bauch windet und, in früher Fassung, winselt; lange vor Erschaffung der Welt genießt Gottsohn die Vorlust der Kreuzigung. Das Gegengewicht ist Hybris; der Sänger, der den Mittler beschwört, ist der Mittler, Klopstock der Menschensohn begnadigt Abbadonna, den reuigen Teufel. Gottvater thront wie Ludwig XIV., aber die

Muse stammt von Tabor, was außer dem, apokryphen, Berg der Verklärung die Taboriten den Zeitgenossen notfolglich assoziierte. Newtonische Kosmologie; zugleich eine Hohlwelt, worin die Urväter hausen, der Eingang die Vulva am Nordpol. Insgesamt Versuch einer systematischen christlichen Ideologie für das philosophische XVIII. Jahrhundert; der Dichter identifiziert sich mit Gott, zu Homer kann er sich nur gesellen. Klopstock braucht die Religion, und er gebraucht sie, wie jede andere Überlieferung.
Die Umwelt des Knaben Gottlieb hatte deutsche Geschichte dem Augenschein geboten; unweit des Quedlinburger Schloßplatzes wies man ihm den Ort, wo Heinrich beim Vogelfangen die Krone angetragen worden war; die Krypta im Schloß birgt das Kaisers Grab. Das Schloß ruht auf Fundamenten eines von Otto I. gegründeten Frauenstifts. – Im dänischen Exil enthusiasmierte Gerstenberg den Lehrling der Griechen für nordische Altertümer. Autodidaktisch studierte Klopstock Althochdeutsch, ja Altsächsisch; er las Tacitus, die Edda; suchte Zeugnisse über den Götterglauben der Germanen im 1. Jahrhundert; er trug sich mit dem Plan, den Heliand zu übersetzen (: ließ das dann aber, er schrieb ja selber ein Originalwerk zum gleichen Stoff); wünschte, eine systematische Quellensammlung herauszugeben; er korrespondierte mit Mcpherson; Mallet, der Verfasser eines 1765 erschienenen einschlägigen Fachbuches lebte in Kopenhagen nebenan. Frucht der formellen Überlegungen wurden die Aufsätze zu Sprachtheorie und Sprachgestalt, welche Klopstock bis an sein Ende regelmäßig vorlegte; ständige Vergleichung und Reibung mit dem klassischen, d. h. vorbildlichen Latein konservierten stetig die geistige Existenz im mediterranen Weltkreis. Die Höhle in Niflgard wurde bezogen, das Apartement auf dem Helikon nicht gekündigt; kein Bruch: das Verhältnis zwischen nordischer Nebelwelt und Sonne Homers galt Klopstock nicht, wie später Goethen, kontradiktorisch. Homer und Hesiod hatten den Griechen das Göttersystem gegeben, damit die Griechheit geschaffen (die Tat des Gedankens); dies war schon konzeptioneller Ansatz des Messias-Epos gewesen (eine Christenheit stiften); nun war den deutschen Völkern die gemeinsame Geschichte aufzudekken, oder zu unterstellen; kraft der Dichtung würde die my-

thologische Fiktion historische Wahrheit werden. Die Völker auf Geschichte weisen, heißt: sie in historische Handlungen treiben; wie hatte Ossian die Seelen erschüttert. 1769 erschien Hermanns Schlacht. Ein Bardiet für die Schaubühne. Lessing kannte Teile im Manuskript; am 18. 10. 1768 hatte er an Ebert geschrieben: „Bald schicken wir Ihnen auch die Schlacht Hermanns: Sie wird über Hals über Kopf gedruckt, und zu einer Absicht, die eine zweite Messiade wird, wenn sie dem Verfasser gelingt." Lessing braucht nicht die Bezeichnung Theaterstück; das ist kein versteckter Tadel des für Genre-Leistungen so reizbaren Mannes, sondern Bestimmung. Er definierte den Gehalt als epischen. Der historische Stoff ist Vehikel politischen Willens. Guerilla gegen moderne Armee; Einheit der (deutschen) Stämme gegen fremde (nur auf den ersten Blick nationale) Unterdrückung: dieses Allgemeine bildet den Kern und modelt die Vorgänge. Gleich eingangs setzt Klopstock die Brutus-Chiffre: „Siegmar (i. e. der hinfällige Vater Hermanns): Er war mir jetzt eben so, als da ich in der Schlacht des Ariovist, wie wir noch gegen den stolzen Cäsar zu siegen glaubten, mit dem Helm' eines Römers, den ich hingestürzt hatte, aus einem kühlen Quell seitwärts blickend schöpfte. Denn ich suchte mir bei der süßen Labung das Herz eines der Fabier, den ich auch traf! Ha! Wär's das Herz des Dictators gewesen! Aber, dieß Blut fließen zu sehn, war dem erhabenen Manne vorbehalten, wie heißt doch sein Name? Das ist wahres Leiden des Alters, daß man sogar solche Namen vergißt! Nenn' ihn mir, diesen ehrenvollen Mann, der werth wäre, ein Nachkomme Thuiskons zu seyn. Horst: Brutus. Siegmar: Du nanntest einen großen Namen, Jüngling!" – Die Dramaturgie ist ganz äußerlich, ein Trick; es liegt mir auf der Zunge, es will nicht aus den Zähnen, hilf mir doch, Mensch. Allein, der große Name sollte nicht fallen, er mußte auffallen. Der Erste Dichter deutscher Zunge ruft Brutus; er meint nicht den plutarchischen Charakterkopf: die Tat ist der Charakter, der Mord der Mann, Cäsars Tod die Person (lat. persona = Maske). Überwogen im Messias die masochistischen Züge, entfaltet hier sich vorzüglich Sadismus; beides im nobelsten Kontext. – „... aus einem kühlen Quell seitwärts blickend schöpfte. Denn ich suchte mit bei der kühlen Labung das

Herz eines der Fabier, den ich auch traf!" Erfrischung begleitet von Vorlust, das Töten den menschlichen Freuden zugeordnet. Die Szene ist nach sorgfältigster Überlegung vorgestellt (eine ausgesuchte Raffinesse); dem langen, rhythmisch diskontinuierlichen, in sich verkeilten Satz folgt der schlanke gerade (wie der Speerstoß aus dem Muskelknäul); der abschließende Nebensatz ganz kurz und zum Ende hin schwer, zugleich Sturz des Feindes (wegen des langen a) und Ausschnaufen (-f!) des Siegers (es ist vollbracht). Hinterher die Ideologie: „Wär's das Herz des Dictators gewesen!" – Dante hatte Brutus in die Hölle geworfen, zusammen mit Judas Ischarioth; Th. von Aquino den Tyrannenmord unter Umständen zugelassen (das war später von aufgeklärten Monarchen den Jesuiten vorgehalten, diese als potentielle Königsmörder aufgehoben worden); Boccaccio kennt „kein lieblicheres Opfer als Tyrannenblut"; Giraldi Chinthio: „kein angenehmers Opfertier für Gott / Als ein Tyrann, verrucht wie dieser war"; Paolo Boscoli wollte sich Brutus fühlen, sofern sich Cassius fände, ein gewisser Agostino Capponi übernahm die Rolle, beider Verschwörung, gegen die Medici, mißlang. „Die Tradition aller toten Geschlechter lastet wie ein Alp auf dem Gehirne der Lebenden. Und wenn sie eben damit beschäftigt scheinen, sich und die Dinge umzuwälzen, noch nicht Dagewesenes zu schaffen, gerade in solchen Epochen revolutionärer Krise beschwören sie ängstlich die Geister der Vergangenheit zu ihrem Dienste herauf, entlehnen ihnen Namen, Schlachtparole, Kostüm, um in dieser altehrwürdigen Verkleidung und mit dieser erborgten Sprache die neue Weltgeschichtsszene aufzuführen." – „Wodan! Wodan, Tyrannenblut / Wegen der heiligen Freiheit! / Blut, wegen der heiligen Freiheit Blut der Tyrannen! / Wodan! Wodan!" (Siebente Szene; Tyrannen Plural). – Sechs Jahre danach beschrieb Goethe den (vermeintlichen) Kopf des Brutus für Lavater; der Text schließt an die plutarchische Erzählung; der 26jährige hebt nichtkonvulsivische Züge hervor: „Und eben in diesen untern Teilen des Gesichts wohnt eine Ahndung, daß dieser Mann auch Sammlung gelassener Eindrücke fähig sei. In der Ableitung des Muskels zum Munde herab schwebt Geduld, in dem Munde ruht Schweigen, natürliche liebliche Selbstgelassenheit, die feinste Art des Trutzes.

Wie ruhig das Kinn ist, und wie kräftig ohne Gierigkeit und Gewaltsamkeit sich so das Ganze schließt!" Das ist Anti-Klopstock, unpolemisch, rein bestimmend ausgesprochen; Goethens Brutus, der Geist der Geschichte, Ein Mal Ein Mensch: „Mann verschlossener Tat! langsam reifender, aus tausend Eindrücken zusammen auf einen Punkt gewürkter, auf einen Punkt gedrängter Tat! In dieser Stirne ist nichts Gedächtnis, nichts Urteil, es ist ewig gegenwärtiges, ewig würkendes, nie ruhendes Leben, Drang und Weben!" (Weben = Verknüpft-Verknüpfendes). „Welche Fülle in den Wölbungen aller Teile! wie angespannt das Ganze! Dieses Auge faßt den Baum bei der Wurzel. – Über allen Ausdruck ist die reine Selbstigkeit dieses Mannes" (= Identität mit sich selbst). „Beim ersten Anblicke scheint was Verderbendes dir entgegen zu streben. Aber die treuherzige Verschlossenheit der Lippen, die Wangen, das Auge selbst! – Groß ist der Mensch in einer Welt von Großen. Er hat nicht die hinlässige Verachtung des Tyrannen" (Bedingung des und Pendant zum klopstockischen geistigen Terrorismus), „er hat die Anstrengung dessen, der sich im Widerstande bildet" (sich bildet, nicht sich erschöpft), „der nicht dem Schicksale, sondern großen Menschen widerstrebt; der unter großen Menschen geworden ist. Nur ein Jahrhundert von Trefflichen konnte den Trefflichsten durch Stufen hervorbringen." (Schicksal, i. e. Gesetz der Geschichte; Zusammenprall ist Form des Zusammenwirkens, dieses Zusammenwirken vollzieht das Gesetz; Brutus ist nicht reduziert auf die Negation Cäsars, der Typ Brutus ist Modell Vorschein Idee einer Menschheit.) „Er kann keinen Herrn haben, kann nicht Herr sein." („Er will unter sich keinen Sklaven sehn / Und über sich keinen Herrn"; Brecht milderte kann zu will.) „Er hat nie seine Lust an Knechten gehabt. Unter Gesellen mußt er leben, unter Gleichen und Freien." (Ohne die Fraternité.) „In einer Welt voll Freiheit edler Geschöpfe würd er in seiner Fülle sein." (Die historisch konkrete negative Bestimmung Anti-Cäsars ist Einschränkung, Mangel.) „Und daß das nun nicht so ist, schlägt im Herzen, drängt zur Stirne, schließt den Mund, bohrt im Blicke! Schaut hier den gordischen Knoten, den der Herr der Welt nicht lösen konnte." (Nämlich, die Ahndung der Fülle ist die Bestimmung des Trefflichsten, die Fülle allein in dieser

Ahndung; der höchste Augenblick, Faust 2, bleibt Konjunktiv.)
Hermann, Klopstocks deutscher Brutus, war nicht geschichtsphilosophisch, er war politisch konzipiert. Dies im Doppelsinn: der Dichter fordert Terror; die Feinde heißen Ausländer, und ein deutscher Stammesfürst, primus inter pares durch seine Aktion, exekutiert sie. Aber der vorgestellte Römerkrieg trägt alle Züge des Volkskrieges, welcher im Vollzuge des 30jährigen vom deutschen Schauplatz verschwunden war. Gegen wen war Volkskrieg 1769 denkmöglich? Die deutschen Fürsten kooperierten mit jeder hilfswilligen Macht, gleich welcher Nationalität, und jede auswärtige Macht förderte hilfswillig die deutsche feudale Zersplitterung. Patriotismus war zugleich Antifeudalismus. Das Gespenst des Volkskriegs beschwören, das hieß, was den Feind anlangt, ein prästabiliertes Assoziationsfeld, ja einen Assoziationskanal erregen. Klopstocks Barden peitschen die Instinkte; indem sie zur Grausamkeit stacheln, zwecken sie auf das totale Engagement, welches hirnwütige Grausamkeit seinerseits freisetzt. Gegen Säuglingsmörder gilt jedes Mittel recht. Der Dichter schlägt den Sack und meint den Esel, daß im Sack Menschen stecken, er weiß es. Die formellen Elemente des Bardiets sind: Haßgesänge, Schlachtberichte, Diskussionen. Der Verfasser trennt sie sorgfältig; er präsentiert jedes pur, nicht ohne Härten kontrapunktisch gesetzt. So funktioniert Politik; Hermanns vernünftiges Argumentieren über gerechte und ungerechte Kriege (kunstvoll auf den Punkt getrieben, wo der Leser die Definition selbst aussprechen muß) schneidet die Barden (wie Stalin Ehrenburg) in dem Augenblick, da der Sieg gewonnen ist und systematisch zu Ende geführt werden kann. Nun werden Gefangene gemacht. So weit so kalt. Indes kommt das Spiel zu einem Schluß, dessen unheimlicher Gehalt alles Vorangegangene rigoros reinigt; die szenische Metapher vernichtet mit der Politik die Geschichte. Drei Opferknaben gehen dem Priester zur Hand. „Ein Opferknabe (zu dem aeltesten): Hörtest du, was sie wieder sangen? Ich halte es nicht mehr aus. ... Der Aelteste: Erster Priester und erster Richter unseres Volks, verzeih', daß ich dich anrede! Wir drei können der Barden Lieder nicht mehr aushalten. Ach, dürfen wir nicht hier den Felsen hinunter steigen und

hinter den Schilden unserer Väter irgend einem fallenden Römer auch unsre Lanzen ins Herz werfen? ... Brenno" (der Priester) „Ihr seyd zu kühn, Knaben. Tretet zurück. Euer Blut muß noch nicht fließen." (Darauf bettelt der Junge seinen Vater, Werdomar, an, weinend.) „Der Knabe: Auch du, mein Vater, verlässest mich?" (Christi Worte am Kreuz; sarkastisch parodiert.) „Nun, o Hertha, eine solche Römerschlacht erlebe ich nie wieder, wenn ich auch alt wie Siegmar werde, und ich Aermster darf sie nicht sehn! Keine Rüstung tönen hören! keine Rüstung eines fallenden Römers tönen hören! mein Vater? mein bester Vater? Werdomar: Brenno, nun kann ich nicht mehr. ... Ach, mein Sohn, wenn dich Hermann jetzo säh'! Brenno: ... Reich mir deine Hand und versprich mir: Du wirfst deine Lanze nur nach Römern, die schon bluten! Der Knabe, lebhaft: Ja, mein Vater." (Sechste Szene; Szene 8:) „Die beiden Opferknaben führen den aeltesten und tragen zugleich sein Schild und Lanze und einen römischen Helm. Alle: Und, hast du bei Waffentänzen und Siegesmahlen / Die zweite lange Jugend gelebt! / So nimmt dich auf in seinen strahlenden Hain / Allvater. Beide Opferknaben: Wir sind unschuldig, Brenno! Wir sind unschuldig! Wir konnten ihn nicht halten. ... Werdomar: ... Sieh mich an. Kennst du mich nicht, mein Sohn? Der Knabe: Wer bist du? Werdomar: Ich bin dein Vater! Der Knabe: Du mein Vater? Du bist der blutige Centurio! Geh'! Ist das der schreckliche Varus dort am Altar? Warum faßt Varus Wodans Altar an? Du sollst Wodans Altar nicht anfassen, du Feldherr der Tyrannen!" (Es ist Siegmar, den er für Varus hält; der, ebenfalls sterbend, halluzinierende Siegmar vermeint, der Knabe sei Hermanns Geist; die kleine Gestalt, die in der großen stak und nun aus ihr herausgekrochen ist. Die Schlacht sei verloren, wähnt er. Der Kleine will den Alten töten:) „Der blutige Mann ist ohne Schild. Wer hat meine kleine schöne Lanze? Ich traf wohl eher den Geier im Fluge! Ich will's nicht fehlen, dieß Römerherz." (Doppelter Wahn hebt den Krieg in pharsalischen Luftraum; dort entschwinden die Unterschiede zwischen Freund und Feind, Sieg und Niederlage; wieder und wieder töten, das bleibt. Die Sinnestäuschung ist seherisch; die Wirklichkeit in der Wahrheit. – Der Zehnjährige stirbt lange; zu Zeiten sieht er mit den Augen seiner Erzieher;

sein Auge trübt sich, aus ihm redet der Gott. Zwölfte Szene:) „Der Knabe: ... Wer ist denn das dort? Ach, Hertha, es ist Hermann! – Indem er zu Hermann hineilt, wankt er. Er sinkt bei Hermann nieder und küßt ihm sein Schwert und hält's mit beiden Händen. – Ach, Hermann, Hermann, dich seh' ich wieder! Bist du auch verwundet, Deutschlands großer Heerführer? ... Mein Auge wird manchmal so dunkel. ... Darf ich mich wohl noch ein wenig an deinem Schwert' halten, Hermann? denn ich wanke wieder so sehr. Wie ist mir denn jetzt wieder? und wo bin ich denn wieder? Werdomar: Da, sieh, mein Sohn, da hast du deine Lanze und deinen Schild und den Römerhelm, den du nahmst! ... Hermann: Glücklicher Vater! ... Der Knabe: Ja, Das ist meine kleine schöne Lanze! Ha, du Mähnenbusch, wie wehtest du in der Schlacht! Nein, nein! Das ist meine Lanze nicht! Das ist das Schwert des Centurio, welches er mir in die Brust stieß!" (In der sechsten Szene hatte der Altar noch fest gestanden, nun sind die mythischen Stammeszeichen zweifelhaft wie die Personen. Bedeutend das Spiel mit den Sexualsymbolen, dem Dichter vielleicht, trotz aller Deutlichkeit und Konsequenz, unbewußt: die kleine schöne Lanze des Knaben, das Schwert des Mannes; der Knabe „küßt Hermann sein Schwert und hält's mit beiden Händen", das Glied, das seinen Tod gezeugt hat.) „Der Knabe: Einen Blumenschild hast du, Varus?" (Blumenschild; Thusnelda ist aufgetreten.) „Wem hast du den Blumenschild genommen, Tyrannenfeldherr? Ihr Götter, das ist ja Hermanns Schild! Ist Hermann todt? Nun so will ich auch sterben! Hermann: Bringt ihn mir her, daß ich's ihm recht sagen kann, daß ich lebe. – Er setzt sich. – Der Knabe: Zu Varus schleppt ihr mich hin? Zu Varus?" (Dreizehnte Szene:) „Horst: Hermann, alle deine Cherusker haben ihre Hand an das Schwert gelegt. Sie drücken fest am Griffe" (die in effigie onanierenden Germanen) „und werfen glühende Blicke der Rache umher! ... Hermann: Halt' Einer meinem jungen Kriegsgefährten dort ein Schwert in die Hand. Er soll's auch schwören! Vielleicht lebt er, und wenn nicht – ... Der Knabe: Was soll das schwere Schwert hier? Ist es das Schwert des Centurio? Will mich der blutige Mann vollends tödten? Werdomar: Hörtest du nicht, du lieber Sohn, was ich hinunterrief? Du sollst das auch bei dem

Schwerte schwören, Hermann hat's geboten: Der Knabe: Ja, ich hörte es wohl, wie du auf der Harfe herunterrauschtest und meiner Mutter ein Siegslied vorsangst." (Der letzte Satz des Jungen, kein Ausruf! lakonisch-apathisch, interesselos, formelles Einlenken, „meiner Mutter ein Siegslied": ganz recht, die wird ja jetzt ihre Freude dran haben. Danach noch eine Bardenstrophe, lakonisch-pathetisch, der zwingende Kriegsgrund:) „Wodan, unbeleidigt von uns, / Fielen sie bei deinen Altären uns an! / Wodan, unbeleidigt von uns, / Erhoben sie ihr Beil gegen dein freies Volk!" Ende.

Klopstock schrieb die Bardengesänge total engagiert; inniger Haß; die Knaben sollten es nicht mehr aushalten, wie der Dichter es nicht ausgehalten hatte. Gleich engagiert deckt er das Resultat auf: Brutus/Hermann tötet Cäsar/Varus = Brutus/Cäsar tötet den Knaben Zukunft; und der Knabe küßt das tödliche Glied / leidet das zeugende Schwert. Jede Seite des Widerspruchs Widerspruch; Klopstock schlingt den Knoten, den der „Herr der Welt nicht lösen kann". Kein Tröstlein nirgendwo. Der schonungslose Objektivismus vernichtet die Einheit der Widersprüche, nichts hebt sie auf. Hegel über Leibniz: „Es wird von Bestimmtem ausgegangen: Dies und jenes ist notwendig, aber wir begreifen die Einheit dieser Momente nicht; diese fällt dann in Gott. Gott ist also gleichsam die Gosse, worin alle die Widersprüche zusammenlaufen." – Die Schrecken der Hermanns Schlacht erschließen die ungeheure hysterische Anstrengung, die das Messias-Epos zwingt. Das Verhältnis des Knaben zu Hermann/Centurio ist das säkularisierte Verhältnis Gottsohn/Gottvater. Es mag scheinen, der Opferknabe werde dem Triumph des Volkskriegs geopfert, sein Tod = Preis der Zukunft. Die Parodie der Worte Jesu am Kreuz wäre dann nicht blasphemisch, sondern verbindende Chiffre. Aber der mythische Kontext fehlt; die Wodan-Anrufung der Barden gilt allein der Massenbeeinflussung; Säkularisieren tilgt Eschatologie. So kalt Klopstock von altgriechischer Mythologie auf christliche, von christlicher auf altgermanische schaltet, so genau kalkuliert er den Gehalt, den die jeweilige Mythenwelt faßt. In Niflgard ist auch Triumph der Gerechten Menschheitsdämmerung. Blasphemie verschwistert sich höchstgespannter Religiosi-

tät; der letzte Satz des Knaben tilgt die Erlösung, welche Klopstock, parallel arbeitend, den Messias vollbringen läßt. – Und noch ein Phänomen: die Bardengesänge dienen, im Stückzusammenhang, unmittelbar politischem Zweck; das Stückganze objektiviert Möglichkeiten und Grenzen politischer Dichtung, es bestimmt deren Funktion in der Gesellschaft, einschließlich der schauerlichsten Effekte. Klopstock hatte 1769 das Urteil über seine politischen Oden ab 89 antizipiert. – Gehalt und Technik der Knabenszenen sind singulär, erst Grabbe knüpfte an sie; ohne sie ganz zu erreichen, blieb er selbst folgenlos.
Wir sagten, das Werk sei politisch im Doppelsinn. Politik ist Gegenstand, Publikation und Dedikation dienen politischen Absichten. Hermanns Schlacht ist dem Kaiser gewidmet, dem primus inter pares, Joseph II. „Niemandem oder dem Kaiser mußte ich ein Gedicht zuschreiben, dessen Inhalt uns so nah angeht. Und diese Zuschrift soll zu den seltnen gehören, welchen man ihr Lob glaubt. Was sage ich, ihr Lob? Wenn der Geschichtschreiber redet, so lobt nicht er, sondern die That. Und ich darf That nennen, was beschlossen ist und bald geschehen wird." Widmung = Erpressung. Klopstock betrieb die Gründung einer Akademie, er meinte: Institutionalisierung der deutschen Gelehrtenrepublik. Frankreich besaß seine Akademie seit Richelieu, Preußen seit Leibniz; Maria Theresia war fast überzeugt gewesen, allein Pater Hell SJ, mit der Vorbereitung beauftragt, hatte ausschließlich Jesuiten berufen wollen. – Klopstock übermittelte Ende April 1768 dem Grafen Wellsperg sein Memorandum an den Kaiser, zu samt der Bitte, Joseph Hermanns Schlacht dedizieren zu dürfen. Das Schriftstück ist verloren, die Bitte gewährt worden. „Der Kaiser, sagt man, wolle eine deutsche Akademie der schönen Wissenschaften stiften; Klopstock solle ihr Präsident sein; Katholiken, Protestanten, Preußen, Sachsen sollten zu Mitgliedern aufgenommen werden. Zwölfe, zu Wien gegenwärtig, sollten ein jeder 2000 Taler haben; 24 auswärts in deutschen Landen ohne Unterschied jeder 1000 Taler. Jene Zwölfe sollten die ersten Genies sein, diese Vierundzwanzig sollten von jenen Zwölfen durch Mehrheit der Stimmen erwählet werden. Vier Klassen sollten sie machen: in der ersten die größten und originellsten Köpfe, die Klopstocke, die Lessinge; in

der zweiten die besten Prosa-Skribenten, in der dritten die besten Dichter zweiter Größe, in der vierten die besten Übersetzer. Die Mitglieder der ersten Klasse sollten die Kunstrichter der übrigen drei Klassen sein; jedes Mitglied sollte seine Schriften zum ersten Male selbst herausgeben, zum andern Male sollte die Akademie die Ausgabe besorgen. Dies alles sagt man." (Gleim an Lessing; 3. 3. 69.) Außerdem das Nationaltheater unter Lessing und Gerstenberg; die Reichsdruckerei zur Ausschaltung des Nach- und Raubdruckens; ein Autorenkollektiv hätte eine Nationalgeschichte erarbeiten sollen. Die inaugurierten Maßnahmen waren der exoterische Teil des Projekts und sämtlich mit aufgeklärtem Absolutismus vereinbar.

Absolute Monarchie ist Regierungsform bei relativem Gleichgewicht feudaler und bürgerlicher Klassenkräfte. Der Monarch sucht Hilfe des Bürgertums gegen zentrifugale Tendenzen des Feudaladels, unterstützt ersteres und gründet seine Macht auf das sorgsam bewachte zeitweilige Remis. Die Staatsmacht scheint absolut: und, in Grenzen, ist sie es. Dies sind Zeiten ebenso kühner wie schwachsinniger einsamer Entschlüsse; die Basis des ökonomischen und politischen Voluntarismus. Wirtschaftspolitik als ökonomisches Hobby des Landesherrn; der große Friedrich wünschte ausgerechnet Seidenindustrie in seinen Norden, wo die Maulbeerbäume so gut gedeihen; der Hof trug Seide. Unsers Dichters, erfolgslose, gewerbliche Spekulation lief auf Seidendruckerei. Das Bürgertum fördern: ja, aber der Nutzen sollte dem Monarchen zufließen. Der Hofmaler Waldmüller hatte die Habsburger Familie in Kutten beim Grabschaufeln konterfeit; formell ein Nachbild barokken Würmerkults. Der Absolutismus ist die Gestalt, in welcher der Feudaladel seinem Totengräber zur Hand geht. Joseph galt zudem, wie der junge Friedrich, für einen Mann, der sich dem Zeitgeist nicht verschließen würde. An seine Person knüpften sich Hoffnungen auf Reformen, gründlichere und begründetere denn die üblichen an jeden Thronfolger. Josephs Denkweise war tatsächlich pragmatisch und seine Absicht, in Ansehung der herkunftbedingten Milieuschäden, aufrichtig progressiv. Später unternahm er ernsthaft die Liquidation der Leibeigenschaft; er scheiterte am altfeudalen Widerstand. Klopstocks Versuch mit ihm war nicht ganz absurd. Unvereinbar indessen mit dem aufgeklärten Absolutismus blieb der esoterische Kern des Akademieplans. Indem der Sänger dem Joseph den Hermann widmete, schob er ihm Hermanns Aufgabe zu; Hermanns Amt, i. e. die Personalunion Cäsar/Brutus. Cäsar, d. i. Reichseinheit, Brutus, d. i. Tyrannenmord. Für dieses Amt war Josephs Milieuschaden zu erheblich.

Die Chiffre Cäsar/Brutus definiert schlagend die despotische Gestalt der Revolution mit partieller Beteiligung der untersten Gesellschaftsschichten. Klopstock hatte vor Bonaparte den Grundtyp Bonapartismus ausformuliert; die Figuren heißen Napoleon, Bismarck, Stalin, Mao. Klopstock, der Milton kannte, kannte Cromwell. Joseph, Klopstocks Cromwell; das war das Ziel. Die wirklichen Cäsar/Brutus-Typen sind Usurpatoren; Legitimität steht solchem geschichtlichen Amt im Weg; allein der Emporkömmling hegt den notwendigen tödlichen Haß gegen die Gesellschaft, die ihn unten gehalten hatte, und nur ein Mann ohne überlieferten Rückhalt ist rücksichtslos gegen Jedermann, er kennt keine eigenen Leute, er hat keine. Habsburg, der Vielvölkerbüttel, die deutsche Nation mit der Zange ans Licht heben? was Friedrich nicht geleistet hatte (es war ihm zugedacht gewesen) nun Joseph zumuten? Zur Ablehnung des Projekts paarten sich feudale Borniertheit und konservative Hellsicht: „der Gegenstand der Ausarbeitung“ bilde „keinen Teil der nützlichen Wissenschaft“, dekretierte Kaunitz über Hermanns Schlacht, und Joseph selbst sah den ganzen Bücherhandel gleich wie einen Käsehandel an (bemerkte Herder).

Joseph ist bei Klopstock in Ungnade gefallen; Enttäuschung wird Menschheitsurteil. Die Politik ist gescheitert; Depression entlädt sich aggressiv: „Sein Name lebt, welche Thaten er auch gethan hat, / Hinsiechendes Leben einst, in des Ruhmvergeuders Buch’, in dem eignen, / Schmück’ es der Griffel auch, deck’ es ein goldener Schild und steh’s / Im gemähldebehangenen Säulensaal’, hinsiechendes Leben. // Denn betrit er nicht noch / Die Bahn des vaterländischen Mannes; so schweigt / Von ihm die ernste Wahrheitsbezeugerin, / Die Vertraute der Unsterblichkeit, Deutschlands Telyn.“ Das zu Friedrich, folgt Joseph: „Sein Name lebt, welche Thaten er auch thun wird, / Hinsiechendes Leben einst, in des Ehrevergeuders Buch’, / Schmück’ es der Griffel auch, deck' es ein goldener Schild und steh's / Im gemähldebehangenen Säulensaal', hinsiechendes Leben! // Denn dein ehrenvoll Wort, (des Worts Ankündiger trauret!) / Hältst du das dem Vaterlande nicht; so schweigt / Auch von dir die ernste Wahrheitsbezeugerin, / Die Vertraute der Unsterblichkeit, Deutschlands Telyn! Ah Zukunft! Dampf steigt nun von dem Bach' empor! / Die beyden Namen, / (Es ist spätere Zukunft, und die / Scheidet ganz von der edleren Handlung die glänzende!) // Sie leben gebückt, gekrümt, eisgrau, / Starräugig noch kaum ihr sieches Leben. / So seh ich sie wallen umher mit des Bachs Dampfe, / Schattengestalten" (71, Die Roßtrappe).

Das Urteil letzter Instanz; Umstände werden nicht mehr gehört; so sehen die Volksmassen in ihren lichtesten Augenblicken ihre Unterdrücker, und so, ohne Erörtern, wirtschaften in den Revolutionen die Bürgerin Guillotine und der Genosse Mauser.

„Um ihrer Einfachheit willen werden die Monaden durch eine andere Monade nicht in ihrem inneren Wesen verändert; es findet keine ursächliche Verbindung zwischen ihnen statt." (Leibniz, Principia philosophiae)- „Jetzo", (um 90) „ist die Revolution in Frankreich die zweite Messiade seiner Seele. Und, hat das erste dieser Vehikel seinen Geist zum Himmel der Himmel erhoben, so hebt dieses letztere mit nicht minder glühendem Gespann, ihn zum Himmel der Erde; zu der, nicht bloß allen Musen und Engeln, sondern allen Prosaisten und Menschen heiligen Freiheit" (Baggesen, nach Besuch). Urteil = Hinrichtung; Gedanke = Tat: Identität beider = Wesen Gottes. Unser Dichter usurpiert es und vertilgt zwei Monaden. „Diese Monaden sind nicht materiell oder ausgedehnt, sie entstehen auch nicht, noch vergehen auf eine natürliche Weise; sondern sie können nur anfangen durch eine Schöpfung Gottes und nur enden durch Vernichtung." (Leibniz, Principia philosophiae) –

Klopstocks Darstellung ist Aktion, Zusammenhang der Aktionen nicht Gegenstand der Darstellung. Nach einer leibnizischen Metapher ermittelt man das Bild der Stadt, wenn man, sie umschreitend, von peripheren Standorten ein Quantum Aufnahmen fertigt; deren Synopse ergibt die Totale der Stadt, welche selbst im Bilde nicht vorliegt. Dergestalt bleibt die radikale Objektivität der Hermannsschlacht, gerade wegen ihrer Radikalität, statisch; die Einheit der Widersprüche absolut, unbestimmt, leer: nämlich der Tod. Jede Arbeit ist eine letzte, verfestigt = petrefact, fest = unaufhebbar. Absoluter Kunstwille treibt Klopstock in die Politik, ins unmittelbare wirkliche Spiel gezielter Aktionen; jede Aktion steigert den monomanischen Kunstwillen. Denn Werk und Leben vermögen nicht aus einem Kern heraus sich zu entfalten, jeder Schritt ist Schöpfung, Fortsetzung Zufügung, die Summe des Lebens sorgfältig balanciertes System einzelner Gewichte und Gegengewichte. Konsequentes Wortschatz-Verengen, dazu komplementäres Erschließen aller metrischen und syntaktischen gehaltkonstituierenden Formelemente impliziert dem finalen Charakter der Dichtungen final zugespitzten Ausdruck. Die Maxime der klopstockischen Gelehrtenrepublik: Lehrgebäude, sobald sie fertig sind, werden verbrannt! steigert die nachtwandlerische Selbstkenntnis des Gesetzgebers ins bedeutend Allgemeine. Es heißt: verbrannt, nicht zertrümmert; Trümmer = Material, Asche = träge Materie. – Klopstocks Kunstwelt ist antizipierte ästhetische Wirklichkeit der cuvierschen Katastrophenlehre.

Andrerseits, die imitatio Dei sichert den Eigenwert, ohne welchen jedes Urteil, schon gar das letzter Instanz, Anmaßung wäre, närrisch unglaubhaft bliebe, folgenlos symptomatisch nebenher ginge. Gott tut nichts Relatives. Klopstock der Weltrichter; die individuelle Hybris identifiziert das tatsächlich fällige Weltgericht. Mittler = Medium.

Menschheitspathos kaschierte den beschränkten, bürgerlichen, Zweck der Französischen Revolution ebenso wie sie ihn durchsetzte; es waltet das Paradoxon der Konsequenz: der Wille muß 100 % anstreben, damit der Arm 40 erlange, ohne Kalkül der Einschränkung, sonst sinkt das Resultat auf nahe 0 (: auch dieser Mechanismus transferierte ab 94 den negativen Beispieleffekt von Frankreich nach Deutschland). Klopstocks politischer Hellsicht entsprach die nötige historische Blindheit, und der ästhetische Kaltsinn schuf dem politischen Gegenstand die, fortan unverbrüchliche, Größe an, die Umgang mit Politik deutschen Dichtern ermöglichte (Bürger; Uhland; Heine; Brecht, der den Lukullus gedichtet Klopstock liebt die Katastrophen. Die versteinerten Monahat).

den seiner Kunstwelt will und muß er außerhalb der Kunstsphäre das Tanzen lehren.
Die deutsche Gelehrtenrepublik, ihre Einrichtung, ihre Gesetze, Geschichte des letzten Landtags. Das Buch erschien 1774, auf Subskription, ein Jahr nach dem vierten Band Messias, der Erlösung. Der gescheiterte Putsch, nun Papier, Reminiszenz? Die Schrift, statt die Fronde um den Kaiser zu organisieren, sucht sie ohne ihn. „Von unserer Politik. Wir haben gar keine. Dieß bringt uns nicht wenig Nachtheil. Den Aldermännern ist nicht unbekannt, daß sie sich bei versammelter Landgemeine vergebens bemühen würden, sie von diesem Nachtheile zu überzeugen. Sie haben aber beschlossen, einige wenige Grundsätze der Politik für sich selbst festzusetzen ..." – „Der erste Grundsatz, den er anführte, war: Sich der Gewalt der Großen, sie möchten Altfranken seyn, oder als herrschsüchtige Kenner (denn dieß wären sie gewöhnlich) der Republik angehören, dadurch zu entziehen, daß man theils durch sie so selten Aemter suchte, als es nur immer möglich wäre; denn etliche derselben hingen ja nicht von den Großen ab, und etliche wären von einer Beschaffenheit, daß sie dem Verdienste wohl werden müßten: und daß man theils, wenn man ja anzusuchen gezwungen wäre, zu strenger Mäßigkeit entschlossen, es oft nur um solche Aemter thäte, die gewöhnlich Ungelehrte bekämen, und deren Erlangung also nicht doch angerechnet werden könnte. Außer der größern Unabhängigkeit würde die Verwaltung solcher Aemter auch den Nutzen haben, daß man dabei mehr Muße zu gelehrten Unternehmungen übrig behielte. – Der zweite Grundsatz war: Von der Art, wie die Länder jetzt behrrscht würden, wahr und frei, aber zugleich mit einer solchen Mäßigung zu schreiben, daß diese nicht nur etwa gegen Verfolgungen in Sicherheit stellte, sondern auch die freie Wahrheit desto gewisser zu ihren Zwecke führte, je gewisser zwar manchmal offenherzige, allein noch öfter ausschweifende und lügenhafte Kühnheit, wie sie zum Exempel über dem Meere so sehr gang und gebe wäre, diesen Zweck verfehlte. – Der dritte Grundsatz war: Sich durch tiefe Untersuchung der Geschichte, und durch meisterhafte Vorstellung des gefundenen Wahren, den Großen, welche die Ehre liebten, furchtbar zu machen. – Wir Deutschen, schloß er, haben

hier noch ein großes ungebautes Feld vor uns. Denn seht nur hin, wie klein in der Zunft unsrer Geschichtschreiber die Anzahl derer ist, welche den großen Namen, Geschichtschreiber zu heißen, völlig verdienen. – Diejenigen Grundsätze der Politik, die sich auf das Betragen unsrer Mitbürger gegen die übrigen Altfranken und die Ausländer beziehn, behalten wir uns vor, zu einer andern Zeit vorzutragen; auch behalten wir es uns für das Künftige vor, uns mit euch zu berathschlagen, ob und wie weit sich ein Gelehrter auf die Handlung einlassen solle. Die Sache ist thunlicher, als ihr etwa glaubt, und auch besser, als sie euch beim ersten Anblicke scheinen möchte. Sie ist das letzte unter der Bedingung, daß der Gelehrte, der ein Kaufmann wird, sich nicht Bereicherung, sondern nur gutes Auskommen zum Zwecke vorsetze."

Die autonome Republik; die pietistische Verachtung der Zwischennullen hat vorgearbeitet; Rousseaus Notenschreiberei soll Schule machen, der Gelehrte darf sich der neuen Klasse integrieren, nämlich Handelskapitalist werden. Eruditation über Wesen und Taten der Feudalmacht und auf diese zu gründendes Meinungsmonopol paralysieren die Machtausübung der Großen. Die Organisation halblegal, die Position nahezu unangreifbar durch Bedürfnislosigkeit, im ganzen das Modell einer Doppelherrschaft, die Frage steht: Wer Wen? d. h. schließlich: Wir Sie. – Das ist Programm der Aldermänner, der hervorragenden Gelehrten, der Eingeweihten, des harten Kerns. Die, mit der Fiktion, sie bestehe, vorgeschlagne, Organisationsstruktur nennt Klopstock aristokratisch; sie streift den demokratischen Zentralismus. Aus den Zünften, d. h. den Basisorganisationen, antworten Kritik und Gegenvorschlag:

„Was sollen wir es Hehl haben, daß die meisten der Großen Altfranken sind; sie haben es ja selbst kein Hehl. Zu diesen Altfranken also schickt die Republik Abgeordnete, doch ohne daß diese es merken lassen, wer sie sind, und warum sie kommen. Wir wollen mit Zuziehung des Volkes die Abgeordneten wählen; ihr sollt ihnen Verhaltungsbefehle geben. Und damit die Sache desto eher zu Stande komme, so sollt ihr nichts gegen unsre Wahl, und wir wollen nichts gegen eure Befehle einwenden. Wir werden Männer zu Abgeordneten wählen, die, nach den Umständen, ohne Verletzung des Gehorsams, auch von Befehlen abzugehen wissen; und ihr werdet so auf Alles denken, ihnen solche Vorschriften erteilen, daß nicht leicht ein Umstand vorkomme, der die Abweichung nothwendig mache. Nur noch etwas Weniges von der Beschaffenheit der Abgeordneten, und den Verhaltungsbefehlen, und dann für diesesmal genug von der Sache. – Ein Abgeordneter muß ein Mann seyn, der sich für die Republik aufzuopfern so entschlossen ist, daß er sich, zur gehörigen Zeit, und am gehörigen Orte, etwas tiefer bücke, nicht tiefer als es nöthig ist, denn sonst würd' er mehr schaden, als nutzen, sondern tiefer, als er Lust hat. – Er muß die Geschicklichkeit, und so zu sagen die Nase haben, alle die Widersprüche, die sich in eines Altfranken Seele unaufhörlich herumtummeln, zu entdecken, sie, wo nicht zum Frieden (denn das möchte wohl nie angehen), aber doch zum Waffenstillstande zu bringen, und während dieses Waffenstillstandes die Hand schnell ans Werk zu legen, daß es bis zur Fassung eines Entschlusses komme. – Hat er jene Neigung und diese Geschicklichkeit, so wird es euch leicht seyn, ihn durch Vorschriften vollends zu dem zu machen, was er seyn soll."

Das war Kern des sogenannten Akademieplans, Klopstocks ursprüngliches Projekt gewesen. Er selber führte sich auf wie ein Abgeordneter; freilich, ein Auge des Oberhaupts incognito auf Reisen blickte immer aus der Vermummung. „Ein gefaßtes Betragen, eine abgemessene Rede, ein Lakonismus, selbst wenn er offen und entscheidend sprach, gaben ihm durch sein ganzes Leben ein gewisses diplomatisches, ministerielles Ansehen, das mit jenen zarten Naturgesinnungen im Widerstreit zu liegen schien, obgleich beide aus Einer Quelle entsprangen. Daß er jedoch persönlich andere Strebende im Leben und Dichten gefördert, ist kaum als eine seiner entschiedenen Eigenschaften zur Sprache gekommen" (Goethe). – „Ich muß Ihnen aufrichtig gestehen, daß ich ihn nie, nach meiner Vorstellungsart für einen wahren Poetischen Kopf gehalten habe wie es viele gibt die es ungleich mehr sind wie ihr, u. die öffters nie in Versen noch in Prosa geschrieben haben. Aus seinem Umgang erhellt ein klarer heller MenschenVerstand, mit sehr viel WeltKunde u. WeltKälte. Noch nie hab ich einen Menschen so schön deutsch u. abgemessen reden hören.

Sein Herz scheint ruhig, in sich selbst gekehrt, seines Werths bewußt. Dabey ist er p Intervallen offen, u. scheint im ganzen Verstande des Wortes ein Ehrlicher Mann." (Merck, an Nicolai; 75.)
Dichter sind keine gefährlichen Verschwörer. Schon, daß Gottlieb das Gründungsdokument des Komplotts 3600 Subskribenten verkaufen ließ, zeigte seine Unfähigkeit für Praxis. Öffentlich zur Konspiration eingeladen: wer soll da mitmachen. „Ich denke alle die schiefe Kerls von Mr. Klopstocks Suite werden zusammt dem Wesentl.en ihrer Religion in 20 Jahren verstäubt seyn, daß man sich einander wird ins Ohr erklären müssen, was das vor eine Art von Poesie war. Ehemals beym Arminius u. Zieglers Leben wars WorteSchwulst, jezt ists GedankenSchwulst, den sie gerne in ThatenSchwulst poussieren wolten. Aber dafür bedankt sich die Welt. Ihre Deutschheit soll hoffentl. nur in groß 8vo auf ungeleimtes Papier zu stehen kommen, u. weiter nicht." (Merck, an den Internationalisten Wieland; Nov. 78. ThatenSchwulst poussieren: Klopstock war gewillt gewesen, um den Göttinger Hain die deutsche Gelehrtenrepublik, nun im dritten Anlauf, doch noch zu institutionalisieren.)
Reinen Herzens hatte der Dichter der deutschen Öffentlichkeit den organisatorischen Plan einer antifeudalen Bewegung vorgelegt. Allgemeines Kopfschütteln antwortete ihm; bezeichnend ist, daß gerade Merck verächtlich urteilte. 1778 druckte Wieland im Teutschen Merkur dessen „Geschichte des Herrn Oheims", ein Prosastück, welches tiefstes Verständnis der historischen Basisprozesse bekundet, und das den balzacschen Novellentyp auf deutschem Boden vorformte; Merck, das Schandmaul, höhnte von großer Höhe hinab. – Aber Klopstocks Projekt war weder traditionslos noch blieb es folgenlos. Bereits Comenius war von der weltreformatorischen Kraft gelehrter Gesellschaften überzeugt gewesen; unter den Mitlebenden nennen wir Lessing; die ersten Entwürfe der Dialoge „Ernst und Falck" stammen von 53, Weishaupt kannte die 78, anonym gedruckte, Fassung. Gewiß hätte Klopstock, wären ihm die Programmschriften der Illuminaten vor Augen gekommen, entrüstet aufgeschrien, und ob Weishaupt die Gelehrtenrepublik gekannt hat, ist weder zu vermuten noch zu bestrei-

ten. Weishaupt war dem französischen Materialismus verpflichtet; er propagierte Adam Smith. Indessen bekundet er dieselbe radikale Verachtung der großen Altfranken und das gleiche Verhalten zu diesen wie unser Dichter. „Hohe und Reiche schlagen selten gut an." – „Gewöhnlich verhindern sie ihre Glücksumstände und -lagen einzusehen, wie nöthig ein Mensch dem andern ist und eben darum sind sie selten gute Menschen, doch schließen wir sie nicht gänzlich aus, wenn sie sich fügen, und nicht ihre weltlichen Verhältnisse geltend machen wollen. Sie müssen lernen, was wahrer Adel ist und sichs gefallen lassen, einen Mann weit über sich stehen zu lassen, der nach ihrer Meinung in der bürgerlichen Welt weit unter ihnen ist." (Vollständige Geschichte der Verfolgung etc.) – Noch entschiedener, als Organisationsprinzip, in der Provinzialordnung von 82: „Fürsten sollen äußerst selten zu Ordensmitgliedern gemacht werden, und wenn sie es wären, niemals über den Illuminatus major befördert werden. Sie müßten glauben, daß mit solchem Grad alle Grade des Ordens ein Ende haben."

Weishaupt fühlte sich von den Jesuiten verfolgt, er lernte ihnen ab und organisierte seine Gesellschaft konspirativ. Klopstocks Lieblingsinstrumente waren Posaune, Harfe und Orgel. Trotz aller Vorsicht flog der Illuminaten-Club 86 auf, nachdem die despotisch-plebejische Linie Weishaupts von Zwack und Knigge, den Repräsentanten kompromißbereiten Establishments durchkreuzt worden war. Die Illuminatenverfolgung beschäftigte Jahrzehnte die Öffentlichkeit; die Reaktion schob dem Bunde radikalere Handlungen unter, als dieser tatsächlich ausgeführt hatte; damit scheuchte sie erfolgreich die deutschen Bürger, räumte aber zugleich die Möglichkeit weitgespannter revolutionärer Aktionen ein. Klopstocks Schrift hatte zum ersten Male in Deutschland die Denkmöglichkeit antifeudaler Organisation öffentlich formuliert. Das Konzert für Posaune, Harfe und Orgel enthält notengetreu die Solostücke, mit denen, Jahrzehnte später, Montgelas und Stein ihren Monarchen in der Kammer den Marsch bliesen. Freilich blieb der dann auch bajuwarisch-preußische Militärmusik, welche die Beine adliger Leutnante beim Tritt in die gereckten Ärsche gekuschter Unternehmer akkompagnierte.

Einmal siegte der Club: auf der Opernbühne. Sarastros Reich ist die als Staat, mit eignem Territorium, konstituierte Gelehrtenrepublik; Sarastro hat Pamina entführen lassen; er kann, meint er, durch dynastische Heirat (das überlieferte Mittel zum, hier ernstlich-endlichen, Zweck) das Nachbarland der Vernunft, die Nacht dem Licht, unterwerfen. Zur Liebe will er, verkündet er, Pamina nicht zwingen, doch gibt er ihr die Freiheit nicht. Letzteres ist weise gehandelt; das Mädchen wird Lockvogel für den Erbprinzen Tamino; der politische Erfolg überkompensiert die erotische Niederlage; Konföderation dreier Staaten unter Sarastros Hegemonie scheint greifbar. Opposition regt sich: Tamino ist ein Prinz, d. h. milieugeschädigt. „Noch mehr, er ist Mensch!" lautet die Antwort; die Hirnwäsche beginnt.

Nach dem Scheitern des Wiener Komplotts war Klopstock an die Öffentlichkeit geflüchtet; Aktion und Reaktion hatten die ursprüngliche Absicht modifiziert. Das Programm der Aldermänner geht über den Vorschlag der Zünfte hinaus: Abgrenzung statt Unterwanderung, Staat im Staat statt Fraktion bei Hofe; dieser Atem weht im ganzen Buch. Am Ende des imaginären Landtags schreitet Klopstock leibhaftig zum Rednerpult und hält sein Grundsatzreferat. Warum und zu welchem Ende soll die deutsche Gelehrtenrepublik arbeiten? Sie muß die Größte sein, sie soll alle Macht erobern, sie wird Frankreich und England aus dem Feld schlagen. Es ist ausschließich vom Feld der Wissenschaften (die Künste, schöne Wissenschaften, impliziert) die Rede. Aber den Wissenschaften eignen alle Züge des expandierenden Kapitalismus, und die Republik fördert sie, wie Zinzendorff koloniale Eroberung, wie der bürgerliche (englische!) Staat das Kapital; Feld der Wissenschaften = Friedr. Krupps Feld der Ehre. Sprachgestalt zeugt quid pro quo; dem materiellen Kampf entlehnte Vokabeln und Stilfiguren setzen diesen wirklich an die Stelle des illusorisch intendierten geistigen: „Hinzugehn, und in jenem großen Umkreise der Wissenschaften die Länder, welche nur halb besessen werden, ganz einzunehmen; die Mitbesitzer der andern Hälften nicht nur dadurch zu schwächen, daß wir in diesen Hälften besser als sie anbau'n, sondern auch dadurch, daß wir es da thun, wo wir uns allein niedergelassen haben; nirgends der falschen Cultur zu schonen, über alle Gärten, wo nur Blumen wachsen, den Pflug gehn zu lassen; jedes Gebäude, das in den Sand gebaut ist, niederzureißen, und sollten ganze Städte auf solchem Grund und Boden liegen, und wär es denn auch mitten in den besten gemeinschaftlichen Besitzen, oder auf Landwinkeln der französischen Gelehrtenrepublik, der englischen, wo wir sie anträfen, und würden sie auch von Chimären bewacht, die Feuer und Flammen spien, diese Städte an allen Ecken anzuzünden, und nicht eher von dannen zu ziehen, als bis der Dampf überall aufstiege: uns aufzumachen, und neue Länder zu suchen, auf der kühnen Fahrt selbst nicht die kleinste Insel, kein Pünktchen in dem Oceane liegen zu lassen, sondern überall zu landen, Alles zu umgehen, auszuspähn, zu untersuchen; in den anbaulichen Entdeckungen gleich die Erde aufzureißen und Saat zu streun; und treibt die unüberwindliche Unruh' des Aufsuchens so gewaltig fort, daß nur in dem nächsten, dem besten Felsen gegraben wird: hier sind Deutsche gewesen! damit, wenn Sturm oder Nadel Ausländer auch dahin bringen, sie unser früheres Recht sehn; dennoch gleich einen der edlen Abentheurer nach der Heimat zu schicken, damit er deutsche Anbauer herüber führe, und diesen solche Eile und Emsigkeit gebieten zu lassen, daß die Ausländer (denn verwerflich ist unsre alte Sitte, daß wir nur immer entdeckt, und dann Andre haben anbau'n lassen!) von der Entdeckung und von der blühenden Einrichtung zugleich Nachricht bekommen. – Wenn wir auf diese Weise ein halbes Jahrhundert das werden vereinigt gethan haben, was vor uns nur einzelne kühne Männer thaten, und eben dadurch den Grund legten, daß wir uns, ihre Unternehmungen fortzusetzen, vereinigen konnten, dann werden wir rings um uns vernehmen, daß man uns für Eroberer hält, deren weitaussehenden Absichten man sich widersetzen müsse. Glücklicher Zeitpunkt!"

Die Nimrod-Chiffre; man vergleiche das Manifest der Kommunistischen Partei; Weltmarkt und Welthandel. Der Abschnitt steht nicht einsam; wie wenn Wilhelm II. Marx beherzigt hätte! – Klopstocks Haß auf die Jakobinerdiktatur ist hier entsprungen; und der komplettiert die Oden 89ff. Die Klage: Sie und nicht wir! klingt zusammen mit dem zitierten Weltkriegsprogramm sehr merkwürdig. Was in der Gelehrtenrepublik als geistige Expansion formell bezeichnet ist (außer dieser Übersetzung hätten die Gedanken deutsch so früh nicht gedacht werden können), reift treibhausartig den furor teutonicus, der auch die Revolutionsoden 89 zu dem macht, was sie sind; gegen den Vierten Stand mobilisiert der Urvater unsrer nationalen politischen Dichtung 94 das Friedenspathos, welches er bereits 69 der Mordlust, 74 der Kriegshetze geopfert hatte, und insofern der Barde ein Reich des Friedens gleichzeitig ernsthaft apart ersehnt, schaudert er schockhaft vor den finsteren Konsequenzen jener Gesellschaftsformation, die er seinem, für das Grauen kindlich aufnahmewilligen, Gemüt teilnehmend autonom einfabelt.

Stufen des Verstehens
Zu Schiller: Die Bürgschaft

Vor kurzem hielt mir ein junger Werktätiger Schillers Ballade „Die Bürgschaft“ als Beispiel vor: sie sei verständlich. Er wollte sagen, er habe sie verstanden, und auf die Frage: wie? nannte er sie ein Gedicht, welches die Freundschaft so beschreibe, daß der Leser sich gehalten fühle, diese fortdauernd und unter schwierigen Umständen zu bewahren.
Mein Kontrahent: lobte Schiller, schien Sinn für heroische Ideale zu verraten, identifizierte sein Verstehen mit Verständlichkeit, hatte dem Begriff Freundschaft nicht weiter nachgefragt. – Das heroische Ideal fordert genauen Begriff, will es nicht, wie in der faschistischen Schiller-Rezeption, in die Schlächtertugend verkommen; Schiller, wenn er uns als Zeitgenosse helfend beispringen soll, muß historisch gelesen werden. Ein Weg führt zum Ziel: der Umweg.
Das heroische Ideal tritt uns zunächst entgegen im Gewand des heroischen Schemas. Schiller erklärt, der Stoff sei berechenbar: „Ich bin neugierig, ob ich alle Hauptmotive, die in dem Stoffe lagen, glücklich herausgefunden habe. Denken Sie nach, ob Ihnen noch eines beifällt, es ist dies einer von den Fällen, wo man mit einer großen Deutlichkeit verfahren und beinahe nach Prinzipien erfinden kann.“ (An Goethe; 4. September 1789.) Goethe weist einen Rechenfehler nach: „In der Bürgschaft möchte es physiologisch nicht ganz zu passieren sein, daß einer, der sich an einem regnigten Tag aus dem Strome gerettet, vor Durst umkommen will, da er noch ganz nasse Kleider haben mag. Aber auch das Wahre abgerechnet und ohne an die Resorption der Haut zu denken, kommt der Phantasie und der Gemütsstimmung der Durst hier nicht ganz recht.“ (An Schiller; 5. September 1789.) Beide handeln von Artifiziellem, weil sie, was den Gehalt betrifft, einander im Einverständnis wissen. Schiller änderte nicht, denn das heroische Schema, welches dem Dramatiker zu jähen Wirkungen verholfen hatte, erfüllt sich mittels schroffer Gegensätze im ganzen wie im einzelnen, selbst auf Kosten sinnlicher Wahrscheinlichkeit. Unwetter hält den Rückkehrer auf, Dürre ermattet seinen Schritt. Menschliche Gewalttat springt in die Kluft zwischen den Naturgewalten und droht Vernichtung, wo

diese Ruhe gönnen. Die Gewalttat ist zwiefach: einmal das Attentat der Räuber gegen den Helden, zum andern das Attentat des Helden wider den König. Der räuberische Anschlag im Mittelpart vermittelt das heroische Schema mit jenem Springpunkt, der es ermöglicht: dem antityrannischen Kampf der Freunde. Und eine weitere Symmetrie: nicht allein der Held, der den Bürgen auslöst, bewährt seine Freundschaft, zuerst bewährt sie der Freund, der die Bürgschaft leistet.

Die Motive sind hergeleitet aus einem, folglich herrscht Motivhierarchie. Das heroische Schema erweckt den Anschein, als läge lediglich eine Motivreihe vor; seine relative Selbständigkeit läßt den Tyrannen rasch dem Blickfeld entschwinden, welches ohne ihn sich nicht aufgetan hätte. – Das ist, was auf Anhieb zu sehn ist, die Oberfläche; und, weil die Oberfläche in Ballade und andrer erzählender Versliteratur stark ist, das heißt außer ästhetischem Genuß evidente, wenngleich unbestimmte nützliche Verallgemeinerung „fürs eigne Leben" angeregt, wird gemeinhin angenommen, unter ihr sei nichts. Daher lähmt, scheint mir, die Kraft des ersten Eindrucks, die oft geforderte sogenannte unmittelbare Verständlichkeit, den Willen zum Verstehen. – Hier setzt Brechts Kritik ein. Als Sachwalter des zitierten jungen Werktätigen analysiert er nicht den Verständlichkeitsbegriff, sondern kritisiert die Ballade:

Oh edle Zeit, oh menschliches Gebaren! / Der eine ist dem andern etwas schuld. / Der ist tyrannisch, doch er zeigt Geduld / Und lässt den Schuldner auf die Hochzeit fahren / … / Und schliesslich zeigte es sich ja auch dann: / Am End war der Tyrann gar kein Tyrann!

Der Aufklärer konstatiert, daß sich Tyrannen nicht wie Dionys zu benehmen pflegen; das Sonett ist 1940, nach Erfahrungen mit Hitler, gedichtet. Es bildet die Struktur seines Gegenstands, welcher bereits ein Kunstwerk ist, nach; die zitierten Verse entsprechen den beiden ersten und den beiden letzten Strophen des Originals; der Kampf der Freunde gegen den Diktator (ein Wort, vor dem Brecht merkwürdigerweise zurückscheut) ist quantitativ verstärkt (nimmt relativ breiteren Raum ein) und qualitativ umbewertet: im Gegensatz zu Goethe greift der Jüngere nicht Rechenfehler an, sondern die Grundlagen. Immanente Kritik wird ge-

opfert der Sozialkritik: „Diese sozialkritischen Sonette sollen natürlich den Genuß an den klassischen Werken nicht vereiteln, sondern reiner machen." – In den Mittelstrophen parodiert Brecht das heroische Schema:
Der Bürge bleibt. Der Schuldner ist heraus. / Es weist sich, daß natürlich die Natur / Ihm manche Ausflucht bietet, jedoch stur / Kehrt er zurück und löst den Bürgen aus. // Solch ein Gebaren macht Verträge heilig. / In solchen Zeiten kann man auch noch bürgen. / Und, hats der Schuldner mit dem Zahlen eilig / Braucht man ihn ja nicht allzustark zu würgen.
Bürgschaft ist ein Begriff aus dem Finanz- und Kreditwesen. Brecht liest Schillers Gedicht als bürgerliches: es stellt dar den brutalen Kampf zwischen Gläubiger und Schuldner auf der Basis eines intakten Kreditsystems. Die Freunde sind Schuldner und Bürge; ihr Verhältnis menschlich, insofern Ware-Geld-Beziehungen exemplarisch menschliche Beziehungen sind. Der Tyrann ist Gläubiger, Heroismus Nachweis der Zahlungsfähigkeit, Würde Kreditwürdigkeit. – Brecht hatte bereits frühe „Die Bürgschaft" parodiert: im 3. Akt der „Dreigroschenoper". Jakob und Matthias schaffen die Bestechungssumme, welche Mac vom Tode retten soll, zu spät herbei. –
Dies waren die beiden Unterstufen des Verstehens; ich will sie, bis bessere Termini gefunden sind, wie folgt bezeichnen:
1) naives Verstehen, 2) soziologisches Verstehen. Auf der ersten Stufe wird nichts Bedeutendes ermittelt außer dem Stoff, auf der zweiten das Vergangene des Gedichts herauspräpariert: die historische Analyse macht reinen Tisch, sie behandelt das Gedicht als unvollkommne Vorstufe ihrer selbst. Sie mag gelegentlich recht haben; das Gedicht ist dann der Operation, welcher es seinen Tod verdankt, im Grund unwürdig.
Anders Schiller. Wir dürfen nicht vergessen, daß es, wie immer bei ihm, um den Hals geht. Der Soziologe, historische Schicksale der Klassen betrachtend, verliert allzuleicht die Irrsale des Individuums aus dem Auge, hier die des Dichters, welcher zu der Zeit, die er beschrieb, tatsächlich lebte. Schiller und die besten Geister der Nation mußten schließlich mit ihren Fürsten auszukommen trachten, um nicht in

die Verzweiflung der Frage: Wohin denn ich? aufzusteigen, eine Verzweiflung, die im Falle des Fragestellers jäh ins Schlimmste umschlug. Schiller selbst fragte die gemilderte Fassung: Wo bin ich? – dies ist der entscheidende Drehpunkt des großen, aller Gedrücktheit abholden Gedichts „Der Spaziergang". Goethe brauchte, zwölf Jahre früher, die gleiche Formulierung für den Hauptdrehpunkt seines klassischen Fürstenerziehungsgedichts „Ilmenau". Zu Eckermann sagte er, rückblickend, über Karl August: „Ich leugne nicht, er hat mir anfänglich manche Not und Sorge gemacht." – Fürstenerziehung: das schien eine Chance. Vielleicht würde der Monarch, sofern er ein Kunstfreund würde, zugleich ein Menschenfreund werden. Freilich, rasch löste sich die Pädagogik zur Intrige, die im Einzelfall dem Einzelnen Vorteil schafft; das ist viel. „Die Hochzeit des Figaro von Beaumarchais wurde in Paris verboten und erst durch eine Intrige der neugierigen Marie Antoinette durchgesetzt. Es war ein ungeheuerlicher Erfolg. In Wien blieb sie verboten. Aber in der geschickten Bearbeitung von da Ponte und mit der Musik Mozarts hat Joseph II., der Bruder der Marie Antoinette, die Oper erlaubt. In Zeiten der absoluten Monarchie hingen solche Entscheidungen von einer Person ab, die aber durch Intrigen gelenkt werden konnte." (Hanns Eisler) – Einem Fürsten im Gedicht die gewünschte Haltung unterstellen, ist dasselbe wie ihm eine Mätresse unterlegen; der Versöhnungsschluß der „Bürgschaft" ist ein Intrigenschluß. Der Tyrann ist manipuliert worden: Und blicket sie lange verwundert an, / Drauf spricht er: Es ist euch gelungen, / Ihr habt das Herz mir bezwungen, / Und Treue, sie ist doch kein leerer Wahn, / So nehmt auch mich zum Genossen an, / Ich sey, gewährt mir die Bitte, / In eurem Bunde der dritte.

Dies ist die dritte Stufe des Verstehens; ich nenne sie 3) historisches Verstehen.

Warum eigentlich läßt der Diktator seinen Mörder laufen? Der will noch rasch eine Ehe stiften; ist das ein hinreichender Grund für Vollstreckungsaufschub? Oder spürt Dionys angesichts der ergreifenden Bitte seines politischen Gefangenen ein menschliches Rühren? dann wäre er schon anfangs kein Tyrann, am Ende käme heraus, was in den Voraussetzungen angelegt ist, die Analyse führte zur Naivlek-

türe zurück, gehalt- und wesenlose Freundestreue bliebe. – Was erhofft sich der König von seiner Verwilligung? Warum lächelt er arglistig? Was geht vor hinter seinem Lächeln, während er bedenkt? Schiller, Meister der Verknappung (vgl. die erste Strophe) spart das; es ist aber folgendes: „Wetten, der kommt nicht wieder. Der liefert den Freund ans Messer. Der bringt den Schuldlosen um, nicht ich. Der ist meinesgleichen nach dem, das Schwein. Willkommen im Tierreich, Mensch! Du wolltest die Welt ändern? So sind meine Gegner! Das muß in die Zeitung." Und läßt ihn laufen. Der Wettvertrag ist geschlossen, der moralische Kampf eröffnet; die Stationen der Rückkehr sind Stadien der Todesfurcht. Die Anfechtungen toben im geräumigen Innern des Helden; er ist das Schlachtfeld. Dort prallen Feuer und Wasser aufeinander, dort stellt sich die Unterwelt ein, die den Freund morden will. – Aus Auschwitz wird berichtet, daß die SS ab und an einem politischen Häftling befahl, seinen Genossen, lebend, in den Verbrennungsofen zu werfen, andernfalls würfe man ihn hinein. Schiller, sagt Dürrenmatt, ist ein Dichter für ernste Zeiten.
Dies nenne ich 4) aktuelles Verstehen.

Die Entsagung. Vier Studien zu Goethe

PHYSIOGNOMIE. Vor mir liegen fünf Porträts, welche Goethe in fünf verschiedenen Altern zeigen.

Das erste Porträt. Bleistiftzeichnung von Kraus, 1776, Linksprofil; das Haar locker im Nacken zusammengezogen, kein Zopf. Großes Auge, wie bei Kurzsichtigen. Die Nase fleischig, starkes Kinn; der Mund eigentlich deutet Lächeln an, ist jedoch eher weich und traurig, wie zerrissen. Die Muskeln liegen leicht um den Schädel, nicht lose. Im ganzen weder schwammig noch hart.

Das zweite Porträt. Tonbüste von Klauer, 1790, im Halbprofil fotografiert. Das Haar in der Stirn schon weichend, um so länger im Genick; die Locken anmutigst vom Friseur. Weil die Augen der Plastik nicht ausgearbeitet sind, scheint ihr leeres Gewölb mehr als kurzsichtig, nämlich blind. Der Abstand zwischen Nase und Mund gering, die Lippen große Flächen, aber die Halbmonde der Oberlippe weit auseinanderstehend, ihre hohen Bögen schon seitlich der Nase.

Das dritte Porträt. Plakette von Schadow, 1816, Rechtsprofil. Das Kinn, vorgeschoben und das schwere Doppelkinn straffend, ist das beherrschende Volumen dieses Gesichts. Schmaler mürrischer Mund, kurzes Haar, die Nase dazwischen mager, fast knochig, bald spitz. Nur in der Nase setzt sich das Knochengerüst durch gegen das schon schlaffe Fleisch; der Unterkiefer scheint willentlich, erfolglos, aus dem Fett ragen zu sollen.

Das vierte Porträt. Kreidezeichnung von Sebbers, 1826, Linksprofil. Hoher Kragen, hohe Halsbinde, dahinein die Falten des Halses und die Hängebacken zurückgezogen. Der Mund Ein Strich, abwärts. Großes Auge nach wie vor, aber die Falten auf der Stirn, parallel dem oberen Lid, lassen es gewaltsam aufgerissen erscheinen: als würde es, sobald die Anstrengung nachließe, sogleich zufallen. Das Knochengerüst deutlich, weil die Haut, vom sackenden Fleisch gespannt, oben straff anliegt. Das Haar, toupiert, scheint elektrisch zu knistern.

Das fünfte Porträt. Zeichnung von Matthaey, 1832, Halbrechtsprofil; der Tote sieht aus wie eine lebende alte Frau. Die Nase nun wieder mächtig; der Mund, offenbar ohne

Gebiß, eingesunken, die Unterlippe wie verschluckt. Der Lorbeerkranz als kalte Flamme aus dem leeren Gewölbe des abgeschiedenen Geistes ragend. Der Augapfel wie eine gedeckte Kuppel in tiefer Höhle.

EPIGRAMME VENEDIG 34a, 34b. In den bezeichneten Stücken fixiert der Dichter seine Ansprüche, a) unverschämt, b) bescheiden. Unverschämtheit. „Oft erklärtet ihr euch als Freunde des Dichters, ihr Götter! / Gebt ihm auch, was er bedarf! Mäßiges braucht er, doch viel." Die Götter (Fortuna und die kleinen Götter dieser Welt) werden beim Wort genommen. Mäßiges doch viel: das mag befremden; wie ist der Gegensatz vereinbar? Nehmen wir zunächst das „viel" im Sinne von vielfältig. Dann folgt die Aufzählung, erstens bis achtens. Das „viel" sollte mit Gewicht, etwas rauh und gedehnt, gesprochen werden; der Katalog der Forderungen mit äußerster Leichtigkeit, Tempo ohne Hetze. Der Gestus des Forderungen-Verzeichnisses ist der der Beiläufigkeit. Beiläufig zeigt sich, daß der Dichter alles fordert, was irgend zu haben und unter die Individuen ungleichmäßig verteilt ist. Das „viel" heißt nun: alles.
„Gut – schon dank ich euch, Götter"; alles gewähren, das ist eine Kleinigkeit. Der Dichter dankt für Gaben, die den Geber nichts kosten. Er hat das Existenzminimum gefordert; „alles" ist das „Mässige", alles ist mäßig. – Der o. a. Vers beginnt mit zwei betonten (langen) Silben; die Wendung ist, auch rhythmisch, abrupt grob unverschämt. G hat hier einen außerordentlich hohen Grad der gestischen Durchdringung des Hexameters erreicht; in gleicher Richtung wirkt der Verssprung „den glücklichsten Menschen / Ehstens fertig". – Man vgl. Schillers fatalistische Grimasse: „Wo kein Wunder geschieht, ist kein Beglückter zu sehn" (Das Glück, 1798).
Bescheidung. Alles klingt reduziert. Einer hat den Palast gewollt und freut sich seiner Stube, weil sie warm ist. (Freilich ist G Hausbesitzer; das ist viel, verglichen mit dem Untermieter, wenig im Vergleich zum Großherrn.) Immerhin wird die Tätigkeit in den engen Kreis gezogen: „Aber so wende nach innen, so wende nach außen die Kräfte / Jeder" (grobes Enjambement!); „da wär's" (Trochäus, Konjunktiv!) „ein Fest, Deutscher mit Deutschen zu sein." G hat Einfluß

bei einem Mächtigen; nur ist dessen Macht „kurz und schmal“ wie alles in Deutschland; der Versuch, seinen Einfluß nach innen und außen tätig zu nutzen, hat der Dichter mit zehn unproduktiven Jahren bezahlt und, dadurch belehrt, kurz vor Niederschrift der Epigramme, endgültig begraben. Nun dankt er seinem Herzog, daß er niemandem außer ihm Dank abzustatten hat; und das schlimme ist, daß G meint, was er sagt. –
Das Ganze ist mit höchster Kunst gefertigt; man beachte den Aufschrei Nichts! und die Akzent-Verschiebung Aúgust (wie der Herzog hieß) zu Augúst (der Name des römischen Kaisers).

KRIEGSGLÜCK. Man müßte, sofern man keinen Krieg am eignen Leib erlebt hat, meinen, daß es jedes Soldaten Wunsch sei, den Waffengang, in welchen er befohlen wird, unverstümmelt zu überstehen. Dieses jugendliche Vorurteil räumt Goethe mit den ersten Versen aus: „Verwünschter weiß ich nichts im Krieg / Als nicht blessiert zu sein.“ Blessiert, das heißt verwundet. Das Gedicht ist ein Soldatenlied, es mag, komponiert, während des Marschierens gesungen werden, es sei denn, der Offizier dulde keinen offnen Defätismus. Jedenfalls kann ein erfahrner Soldat den Text, in Prosa rückübersetzt, seinen Enkeln erzählen, wenn er sie auf den Knien schaukelt: sofern nicht der Stabsarzt mit dem Messer die Beine oberhalb der Knie entfernt hat, weil die Verwundung schwerer als erhofft gewesen war.
Wie wünschen Sie die Wunde? Während des letzten großen Krieges gingen Gespräche um unter den künftigen Witwen und wurden Glückwünsche überbracht zu Geburts- und sonstigen Festtagen, die darauf hinausliefen, der Mann der beglückwünschten Frau möge heimkommen, und zwar mittels eines sogenannten Heimatschusses. Ein Heimatschuß ist ein Schuß des Gegners, der den Soldaten ins Lazarett und anschließend in Heimaturlaub, zwecks Wiederherstellung der Kampfkraft, befördert: ohne dauernde Beeinträchtigungen des Leibes zu hinterlassen. Dabei versteht sich zweierlei.
1) Der Soldat erachtet seine Kampfkraft als schädliche Eigenschaft, welche paralysiert werden muß, damit ihr Träger eine gewisse Zeit ohne Todesfurcht leben und seinem

Weibe beiwohnen könne. 2) Der sogenannte Heimatschuß ist ein relativ unwahrscheinlicher Glücksfall für den einzelnen; seine Häufigkeit nimmt zu mit der Zahl der kriegführenden Soldaten.
Goethe dichtete das Lied zwischen dem 12. und 14. Februar 1814. Es war für gesellige Zwecke durchaus bestimmt. – Am 26. Dezember 1808 hatte Freund Zelter aus Berlin folgendes geschrieben: „Zur Feier der Wiederkunft des Königs habe ich eine Liedertafel gestiftet: Eine Gesellschaft von 25 Männern, von denen der 25. der gewählte Meister ist, versammelt sich monatlich einmal bei einem Abendmahle von zwei Gerichten und vergnügt sich an gefälligen deutschen Gesängen. Die Mitglieder müssen entweder Dichter, Sänger oder Komponisten sein. Wer ein neues Lied gedichtet oder komponiert hat, lieset oder singt solches an der Tafel vor oder läßt es singen. Hat es Beifall, so geht eine Büchse an der Tafel umher, worin jeder, wenn ihm das Lied gefällt, nach seinem Gefallen einen Groschen oder mehr hineintut. An der Tafel wird die Büchse ausgezählt, findet sich soviel darinne, daß eine silbene Medaille, einen guten Thaler am Wert, davon bezahlt werden kann, so reicht der Meister im Namen der Liedertafel dem Preisnehmer die Medaille, es wird die Gesundheit des Dichters oder Komponisten getrunken und über die Schönheit des Liedes gesprochen. Kann ein Mitglied zwölf silberne Medaillen vorzeigen, so wird es auf Kosten der Gesellschaft einmal bewirtet; ihm wird ein Kranz aufgesetzt, er kann sich den Wein fordern, welchen er trinken will, und erhält eine goldene Medaille, 25 rh. am Wert. Das übrige besagt der Plan, welcher jetzt eben zirkuliert. Wer etwas Kompromittierendes ausplaudert, was einem Mitgliede oder der Tafel zuwider ist, zahlt Strafe. Satyrische Lieder auf Personen werden nicht gesungen. Jeder hat volle Freiheit zu sein, wie er ist, wenn er nur liberal ist. Gesetze dürfen nur zwölf sein; drunter geht an, drüber nicht. – Geben Sie mir doch eine Zeichnung zu einem hübschen Willkommen, den man mit beiden Händen fassen kann, und zu einer kleinen und zu einer goldenen Medaille, aber bald, wenn ich bitten darf: man muß das Eisen schmieden wenn es heiß ist. Die Mitglieder sind alle enthusiastisch und können die Ankunft des Königs kaum erwarten."

Der Dichter schickte nicht nur das Gewünschte, sondern auch eigene Lieder, und das mehrere Jahre lang. In einem Brief aus dem Mai 1813 heißt es: „Ich lege ein kleines Liedchen bei, eine Parodie auf das elendste aller deutschen Lieder: ‚Ich habe geliebet, nun lieb ich nicht mehr.' Wäre das Dichten nicht eine innere und notwendige Operation, die von keinen äußeren Umständen abhängig ist, so hätten diese Strophen freilich nicht in der jetzigen Zeit entstehen können, und da ich denke, daß ihr immer wieder einmal tafeln und singen werdet, so sei euch dieser außerzeitige Scherz gewidmet." Der parodierte Vers lautet, in Goethes Fassung: „Ich habe geliebet, nun lieb ich erst recht." Was vorliegt ist nicht, wie der Dichter schreibt, euphemische Nichtachtung der herrschenden Verhältnisse, sondern angestrengt vorgetragene Mißachtung; der Dichter setzt sich kräftig zur Wehr und unterläßt, was die Zeiten zu fordern scheinen, geflissentlich. Der Vers „Ich habe geliebet, nun lieb ich erst recht" ist noch Parodie des deutschen Nationalcharakters; das gesellige Lied „Kriegsglück", welches zur Rede steht, ist schon blasphemische Verspottung des herrschenden Zeitgeistes. Es ist, abgesehen von einigen zahmen Xenien, die einzige direkte lyrische Reaktion auf die sogenannten Befreiungskriege, welche die deutschen Staaten mit Chauvinismus und dumpfem Freiheitsstreben überschwemmten. Als Goethe sein Gedicht niederschrieb, war die Ära Napoleon nahezu abgeschlossen. Blücher war schon Ende Januar an der Aube. Hier griff ihn Napoleon am 29. Januar bei Brienne an, wurde aber am 1. Februar, nachdem sich Blücher durch einen Teil der Hauptarmee verstärkt hatte, bei la Rothière entscheidend geschlagen. Schwarzenberg weigerte sich, diesen Sieg durch den Vormarsch auf Paris auszunutzen. Blücher wollte nun diesen allein unternehmen, weil er den Gegner vernichtet glaubte, wurde aber beim Marsch von Napoleon, der jetzt sein Feldherrngenie aufs glänzendste bewährte, überfallen, und seine Korps erlitten in den Einzeltreffen von Chamypeaubert, Montmorail und Chateau-Thierry Mitte Februar empfindliche Verluste und mußten sich auf das rechte Marneufer zurückziehen. Napoleon trieb die Vorhut der Hauptarmee bei Montereau zurück. Aber Blücher vereinigte sich mit Bülow, auch die Hauptarmee rückte vor, und

ein Angriff Napoleons auf jene wurde bei Laon am 9. März zurückgeschlagen, der Angriff auf die Hauptarmee bei Arois sur Aube am 20. März. Der Kaiser beschloß jetzt, nach Osten zu marschieren und den Krieg wieder nach dem Rhein zu spielen, wo er noch viele Festungen innehatte; aber die Verbündeten folgten ihm nicht, sondern marschierten nach Paris.
Alle schlechten Dichter Deutschlands dichteten Schlachtgesänge; Goethe blieb, was ihm seit früher Jugend vorgeworfen worden war: kalt und schockierend; er erklärte die glorreichen Siege über den Mann, den er, neben wenigen, sich ranggleich erachtete, schlankweg für langweilig.
Man geht getrost von Sieg zu Sieg / Gefahrgewohnt hinein / Hat abgepackt und aufgepackt / Und weiter nichts ereilt / Als daß man auf dem Marsch sich plackt / Im Lager langeweilt.
Das einzige, was der Soldat in diesem Krieg gewinnen kann, ist der Heimatschuß.
Nun endlich pfeift Musketenblei / Und trifft, wills Gott, das Bein / Und nun ist alle Not vorbei / Man schleppt uns gleich hinein / Ins Städtchen, das der Sieger deckt / Wohin man grimmig kam / Die Frauen, die man erst erschreckt / Sind liebenswürdig zahm.
Die Hoffnung auf den Heimatschuß ist desperate Hoffnung; hinzukommt, daß in jener Zeit das Feldschermesser gemeinhin wegnahm, was die Feindkugel gelassen hatte; die volle Tüchtigkeit des Leibes war fast nie wiederzuerlangen. Der Dichter geht über alles dieses hinweg und tut so, als glaube er, was die schöngeistige Frauenwelt vom Militärwesen glaubt. Die letzten drei Strophen des Liedes sind amourös; Goethe macht sich, indem er die Kriegsbegeisterung der Deutschen, namentlich die Begeisterung der deutschen Jungfrauen für deutsche Helden, zu teilen vorgibt, über alles lustig und hält den Schein der Oberflächlichkeit, welcher in Wirklichkeit böser Zynismus ist, Jahre hindurch, auch im Gespräch und im engen Kreis, fest. Eckermann berichtet vom 4. Dezember 1823: „Das gesellige Lied ‚Kriegsglück‘ von Goethe ward darauf sehr heiter besprochen. Zelter war unerschöpflich in Anekdoten von blessierten Soldaten und schönen Frauen, welche alle dahin gingen, um die Wahrheit des Gedichts zu beweisen. Goethe selber

sagte, er habe alles in Weimar persönlich erlebt. Frau v. Goethe" (Augusts Frau, Ottilie) „aber hielt immerwährend ein heiteres Widerspiel, indem sie nicht zugeben wollte, daß die Frauen so wären, wie das ‚garstige' Gedicht sie schildere." (Ottilie, das muß man wissen, war „so".)
1815 wurde das Lied zum ersten Mal gedruckt. 1815 ist das Jahr des Wiener Kongresses; die deutschen Monarchen nahmen zurück oder erfüllten schlampig, was sie ihren Untertanen, damit diese gegen den Korsen zu Felde zögen, hatten zubilligen müssen. – Wir dürfen Umfang und Wirkung der Napoleonischen Kriege nicht gering anschlagen. Die Kampfhandlungen erstreckten sich auf ein Gebiet, das vom Städtedreieck Moskau/Madrid/Jaffa umsteckt wird. Die militärischen Ereignisse übertrafen das Bekannte um ein vielfaches; ich stehe nicht an zu behaupten, daß die Steigerung der Napoleonischen Kriege im Vergleich zum Dreißigjährigen Krieg, dessen Schreckensbild über Generationen sich fortgemalt hatte, die Steigerung des zweiten Weltkrieges zum ersten übertraf. – Man ist versucht, die Kriege des Kaisers Napoleon zum ersten Weltkrieg zu erklären, so daß wir den dritten bereits überstanden hätten. – In diesen kriegerischen Zeiten entwickelte Goethe die höchste Produktivität; er hätte, wie Brecht in unserem Jahrhundert, ausrufen können: „Wahrlich, ich lebe in finsteren Zeiten!" und „In den finsteren Zeiten / Wird da auch gesungen werden? / Ja. / Von den finsteren Zeiten." Goethe sang nicht von den finsteren Zeiten. Sein Freund C. G. Carus hatte an schönen Morgenden, am Fenster seines schönen Hauses in Pillnitz, ein Buch geschrieben über: Das menschliche Leben, von seinen Nachtseiten betrachtet. Der Dichter, in einer schlaflosen Nacht (er litt unter Schlaflosigkeit) skizzierte einen Gegenentwurf: Das menschliche Leben, von seinen Tagseiten betrachtet. –
Die Wirkung unseres Lieds, zur Zeit seines Erstdrucks, hätte müssen eine konvulsivische gewesen sein: sofern nicht (was zu vermuten steht) die deutsche Seele ihre Empfindlichkeit, deren sie sich um so mehr rühmt, je mehr sie die verloren hat, bereits damals so abgestumpft hatte, daß sie den lauten Hohn zu rezipieren außerstande war. Immerhin brachte sie es, im Munde der Ottilie, zum zärtlichen Schimpfwort „garstig". – Goethe liebte es überhaupt, den

Untergrund seiner Dichtungen, namentlich, wenn er unmittelbar entsetzlicher oder sonst sozialer Art war, lediglich ahnen zu machen. Die deutlichsten Exempel dieser Haltung (der Dichter hatte Gründe für sie) sind Iphigenie, ein Stück, welches der Verfasser später „verteufelt human" nannte, und Wilhelm Meisters Wanderjahre. In beiden Werken werden die desolatesten Verhältnisse versöhnlich evolutionär zusammengefügt; das Irreparable ist, an Drehpunkten, kurz und schneidend angedeutet: in der Iphigenie durch das Parzenlied am Ende des vierten Akts, im Roman durch die Episode um den ertrunkenen Fischerknaben. – „Kriegsglück" ist das höchste Muster dessen, was ein deutscher Béranger, gäbe es ihn, leisten könnte.

REISEZEHRUNG. Dieses Sonett ist eines der wunderlichsten Stücke, die ich kenne. Ursprünglich hatte es „Entsagen" geheißen, ich halte es für die bündigste Erklärung dessen, was Exzellenz unter Entsagung verstanden wissen wollte. Goethe hat gelegentlich die Form Sonett in einem Sonett beschimpft und als unbequem denunziert. – Das Sonett spricht häufig von sich selber; hier ist ein Grenzfall: es bemängelt sich. „Und was soll es nun gar heißen, eine einzelne rhythmische Form, das Sonett zum Beispiel, mit Haß und Wut zu verfolgen, da sie ja nur ein Gefäß ist, in das jeder von Gehalt hineinlegen kann, was er vermag? Wie lächerlich ists, mein Sonett, in dem ich einigermaßen zu Ungunsten der Sonette gesprochen, immer wieder(zu)käuen, aus einer ästhetischen Sache eine Parteisache zu machen und mich auch als Parteigesellen heranzuziehen, ohne zu bedenken, daß man recht gut über eine Sache spassen oder spotten kann, ohne sie deswegen zu verachten und zu verwerfen." (An Zelter; 22. 6. 08.)
Was vorliegt, ist zunächst Erzählung eines Abbaus. Der Herr ist von der Dame getrennt, der choc ist beträchtlich (1. Quartett). Gleichsam sonnenlos (das Aug ist sonnenhaft) gewöhnt er sich alle geringern Freuden, ja lebenhaltende Verrichtungen ab; jeder Arzt oder Liebende wird bestätigen, daß Ärger mit der Liebe zu Eßunlust, Schlaflosigkeit und ungeselligem Benehmen führt. Im vorliegenden Gedicht wird bewußt Bedürfnislosigkeit hergestellt (2. Quartett, 1. Terzett), freilich der Not gehorchend, je-

doch nicht widerwillig. – Während kriegerischer oder sonst unsicherer Zeiten empfiehlt sich, alles, woran das Herz hängen mag, abzutun; man reduziere sich auf die kleinste Größe und überlebe. Das Jahr 1807 war kriegerisch.

In Vers 11 ist der Zustand der kleinsten Größe erreicht, will heißen: der Herr hat seine bisherigen Verhältnisse abgestreift; er hat die Hände frei, weil er über nichts sie mehr halten muß. Ruhe tritt ein: nicht Totenstille. Die Welt ist wieder bewohnbar, indem der Anspruch an sie gering, d. h. von ihr zu erfüllen ist (2. Terzett, Verse 12, 13). Sie ist erstmals Welt; die abgestreiften Verhältnisse waren, wie aus der Beschreibung ersichtlich, kleine Welt, Weltersatz, Zirkelwesen, Weimar; im engen Zirkel mochte das Auge der Geliebten für die Sonne gelten, der Abbau der Pseudowelt löscht die Pseudosonne. Der kleinste Anspruch ist mithin der größte: die Welt solle als unbegrenzte sich geben; der Herr hingegen bietet seine Liebe, welche mittels Entthronung der Geliebten freigesetzt wurde.

Was das sei, Liebe? Landläufig Bindung an die Geliebte oder den Geliebten. Jemand ist jemandem unentbehrlich, im hohen Falle unersetzlich, und dies wechselweise. Die Tautologie der Definition versteht sich als Evidenz der Aussage. – Anders hier. Die Bindung absorbiert die Liebe; gebunden ist sie nicht sichtbar, sondern integriert in die Liebenden. Sie taucht auf, sobald diese sich trennen, ein hungriges Wesen (freies Radikal, Ion), begierig auf neue Bindung: nur so ist sie selbständig. Ihre Arbeit ist, sich selbst zu liquidieren; derart nun birgt der Begriff Entsagung seinen Widerspruch Begierde; er ist nicht mürrisch, sondern weltfromm, nicht ergeben, sondern tätig.

Dies ist der poetische Gedanke unseres Sonetts; er tritt rein hervor wegen der Kahlheit des Gedichts. Es fehlt die schöne Dunkelheit des Konkreten. – Unter Konkretem verstehe ich, in diesem Fall, was an individuellem Erleben in die Abenteuer des lyrischen Ichs, welches Ensemblecharakter trägt, eingeht, ohne in ihm aufzugehen; es ist insofern dunkel, als es sich nicht aus dem Zusammenspiel des Ensembles immanent erklärt, weil es aus dem Ensemble nicht nur herausragt, sondern über es hinausweist. (Dichten ist nicht der Zweck des Dichters; er kennt weitre, gleichwertige, Lebensäußerungen, solchen anderer Menschen ver-

gleichbare.) Derlei finden wir extrem in „Harzreise im Winter", vgl. Goethes späte Erklärung „Über Kunst und Altertum". Dritten Bandes Zweites Heft. 1821.
Woher die Kahlheit? Das Sonett ist aus einem Guß, straff, schlank, bündig, arbeitet ohne Umschweif aufs Ziel zu; die Sprache ist nur wenig von der Umgangssprache verschieden (der Konjunktiv konsequent durchgehalten), Vers- und Satzbau stimmen überein (nur an einem Versende, dem sechsten, fehlt das Satzzeichen). Das Gedicht ist leicht sprechbar, d. h. dem natürlichen Atemrhythmus aufs schönste angepaßt; alle Reime sind weiblich. Dennoch fehlt etwas: das Weibliche nämlich. Im Ganzen waltet die reine Notwendigkeit, welche nicht vereinbar ist mit der Anwesenheit einer wirklichen Frau. „Das Benutzen der Erlebnisse ist mir immer alles gewesen; das Erfinden aus der Luft war nie meine Sache: ich habe die Welt stets für genialer gehalten als mein Genie" (09, Gespräch mit einem Unbekannten). –
Das Gespräch handelt über den Roman „Die Wahlverwandtschaften", namentlich über die Frage, wer für Ottilien das Muster geliefert. Goethes zitierte Auskunft ist ebenso ausweichend wie prinzipiell. Romanfiguren sind keine Abschilderungen oder Porträts; das „benutzte Erlebnis" ist mehr als das Erlebnis, das Kunstwerk keine plattquantitative Verdopplung des Faktischen. – Tatsächlich vermutet die Forschung 4 (vier) Frauen hinter besagter Ottilie: 1) Minchen Herzlieb 2) Silvie von Ziegesar 3) Pauline Gotter 4) Bettina Brentano; die gleichen Damen gelten abwechselnd oder gemeinsam als Dame der Sonette, obwohl Goethe für 1) im, hier nicht mitgeteilten, Schlußsonett förmlich sich zu erklären scheint.
Weitre Querverbindungen zum Roman werden noch anzudeuten sein; vorerst müssen wir unsern Argwohn ausdrükken, daß Exzellenz nicht ein Erlebnis mit einer der konkreten Damen benutzt, sondern ein potentielles Erlebnis mit einer synthetischen Frau zu benutzbarer Realität im Gefühle sich aufgearbeitet hat. Dies erklärt die Kahlheit des Gedichts, seinen abstrakten und formellen Charakter: wie wenn es diktiert wäre.
Die Einbuße ist jedoch zugleich Gewinn: der poetische Gedanke, über welchen wir sprachen, tritt plastisch, ohne Bei-

werk, hervor; der nackte Körper, nicht der bekleidete, lehrt uns die Anatomie kennen. – Gelegentlich, zur Selbstverständigung, stellten die Bildhauer enthäutete Menschen vor; Jean Antoine Houdon bildete einen Muskelmann als Vorstufe zum halbbekleideten Johannes, ersterer in Gotha, letzerer in der Villa Borghese befindlich. Malerische Darstellungen der Schindung des Marsyas oder des Martyrium des Hl. Bartholomäus nehmen den barbarischen Prozeß der Enthäutung selbst zum Vorwurf. – Die Kleid- und Hautlosigkeit des Sonetts, welches den Prozeß der tätigen Selbstbehauptung zum Gegenstande hat, drückt mithin äußerste Schutzlosigkeit aus; das Formelle selbst ist gehaltkonstituierend. – Tatsächlich ist der Zyklus im Sonettenwettstreit, oder, wie es ironisch heißt, in einem Anfall von Sonettenwut niedergeschrieben. 1806 hatte der Hofbuchhändler Frommann, Pflegevater der o. a. W. Herzlieb, die Sonette Petrarkens im Druck erscheinen lassen; August 07 las Goethe die Sonette Ariosts. Dezember d. J. lebte Zacharias Werner, der mit dieser „rhythmischen Form" bereits sich befreundet hatte, besuchsweise in Weimar; Goethe traf ihn bei Knebel und Frommann. – Die Produktivkraft des Dichters und das Material, worin sie sich ausdrückt, war entscheidend von äußeren Umständen abhängig; die Lähmung, die von den deutschen Zuständen stetig ausging, wußte er durch Umgang mit gebildeten, vielfältig und an konkreten Gegenständen arbeitenden Freunden sowie sonstigen Gästen immer wieder partiell aufzuheben. Der Wettstreit mit Schiller entriß ihm die Balladen, die herzliche Teilnahme Zelters die geselligen Lieder, die Sonettenwut den zur Rede stehenden Zyklus.

Nun soll man die Anlässe nicht mit Ursachen verwechseln. – Die Sonette waren um die Jahreswende 07/08 abgefaßt worden; am 11. 4. 08 ist im Tagebuch vermerkt: „An den kleinen Erzählungen schematisiert, besonders den ‚Wahlverwandtschaften' und dem ‚Manne von funfzig Jahren'." Die Arbeit wurde ab Mai in Karlsbad fortgesetzt; dort gliederte Goethe die Wahlverwandtschaften aus der Reihe der Novellen aus, welche für den Roman „Wilhelm Meisters Wanderjahre oder Die Entsagenden" bestimmt waren. Von dort sandte er, am 22. Juni, die Sonette an Zelter. „Nur bitte ich inständig, sie nicht aus Händen zu geben."

Laut Riemers Tagebuch (22. 8. 08) äußerte Goethe, die durchgreifende Idee des „chemischen" Romans sei: „Sociale Verhältnisse und die Konflikte derselben symbolisch gefaßt darzustellen". Besagte Umstände berechtigen, zwischen den Gedichten und der Prosa geheime Beziehungen zu vermuten. – Der Begriff „Wahlverwandtschaft" ist der Chemie entlehnt; die deutsche Übersetzung von „De electionibus electivis" des Schweden Torbern Bergman (1782ff.) trägt diesen Titel. Goethe erklärte sich darüber im Gespräch mit Riemer (24. 7. 09) wie folgt: „Die sittlichen Symbole in den Naturwissenschaften (zum Beispiel das der Wahlverwandtschaften, vom großen Bergman erfunden und gebraucht) sind geistreicher und lassen sich eher mit Poesie, ja mit Societät verbinden als alle übrigen." – Im 4. Kapitel des Romans ist das chemische Experiment, Bergman fast zitierend, beschrieben: „‚So schließen wir uns denn gleich', sagte der Hauptmann, ‚an dasjenige wieder an, was wir oben schon benannt und besprochen haben. Zum Beispiel was wir Kalkstein nennen, ist eine mehr oder weniger reine Kalkerde, innig mit einer zarten Säure verbunden, die uns in Luftform bekannt geworden ist. Bringt man ein Stück solchen Steines in verdünnte Schwefelsäure, so ergreift diese den Kalk und erscheint mit ihm als Gips; jene zarte luftige Säure hingegen entflieht. Hier ist eine Trennung, eine neue Zusammenstellung entstanden, und man glaubt sich nunmehr berechtigt, sogar das Wort Wahlverwandtschaft anzuwenden, weil es wirklich so aussieht, als wenn ein Verhältnis dem andern vorgezogen, eins vor dem andern erwählt würde.' – ‚Verzeihen Sie mir', sagte Charlotte, ‚wie ich dem Naturforscher verzeihe; aber ich würde hier niemals eine Wahl, eher eine Naturnotwendigkeit erblicken, und diese kaum; denn es ist am Ende vielleicht gar nur die Sache der Gelegenheit. Gelegenheit macht Verhältnisse, wie sie Diebe macht; und wenn von Ihren Naturkörpern die Rede ist, so scheint mir die Wahl bloß in den Händen des Chemikers zu liegen, der diese Wesen zusammenbringt. Sind sie aber einmal beisammen, dann gnade ihnen Gott! In dem gegenwärtigen Falle dauert mich nur die arme Luftsäure, die sich wieder im Unendlichen herumtreiben muß.' – ‚Es kommt nur auf sie an', versetzte der Hauptmann, ‚sich mit dem Wasser zu verbinden und als Mineralquelle Gesunden

und Kranken zur Erquickung zu dienen.' – ,Der Gips hat gut reden', sagte Charlotte, ,der ist nun fertig, ist ein Körper, ist versorgt, anstatt daß jenes ausgetriebene Wesen noch manche Not haben kann, bis es wieder unterkommt."
Hierzu ist nun zweierlei zu bemerken. 1) Die Rettungschance ist im Sonett wie im zitierten Abschnitt gleichermaßen allgemein angedeutet. Das Gedicht hat abstrakt-allgemeinen Charakter; für sich, ohne Kontext, überzeugt es: der Ausweg ist einer. Der Roman läßt die Rettung konkret mißlingen, die Anspielung auf sie ist dergestalt allegorisch-utopisch: da beide Arbeiten einander kommentieren, ist sie es auch im Sonett. Eine starke Konstitution schafft sich Raum; Goethe, der Minister, konnte nach Italien. 2) Ohne prinzipielle, d. h. soziale Lösung sind nur individuelle Ausbrüche, unter bestimmten Umständen, möglich. In „Die Wahlverwandtschaften" ist der Zirkel eng verfestigt und darum zum alsbaldigen kollektiven Untergang verurteilt; in „Wilhelm Meisters Wanderjahre" hingegen übt eine größere Gesellschaft Entsagung, wie sie in unserem Sonett schlagend definiert wurde. Jener Roman, welcher den Untertitel „Die Entsagenden" trägt, spricht vom beweglichen Mittelpunkt des Kreises; er öffnet einer Gruppe Menschen individuelle Auswege im Welthandel und große Industrie; zugleich entwirft er ein utopisch-satirisches Erziehungsmodell brauchbarer Kreaturen. Exzellenz geht der eigentlichen historischen Aporie: ob der soziale Fortschritt Fortschritte der Humanität liefere? so genau aus dem Weg, als wüßte er die desperate Antwort. Dies aber muß andernorts untersucht werden; hier waren nur die Weiterungen zu skizzieren, die sich an die Lektüre eines Gedichts, das den Kern zweier, widersprüchlich untereinander verbundener, Romane in vierzehn Verse rafft, erstlich und ernstlich anschließen.

Willkommen und Abschied; eine Übung

Den Studenten schien das Gedicht, des 1771 ihnen etwa gleichaltrig gewesenen Verfassers, anfangs völlig fremd. Es sei eben aus dem Altertum. Wir sangen dann die Verse (mit etwas Zwang gegen Strophenende, und auch historisch gewaltsam) zur Melodie der Marseillaise; danach ließen wir die Melodie weg und unterlegten dem Sprechen lediglich den Liedrhythmus. So wurde die Eingangssituation, ohne viel Gerede, deutlich: fast gegenwärtig. Dem jungen Manne fällt das Mädchen ein: sofort macht er sich auf den Weg.

Wir fragten uns,5woher die, nun unverständliche, Fremdheit gerührt habe. Die Antwort war: das Pferd ist heute kein gebräuchliches Verkehrsmittel. Denn jede Art Fortbewegung schafft ihr eigentümliches Blickfeld und spezifischen Denkraum. Blickfeld und Denkraum eines Mittelstrecken-Rittes sind nicht imitierbar. Die Eisenbahn transportiert ihre Objekte; man schaut einseitig seitlich, ohne Voraussicht. Auto und Motorrad erzwingen lineare Sehweise; seitwärts huscht, außer an Kreuzungen, alles unscharf weg. Außerdem schrumpfen motorgetriebenen Fahrzeugen die Entfernungen; die Motorradfahrt Strasbourg–Sesenheim wäre unaufwendig, keine wesentliche Aktion, die wesentlichen Trieb voraussetzte (der Ritt: 6 Stunden). Dem Pferd am nächsten käme das Fahrrad, welches indessen der Unebenheiten des Weges nicht selbst acht hat; auch ist es kein kommensurabel standesgemäßes Gefährt.

Um Blickfeld und Denkraum zu rekonstruieren, zeichneten wir die Szenerie.

Der Abend wiegte schon die Erde, – das ist Einwiegen in den Schlaf, zugleich: Tag und Nacht, zwei Schalen einer Waage, balancieren einander.

Und an den Bergen hing die Nacht: – an den Bergen, d. h. die Sonne ist hinter die Berge, im Westen, getaucht. Der Reiter hat die beschatteten Ostflanken vor Augen, reitet also westwärts, nach links: kartografisch betrachtet. Der Himmel ist noch hell; die Ebene, vom Widerschein des Himmels, aufgehellt.

Schon stand im Nebelkleid die Eiche.

Ein aufgetürmter Riese, da, – große einzelne Bäume erzeugen ein eigenes Mikroklima; die lokale Feuchtigkeit, in der Abendkühle, fällt als örtlicher Nebel aus. Die ungewisse Kontur vergrößert wiederum optisch den Baum.

Ein aufgetürmter Riese, da,

Wo Finsternis aus dem Gesträuche – das, zwischen Kommata exponierte, „da" ist Ortsbestimmung und Ausruf, jäher Schreck vor der geballten Finsternis. Eichbaum und Gesträuch bilden eine einheitliche Vegetationsgruppe, aber keine zusammenhängende Masse.

Wo Finsternis aus dem Gesträuche

Mit hundert schwarzen Augen sah. – Wer hat nicht in einsamer Gegend unvermutet sich beobachtet gefühlt? plötzlich fröstelt die Rückenhaut. – Das Gesträuch ist folglich rasch passiert; der sprunghafte Fortgang vom Anblick zur grausenden Empfindung charakterisiert das Tempo des Rittes. Der Gaul galoppiert: der Galoppsprung eint kompositorisch Eiche und Gesträuche.

Der Mond von einem Wolkenhügel

Sah kläglich aus dem Duft hervor, – der Mond geht im Osten auf, steht im Rücken des Reiters, der den Blick nun gewendet hat, um den hundert schwarzen Augen zu begegnen. Kläglich: man wird den Mond schiefbackig sich vorzustellen haben, dem Vollmond nahe, eher ab- denn zunehmend, nicht recht leuchtend, da die Atmosphäre Sonnenlicht noch empfängt.

Die Winde schwangen leise Flügel, – sichtbar am bewegten Blattwerk.

Umsausten schauerlich mein Ohr; – mit atmosphärischer Bewegung gekreuzter Ritt-Wind; die Richtung, in welche etwa Mantel oder Mähne flattern, weicht ab von der Richtung, in welche die Zweiglein gebeugt sind. Wir verglichen Zeichnungen und Text mehrfach genauer, korrigierten die Skizzen: und erhielten eine strenge, aus wenigen fest aufeinander bezogenen Elementen gefügte Komposition. Keine zufällige Natur, sondern ideale Landschaft.

Die Elemente sind: Mensch, Tier (Pferd), Pflanzen (Eiche, Gesträuche), Mineral (Gebirge), Himmelskörper (Mond); die Atmosphäre (Wolke, Wind) eint das alles. Der Dichter, auf dem vollkommenen Indifferenzpunkt zwischen Tag- und Nachtseite des Planeten, fühlt grausend den Blick des Alls aus hundert schwarzen Augen.

Daß Wolfgang abends zu seiner Frieda rennt, ist das Allgemeine nur für das Pärchen selbst Interessante, ist poetisch nichtig.
In Goethes Kontext ist es Zentrum der Natur, Fokus der Weltordnung; Trieb = Triebkraft.
Goethe hat später (Dichtung und Wahrheit, 10. Buch) die gesamte paradiesische Gegend von dem (relativ) hohen Baschberg (oder Bastberg, die Schreibweisen differieren) aus, gleichsam wie den Hintergrund eines Renaissancegemäldes italienischen Typs, beschrieben:
„Diese Höhe, ganz aus verschiedenen Muscheln zusammengehäuft, machte mich zum ersten Male auf solche Dokumente der Vorwelt aufmerksam; ich hatte sie noch niemals in so großer Masse beisammen gesehen. Doch wendete sich der schaulustige Blick bald ausschließlich in die Gegend. Man steht auf dem letzten Vorgebirge nach dem Lande zu; gegen Norden liegt eine fruchtbare, mit kleinen Wäldchen durchzogene Fläche, von einem ersten Gebirge begrenzt, das sich gegen Abend nach Zabern hin erstreckt, wo man den Bischöflichen Palast und die eine Stunde davon liegende Abtei St. Johann deutlich erkennen mag. Von da verfolgt das Auge die immermehr schwindende Bergkette der Vogesen bis nach Süden hin. Wendet man sich gegen Nordost, so sieht man das Schloß Lichtenberg auf einem Felsen, und gegen Südost hat das Auge die unendliche Fläche des Elsasses zu durchforschen, die sich in immer mehr abduftenden Landschaftsgründen dem Gesicht entzieht, bis zuletzt die Schwäbischen Gebirge schattenweis in den Horizont verfließen." –
Der zur planetarischen Totalität komprimierte Ausschnitt aus dem Panorama, den das frühe Gedicht chiffriert mitteilt, ist ein niederländisches Gemälde (XVII. Jahrhundert). Goethe hatte 68 drei Bilder von Jacob van Ruysdael in Dresden gesehen gehabt, die er 90, 94 und 13 wieder aufgesucht und lebenslänglich im Sinn behalten hat. Von 1816 datiert der Aufsatz: Ruysdael als Dichter.
„Der Künstler hat bewundernswürdig geistreich den Punkt gefaßt, wo die Produktionskraft mit reinem Verstande zusammentrifft, und dem Beschauer ein Kunstwerk überliefert, welches, dem Auge an und für sich erfreulich, den innern Sinn aufruft, das Andenken anregt, und zuletzt einen

Begriff ausspricht, ohne sich darin aufzulösen oder zu verkühlen."

Die drei Bildanalysen fixieren (die Winckelmann-Lessing-Debatte über die Spezifik der Künste fortführend) jene Einheit Blickwinkel/Moment, die, kunstverständig erfaßt, dem Maler Darstellung der Geschichte erlaubt, also: Vorangegangenes und Folgendes der gemalten Fläche zu implizieren.

„Wenn nun die Berge des Hintergrundes mit jungen Büschen umlaubt scheinen, so mag man daraus schließen, daß starke Wälder hier abgetrieben und diese sanften Höhen den Stockausschlag und dem kleineren Gesträuch überlassen werden." – Oder: „Die Grabmale sogar deuten, in ihrem zerstörten Zustande, auf ein mehr als Vergangenes, sie sind Grabmäler von sich selbst" – im grammatischen Terminus: Plusquamperfekt.

Die Bilder bewegen selbst ja in der Zeit sich nicht. Aber die Einheit Blickwinkel/Moment ist es, die den innern Sinn aufruft, das Andenken anregt und zuletzt einen Begriff ausspricht. Reziprok: die Sprache bewegt nur in der Zeit sich (ist ein Nacheinander der Wörter). Aber Goethes zitierte Verse, und zwar, indem sie sukzessive die Blickwinkel und den Denkraum des Rittes strukturell erzeugen, schießen dem innern Sinn zum Gemälde zusammen.

Auch das innere Auge erkennt jäh total; die allmächtige Gegenwart verschlingt ihre Geschichte, Leidenschaft frißt die Sinne. Wie Ruysdael Dichter, ist hier Goethe Maler; die Künste berühren einander extrem zart und fest, nur der Indifferenzpunkt ist beiden gemein. „Willkommen und Abschied" enthält den verbalen Entwurf eines Bildes, das Jacob van Ruysdael hätte gemalt haben können.

Wir betrachteten die Reproduktionen und lasen: „Das große Geheimnis in der Beleuchtung ist, daß man das Licht leer hält und die Gegenstände nur im Schatten ausführt, dadurch entsteht zugleich Klarheit in den Schatten, und Anwendung auf Primavesi" (Darmstädter Theatermaler) „gesagt und Ruisdael angeführt." (Sulpiz Boisserée; Tagebuch 9. 9. 15, Goethen referierend.) – Tatsächlich impliziert der dem Gedicht innewohnende Bildentwurf auch diesen malerischen Grundsatz.

Die Erörterung schritt nach dem Exkurs geschärften Blicks

Vers um Vers weiter. Wir erwogen, wie physiologisch stimmig die Parallele In meinen Adern … / In meinem Herzen … sei; frugen, wie die Aura Ein rosenfarbnes Frühlingswetter als Lichtphänomen verstanden werden könne; wir genossen die paradoxe Werbung:
Und Zärtlichkeit für mich – ihr Götter!
Ich hofft es, ich verdient es nicht! – („ich bin ein Schwein, verstehst du"), welche vorbeugend den Rückzug frei hält; entdeckten die stumme Strophe zwischen den Strophen drei und vier; wir verfolgten die Tradition des Tagelieds und Goethens kühne Manipulation derselben; ja zum Schluß begegneten wir dem schwarzäugigen Mädchen, das Wolfgangs Lippen versiegelt hatte, und lasen das tiefversteckte Symbol io.
Alles das führe ich nicht aus, sondern überlasse den Leser dem Genuß seiner Mühe. – Dem Kundigen wird nicht entgangen sein, daß wir über die zweite Fassung gesprochen haben. Warum, kann er angedeutet finden. –

Der Zauberlehrling; Exegese und Übung

Nachstehende Notizen hat mein Sohn Paul (16) für die Schule geschrieben. Die gleichsam lineare Verknappung erklärt sich aus genanntem Zweck.
Pauls Text: Goethe schrieb „Schatzgräber" und „Zauberlehrling" im 97er Jahr. Seine Sturm-und-Drang-Balladen hatten Volksdichtung zum Muster genommen gehabt; nun werden bewußt komplizierte Kunstformen gebaut: Goethe spielt auf seine Weise mit dem volkstümlichen Stoff. Er setzt sich mit abergläubischem Beschwörungswesen auseinander.
1) „Der Schatzgräber". Ein armer Mann versucht, durch Zauberei reich zu werden. Nicht aber der Teufel erscheint ihm, sondern ein (nichtchristlicher) Naturgeist und verweist ihn auf seine eigene Tätigkeit zurück. Die Arbeit ist die wirkliche Vermittlung zwischen Mensch und außermenschlicher Natur. Der lehrhafte Schluß beurteilt die Chancen des Arbeitenden optimistisch, wenn auch in Grenzen. Die Wochen sind sauer, nur die Feste sind froh. Das heißt, immerhin kann man sich frohe Feste erarbeiten, aber die Arbeit selbst ist keine Freude. Diesen Zustand nannte Marx dann später Entfremdung der Arbeit.
2) „Der Zauberlehrling". Wieder ist Zauberei der Stoff. Doch ist hier die Kenntnis der Zauberformel eher ein besonderes erlernbares Wissen. Die magische Formel ist Gleichnis für technologische Kenntnis. Der Lehrling besitzt (noch?) nur das halbe Wissen. So setzt er eine Produktion in Gang, die ihm außer Kontrolle gerät. Auf solche Vorgänge beziehen sich Marx und Engels: „Die bürgerlichen Produktions- und Verkehrsverhältnisse, die bürgerlichen Eigentumsverhältnisse, die moderne bürgerliche Gesellschaft, die so gewaltige Produktions- und Verkehrsmittel hervorgezaubert hat, gleicht dem Hexenmeister, der die unterirdischen Gewalten nicht mehr zu beherrschen vermag, die er heraufbeschwor." – Goethe ist ja zusammen mit der Maschinerie aufgewachsen: Als er geboren wurde, wurden in England die ersten Textilmaschinen eingesetzt, als er starb, war England industrialisiert, und in Deutschland hatte die Industrielle Revolution begonnen. Es ist daher kein Wunder, daß das Verhältnis zwischen Mensch und

Maschinerie Gegenstand auch einer Ballade geworden ist. Der Dichter löst den Widerspruch in der Schlußstrophe ironisch: Er tut spielerisch so, als könne das Machtwort eines Wissenden abhelfen. – Marx und Engels zogen dann den poetischen Schleier weg und beschrieben die tatsächliche Ohnmacht des realen zeitgenössischen Hexenmeisters: des kapitalistischen Bürgers.
3) Zusammenfassung. Beide Balladen geben sich nur äußerlich didaktisch. Arbeit und Wissen sind die Mittel der Auseinandersetzung mit der Natur; Arbeit und Wissen werden zugleich begriffen in ihrer konkreten geschichtlichen Situation.
Soweit Pauls Niederschrift. Ich nahm die Thesen zum Ausgangspunkt eines Seminars an der Hochschule für Schauspielkunst Ernst Busch, Berlin, und erweiterte sie um folgende Überlegungen: Schatzgräber-Ballade und Hegel-Marxsche Entfremdungslehre sind nicht identisch. Aber dem Vor- und Umfeld der Debatte gehören die Balladen an, und zwar wesentlich. Goethe weist das arme kranke Individuum freundlich-autoritär in die gegebnen Schranken; dem armen Mann steht Entwicklung nicht zu, erst recht keine allseitige: das ist die Norm (die tausendfache Erdgeist-Tragödie des unbegünstigten Subjekts). Der arme Hund (so der Verf. über Wilh. Meister) muß seinen Platz „durchaus wünschenswert" finden (– vox diaboli). – Der Widerspruch ist unreif; Explikationen wie: „In der Beschränkung zeigt sich erst der Meister" sind ästhetisch noch möglich. Die antinome Lösung – der Arbeiter ist bei sich, wenn er außer sich ist, außer sich, wenn bei sich – ist neue Qualität. –
Beide Balladen polemisieren dreifach. 1) stehen Arbeit und Wissen, verständige klare Begriffe, gegen tradierten Spuk- und Wunderglauben und gezüchtete jenseitige Lebenshoffnung, 2) werden Arbeit und Wissen selbst entfremdete Mächte, ergo als geschichtlich spukhafte bestimmt; die Darstellung geht contra scheinbar vernunftgemäß optimistische Abstraktheit der Aufklärung, 3) greifen aufklärerisches und historisches Element im Verbund das romantische Weltgefühl an, welches die Materialität neuproduzierten Spuks weniger ortet denn schreckhaft flieht. Die Ironie ist das Medium dieses Mehrfrontenkrieges, nicht Witzelei, sondern Erkenntnisgang.

Danach charakterisierten wir kurz das äußere Szenar der Balladen. Im „Schatzgräber“ webende Natur, Kern und Schale; damit korrespondierend wundervoll ausgewogene strenge ottave rime. Im „Zauberlehrling“ Fabrikhalle und Fluß (der ja auch Symbol ist). – Ziel der Analyse konnte für künftige Schauspieler nur die sinnlich wirkende Interpretation sein. Das heißt, der Interpret spricht die Balladen so, daß der Hörer die Gehalte beim einmaligen Hören besser versteht als der ungeschulte Leser beim mehrmaligen Lesen. – Wir konzentrieren uns auf den Zauberlehrling und betrachteten metrische Raster und Strophenform.

Das Raster. Goethe schrieb konsequent klappernde Trochäen. Je vier Verse vierfüßige, dann vier dreifüßige, die Verse 6 und 8 verkürzten Ausgangs. Anschließend vier Zweifüßer, zwei Vierfüßer; usf. Wir unterstellten, daß Goethe hat machen können, was er hat machen wollen, und nahmen das Klappern für Absicht. Wir sprachen probeweise das pure Metrum: und aus dem mechanischen Sprechen sprach deutlich die Mechanik, der Rhythmus der Maschinerie. Der Besen ist ein Roboter; die Roboterdarstellungen von Wieland bis Hoffmann sind mehrere Kapitel für sich. Ebenso die Frage, welche Maschinerie Goethen den Impuls gegeben, Poch- und Hammerwerke? Webstühle? die schlesische Dampfmaschine?

Strophenform. Das Oktett bereits ist dreifach, normerfüllend, gegliedert. Die Verse 1, 2 und 3, 4 parallel, zwei Stollen (in der Terminologie des XVI. Jh.); 5–8, metrisch variiert, der Abgesang. Das folgende Sextett scheint folglich formal überzählig; es ist Epode im ursprünglichen Sinn: als Zauberspruch.

Wir sprachen deshalb, wieder probeweise, und um die ganze Gruppe an der Arbeit fortdauernd zu beteiligen, chorisch. Daraus ergab sich die dialogische, quasidramatische Struktur des Ganzen, die der Balladendefinition Herder–Goethens (Ur-ti der Gattungen) adäquat ist; hier: der unmittelbar sinnliche Kampf des Solisten mit dem mechanischen System. Modern times; Charlie im Räderwerk. Wir erinnerten uns, wie die Schienenstöße die Gedanken des Reisenden rhythmisieren und fixieren, und erwogen, wie industrielle Abläufe Denk- und Fühlweisen der Arbeitenden prägen.

Das Resultat war schließlich eine übergreifende rhythmische Figur. Im Oktett wehrt sich der Sprecher gegen das metrische Klappern, das doch immer durchschlägt und dem Modulieren der jeweiligen Situation engste Grenzen setzt; im Sextett triumphiert die Motorik, der frenetische Selbstlauf. (Technisches Mittel war übergenaues Artikulieren der Konsonanten.) Die Mechanik äfft, ihn imitierend, den Menschen, den sie sich mechanisiert hat. Der Dichter stellt dies komisch dar, d. h., er objektiviert die Brutalität seines Durchblicks. Fausts Notschrei lautet: „Könnt ich Magie von meinem Weg entfernen!" – Am Ende erlaubten wir uns einen kleinen virtuosen ernstlichen Scherz: Der Meister schaltet ab, und das Werk gelangt ritardando, jedoch nicht diminuendo, zum Stillstand.

Das Motiv des abwesenden Meisters hat Goethe höchstwahrscheinlich vom Shakespeare; der Lehrling fußt auf Angelo: der Herzog läßt den Stellvertreter die Mißwirtschaft verantworten und rettet dergestalt die Herrschaft; die gemutmaßte Abkunft erklärt auch Marxens kennerisches quid pro quo: Hexenmeister statt Zauberlehrling.

Peregrinus Proteus, oder: Die Nachtseite der pädagogischen Revolution

Christoph Martin Wieland ist ein berühmter Verschollener. Er war 17 Jahre alt, als Bach starb; er erlebte die Große Französische Revolution auf der Höhe seiner Jahre; da er sich begraben ließ, hatte Napoleon den Zenit überschritten. Nach intensiv religiösem jugendlichem Schwärmen war er ein heiterer Pornograph, alsdann für Jahrzehnte ein gelassen-skeptisches Gehirntier geworden. Er reiste nicht; er hat im Auge der Zyklone gesessen. Europa war sein Denkraum, die deutsche Sprache sein Wirkungsfeld. Sein Fühlen reichte zurück ins 17. Jahrhundert; ins 19. ragte er hinein. Den Geist des Altertums hat er sich angeähnelt; durch Rom durch blickte er das Klassische Griechenland.

Dichten, Übersetzen und Publizieren galten ihm gleich; aus dem einem zog er Stoff und Kraft für das andere. Er war ein Anreger, und zwar mit vollkommenen Werken. – Es gibt vollkommene Werke, die dem folgenden Geschlecht nur Rückgriff aufs Vorvergangene und Neuansatz lassen und/oder weisen: Klopstocks Oden etwa, die ein non plus ultra waren. Wieder andere Werke fordern heraus ihrer Unvollkommenheit halber: Lessings Dramen z. E.; diese sind gleichsam ideelle Fragmente. – Der Oberon-Vers (die Verquickung frisch geschmeidigten asymmetrischen Brockes-Rasters mit italienischer Strophe) ist ein plus ultra: jedes Wort, jede syntaktische Wendung hat fortan im deutschen Gedicht Platz.

Wielands Prosa-Sätze sind so gefügt, daß Leser und Sprecher sich nicht veratmen werden: wie lang und kompliziert die Perioden auch sein mögen. Sie sind der lebendige freie Atem des Werks, dessen Struktur hinwieder durchsichtig ist auf Muskeln und Knochen; die Gestalt weder skelettiert noch vermummt. Es waltet das wielandische Maß, ein spezifisches Verhältnis von Erzählen und Imaginieren.

Der Übersetzer gab Shakespeare, Lukian, Horaz, Aristophanes deutsch, im hohen Alter Cicero. Abhandlungen und eine Fülle von Fußnoten dokumentieren die Arbeitsweise, definieren das Übersetzen: nicht allein aus der fremden Sprache, sondern ebenso aus dem fernen Zeitalter. Das wortverliebt Philologische, in solchem Kontext, war nie mikrologisch. Freilich ebnete er Ausdrücke, z. B. setzte er für: dreckige Reden – verwünschte Rede (Lukian: Peregrins Ende). Was er am meisten haßte, war Schaum vorm Mund; er opferte Charakteristisches weniger dem Zeitgeschmack (der Unverschämtes duldete und genoß) denn dem eignen programmatischen Streben nach souveränem, d. h. interessenlosem, Wohl- oder Mißfallen. Eben die Züge, welche der junge Goethe satirisierte (Götter, Helden und Wieland), ahmten tastend den Klassiker vor, der Goethe dann auch wurde; dies indes bedarf gesonderter Analyse. – Den Shakespeare übertrug Wieland in Prosa, wenige Jahre nachdem Hamann, Gerstenberg und Herder die Blicke auf den Briten konzentriert hatten. Der erwachsene Aufklärer importierte der Sturm-und-Drang-Jugend das Hauptgeschütz (22 Stücke; das Wort Stücke bedeutete seinerzeit auch Kanonen). Wieland stellte dem Publikum den Gott der zornigen jungen Männer vor. Die deutsche Zunge hat sich des elisabethanischen dramatischen Blankverses erst sehr spät bemächtigt (in unserem Jahrhundert, durch Flatter und Tragelehn). Das subjektzentrische Weltgefühl der Originalgenies lud die Dramen lyrisch, und der Standard-Vers, der symmetrische Alexandriner, fror die Träne im Augenwinkel, den Schrei in der Kehle fest. Der Vers schien prosaischer denn die ungebundene Rede; nachhaltige Gewöhnung an die bekämpfte alexandrinische Regularität, die poetische Tiefkühltruhe, verstellte den Sinn für gezielte Deformation des metrischen Rasters, die den Deutschen ein Kunstfehler Shakespeares dünken mußte. So blieb der Nathan-Vers keimhaft-singulär, und die dramatischen Blankverse Goethes, Schillers, Schlegels und Kleists entwuchsen produktivem Mißverstehen.

Der gedolmetschte Lukian begleitet die kopernikanische Wende der Nationalliteratur. Schluß mit dem ästhetischen Voluntarismus; Dialogstruktur weist aus, wer was sagt. Aber der Autor wollte auch sich bergen hinter den Masken: und Fraktionskämpfe ausfechten, ohne daß er den zwistigen Verbündeten unbedingt zum Feind hätte stempeln müssen. Der Feind kam ins Kreuzfeuer der Satire, da der Frontalangriff steckengeblieben war. – Lukian war, seit Zürich, Wielands persönlicher hoher Alliierter, ein Voltaire am Spätabend heidnischer Priestermacht: i. e. am Vorabend

christkirchlicher Staatlichkeit, deren demagogisch-terroristische Gewalt der Nachgeborene überschaute. Zugleich durfte der beste Griechenkenner des 18. Jahrhunderts leibhaft betrachten, wie weltverbesserische Hysterie scharf kalkuliertes Herrschaftsdenken entband. (Bereits der Umgang mit deutschen Verlegern lehrte die Dichter das Mißtrauen gegen totale Bürgerlichkeit; der englische Spiegel reflektierte das Menschheitspathos abgeschminkt, und französische Finanzoperationen, schon vor der Revolution, trieben das Wesen der Schwärmerei: die Spekulation.) Lukian führte seinen Zweifrontenkrieg unter Schonung der politischen Zentrale. Wieland deutschte programmatisch ein; etwa gleichzeitig legte Goethe die Versfassung („Hüllen und Formen!" – Kategorischer Imperativ, an Herder) um das Parzenlied; und Schillers Spielernatur analysierte (Don Karlos) Chancen und Grenzen des politischen Spiels, woran der Jüngling Schiller teilzuhaben gedacht hatte.
Deutsche fünffüßige Jamben substituierten den lateinischen Hexameter der horazischen Episteln und Satiren; Leichtigkeit sei gefragt, die leiste der deutsche Hexameter nicht (und wirklich entspricht allein Vossens Georgica im nachgeahmten originalen Metrum der Eleganz des römischen Gedichts). Wieland hatte das erste deutsche Blankvers-Drame geschrieben (Lady Johanna Gray); nun beherrschte er den Jambus meisterlich. Im Gegensatz zum Dramatiker Shakespeare nahm er sich kaum Lizenzen; hie und da sechs Füße, häufige daktylische Einsätze; das genügt ihm. Das Spiel mit nicht oder andeutungsweise erfüllten Silbenstärken balanciert Stabilität und Diskontinuität; Länge und Iktus, geballt auf- oder füreinander eintretend, definieren die Stärken. – Die Struktur codiert die „hochgesinnte Verschwörung gegen das Publikum". Strengste Form scheint beiläufig angewandt: mithin höchste Kultur gesellig-gesellschaftlichen Umgangs das Selbstverständlichste der Welt. Trotz des, gegen den Hexameter, verkürzten Verses entsteht keine Engnis. Wielands Blankvers ist nicht dramatisch, er ist, zweckentsprechend, erzählend-diskursiv; der antike Hendekasyllabus kreuzt neu ins nordische Muster. Eben deshalb arbeitet er dem deutschen klassischen Stückvers vor: der die einzige letztverbliebene, ideal utopische Heimat aller Mitwirkenden ist.

Der Französischen Republik antwortete die Übersetzung des Aristophanes. Wieland beschrieb die Komödien als „historische Urkunden", die geschickt seien, „uns ein wahres lebendiges Bild von der tiefen Verdorbenheit zu geben, zu welcher ein äußerst lebhaftes und feuriges, leicht bewegliches, zur Schwärmerey geneigtes, eitles, ehrgeiziges, in allen seinen Neigungen, Leidenschaften, Wünschen und Entwürfen ausschweifendes, und mit der größten Leichtigkeit von einem Äußersten zum andern überspringendes Volk, zumal in der physischen und politischen Lage der Athener, durch eine demokratische Verfassung und demagogische Regierung heruntergebracht werden kann." (Die Ritter; Vorrede; Att. Mus. 98.) – Wer die Vorgänge für übertrieben dargestellt halte, solle „den aristofanischen Demos" und „die Rollen des Paflagoniers und Wursthändlers" in Frankreich beachten. Der Hieb trifft die Revolutionsgewinnler; das Direktorium, – und den General Bonaparte? Dann aber formuliert Wieland drei überlange, sorgfältigst ausgewogene und unangreifbare Perioden: „Wie leicht auch der auffallende Kontrast, den dieses Stück überhaupt und im Besonderen mit unsern herrschenden Begriffen, Gewohnheiten und Sitten, zumahl in denjenigen deutschen Staaten, worin die Regierungsform monarchisch oder aristokratisch ist, macht, aus der Natur der Demokratie zu erklären ist, so ist doch vermuthlich, die Verwegenheit des Dichters, nicht nur einen der ersten und mächtigsten Männer in der Republik auf eine so insultante Art auf der öffentlichen Schaubühne zu beschimpfen, zu geißeln und bis auf die Knochen zu brandmarken, sondern das souveräne Volk selbst in seiner eigenen Gegenwart zu verspotten und in der lächerlichsten Blöße darzustellen, eine Erscheinung, die man kaum seinen Augen glauben kann. Man begreift weder, wie Aristofanes sich vor der Rache eines so fürchterlich und unverzeihlich beleidigten, allvermögenden Demagogen sicher halten, noch wie die Athener ohne zu zürnen in einen solchen Spiegel sehen, und über ihre eigene Thorheit und Schwäche so unbefangen und frohes Muthes, als ob die Sache sie nichts anginge, lachen; noch, wie die Republik bey einer so schrankenlosen Freyheit auch nur einige Wochen lang, ohne in sich selbst zusammenzufallen, habe bestehen können. Und dennoch, wie schwer es uns auch fällt, sobald wir uns mit dem gehörigen Grade von Lebhaftigkeit in unsern Gedanken an Zeit und Ort und Stelle versetzen, dies alles als möglich zu denken, so findet sich doch noch etwas zu bemerken, das noch viel unglaublicher ist; und dies war: daß der so jämmerlich in diesem Stücke verspottete Demos von Athen die Freyheiten, die sich der Dichter mit ihn herausnahm, so wenig übel empfand, daß er diesem vielmehr den Siegespreis über seine damahligen Mitbewerber Kratinos und Aristomenes, zuerkannte; und daß Kleon, ungeachtet eine so blutige Personal-Satire über seine Person und Staatsverwaltung öffentlich gekrönt worden war, dennoch dadurch so wenig an seinem Ansehen und Einfluß in der Republik verlohr, daß beydes vielmehr seit dieser Zeit sogar zugenommen zu haben scheint." – Wieland kannte (und beschrieb) die aristokratische Position des Übersetzten; um so deutlicher spricht die Überzeugung des Dolmetschs: demokratische Verfassung wandelt jede Kritik in Selbstkritik; eben dies ist das Kriterium demokratischer Verfassung und Garantie ihrer Stabilität, ihre wahre Natur. Der Rückschluß auf Frankreich ist evident; der Ehren-Bürger winkte mit dem Zaunpfahl nach beiden Seiten des Rheins. Die hier hoffen umsonst den Zusammenbruch, und die dort können keinen Aristophanes ertragen.

Dreißig Jahre lang publizierte Wieland die Zeitschrift Der Teutsche Merkur (ab 90: Der Neue Teutsche Merkur). Das Programm war breit gefächert: neue Werke, Renzensionen, Referate, Übersetzungen, Bearbeitungen, Bühnenereignisse, Nachrichten. Der Herausgeber schrieb viel; er ließ Ansichten, die von den seinen abwichen, zu Wort kommen: und lernte aus den Auseinandersetzungen, die er organisierte. Die öffentliche Debatte war Kern des Konzepts, die Literaturdiskussion Gesellschaftsanalyse. Der Editor verstand sich als Moderator; er leitete unaufdringlich und entschieden; er gewann die vorzüglichsten Autoren. So war sein Arbeitsstil; auch seine Nachdichtungen wirkten behutsam und gewichtig, zur jeweils rechten Zeit erschien das nachhaltig Nötige. –

Wieland ist zeitlebens Pädagoge gewesen: Hofmeister, Universitätsprofessor, Prinzenerzieher; der Publizist und Übersetzer unterrichtete kontinuierlich den zugänglichen Teil der Nation. Was er, wie selbstverständlich, tat, wurde Ob-

jekt der Reflexion in einer Kette pädagogischer Romane. Sie bildet die Seele des Werks; die Hauptglieder sind: Die Geschichte des Agathon; Der Goldene Spiegel; Peregrinus Proteus; Aristipp.
Was ist das: Pädagogik? Anderthalb Jahrhunderte arbeiteten den Begriffsinhalt heraus. Pädagogisches Denken war Mitte des 17. Jahrhunderts dem dogmatischen Denken entschieden gegenüber-, dann klar entgegengetreten. Nämlich, das Dogma, d. h. das zu Lehrende, damit Art und Weise des Lehrens, waren problematisch geworden. Nicht länger stand alles Wissenswürdige in autorisierten Schriften; nicht länger war jedem Stand das Seine per Geburt zugemessen, und nicht mehr unbedingt trat der Sohn in die Fußtapfen des Vaters. Differenzierungen der Gewerbe, außerzünftige Produktion, Verlagssystem und Manufaktur, staatliche Monopole, nationale und koloniale Formen ursprünglicher Akkumulation trieben die Lebensweise der städtischen Bevölkerung in die Krise. Kriege taten das ihre. Große Schichten des Landvolks wurden deklassiert durch, progressiv oder reaktionär motiviertes, Bauernlegen.
Vielfältig verknüpft mit diesen sozialökonomischen Prozessen, ihnen wieder und wieder stark voreilend, vollzog sich die wissenschaftliche Revolution; Bernal periodisierte:
Erste Phase; 1440–1540. Angriff auf das gesamte Weltbild, welches das Mittelalter vom Altertum übernommen hatte. Kopernikus verwarf das geozentrische System des Aristoteles; die Erde drehe sich und kreise, wie alle andern Planeten, um die Sonne.
Zweite Phase; 1540–1650. Kepler und Galilei führten, trotz stärkster Opposition, den Kampf fort; Harvey trug ihn in die Wissenschaft vom menschlichen Körper hinüber. Experimentelle Methoden; die ersten Propheten des Zeitalters waren Bacon und Descartes.
Dritte Phase; 1650–1690. Triumph der modernen Wissenschaft: sie wuchs schnell, erfaßte neue Wissensgebiete, ihre Organisation in Gesellschaften hat begonnen. Boyle, Hooke und Huygens; Ära der mathematisch-mechanischen Philosophie. „Newtons Formulierung der Mathematischen Prinzipien der Naturphilosophie bündelt die Arbeit vieler Hände und Köpfe“: sie war die „Grundlage, auf die man die übrigen Zweige der Wissenschaft vertrauensvoll bauen zu

können glaubte". Mechanische Kausalität anstelle der Teleologie.
Zwei Jahrhunderte bevor die Maschinerie den Reproduktionsprozeß dominierte, ein Jahrhundert vor Beginn der industriellen Revolution prägte die Ahnung künftiger Maschinenwelt sozialpsychisch relevante Verhaltensmuster und gesellschaftstheoretische Denkraster. Dem tradierten Lehrwesen brach die Spitze, sukzessive faulte das Fundament weg. Die scholastische Universität Typ Sorbonne war der zweiten Phase, die renaissance-humanistischen Gründungen Typ Wittenberg waren der dritten Phase der wissenschaftlichen Umwälzung nicht gewachsen. Die Gelehrten fanden einander in, zunächst privaten, Societies; sie organisierten die Grundlagenforschung und vermittelten den Anwendern technologische Konsequenzen. Hooke schrieb 1703: „Es obliegt der Royal Society, das Wissen um die Dinge in der Natur zu vervollkommnen und alle nützlichen Künste, Herstellungsweisen, mechanischen Verfahren, Maschinen und Erfindungen durch Experimente zu verbessern (und sich nicht in Theologie, Metaphysik, Morallehre, Politik, Grammatik, Rhetorik oder Logik einzumischen)."
Wie die, alsbald staatlich institutionalisierten, Akademien die intellektuelle Elite erzogen, so nahmen, teils aus den Akademien derivierte, teils vom merkantilistischen Apparat eingerichtete, spezialisierte Fach-Schulen die Generation künftiger Erfinderunternehmer und besoldeter Technologen in Zucht. Neue Technologien trieben das naturwissenschaftliche Denken an und beuteten es aus. Gelehrt ward, wie man sich voranbringt im Reich der nützlichen Künste: wo dann auch eigne Logik, Moral, Metaphysik, Politik usw. herrschen.
Welche Eigenschaften zeichnen das nützliche Mitglied? Wie können sie der Masse unbegünstigter Subjekte anerzogen werden? In Waisen- und Armenhäusern, philanthropisch gewandet, exerzierte die Avantgarde gemeiner Volksbildung; die Versuchsserie am Menschen erkundete das rationelle Reglement. Das physikalisch-mathematische Denken und die Intention angemessener Ausbildung provozierten eine adäquate Theorie der Erkenntnis. – Wir gewinnen umwälzende Einsichten, aber wie geht es dabei zu? wenn das All eine Maschine ist, wie funktioniert dann der

Mensch? so frug die Physik. – Die Lehrer, welche sich anschickten, das Erkennen zu lehren, brauchten Gewißheit über die Natur ihres Arbeitsgegenstandes. Inwieweit ist das Menschenmaterial bildsam? Da tatsächlich Menschen erzogen werden, muß wohl das menschliche Wesen ein erziehbares Wesen sein. Aber was ist es, das auf es wirkt? und wie wirkt wer oder was auf es ein? Gibt es etwas in ihm, das stabil ist? da doch um ihn die Grundfesten gestürzt sind. Sein Denken und Fühlen: sind sie Wesenheit? oder herausgebildet und fixiert?

Die platonisch-kirchenväterische Lehre von den eingeborenen Ideen (die den angeborenen Ständen der Ordo-Welt gemäß gewesen war) widersprach der naturwissenschaftlichen Praxis und den Bedürfnissen der dynamisierten Gesellschaft. Materialistische Vorstellungen über die Natur des Menschen brachen Bahn. Der junge Marx skizzierte den philosophischen Gang:

„In seiner Physik hatte Descartes der Materie selbstschöpferische Kraft verliehen und die mechanische Bewegung als ihren Lebensakt gefaßt. Er hatte seine Physik vollständig von seiner Metaphysik getrennt. Innerhalb seiner Physik ist die Materie die einzige Substanz, der einzige Grund des Seins und des Erkennens." – „Seine Schüler waren Antimetaphysiker von Profession, nämlich Physiker." – „Mit dem Arzte Le Roy beginnt diese Schule, mit dem Arzte Cabanis erreicht sie ihren Höhepunkt, der Arzt La Mettrie ist ihr Zentrum. Descartes lebte noch, als Le Roy die kartesische Konstruktion des Tieres – ähnlich wie im 18. Jahrhundert La Mettrie – auf die menschliche Seele übertrug und die Ideen für mechanische Bewegungen erklärte." – „Die Metaphysik war im 17. Jahrhundert (man denke an Descartes, Leibniz etc.) noch versetzt mit positivem, profanem Gehalte. Sie machte Entdeckungen in der Mathematik, Physik und andern bestimmten Wissenschaften, die ihr anzugehören schienen. Schon im Anfang des 18. Jhs. war dieser Schein vernichtet." – „Der wahre Stammvater des englischen Materialismus und aller modernen experimentierenden Wissenschaft ist Baco." – „Nach seiner Lehre sind die Sinne untrüglich und die Quelle aller Kenntnisse. Die Wissenschaft ist Erfahrungswissenschaft und besteht darin, eine rationelle Methode auf das sinnlich Gegebene anzuweden. Induktion, Analyse, Vergleichung, Beobachtung, Experimentieren sind die Hauptbedingungen seiner rationellen Methode. Unter den der Materie eingebornen Eigenschaften ist die Bewegung die erste und vorzüglichste, nicht nur als mechanische und mathematische Bewegung, sondern mehr noch als Trieb, Lebensgeist, Spannkraft, als Qual – um den Ausdruck Jacob Böhmes zu gebrauchen – der Materie." – „Die Materie lacht in poetisch-sinnlichem Glanze den ganzen Menschen an." – „In seiner Fortentwicklung wird der Materialismus einseitig. Hobbes ist der Systematiker des baconischen Materialismus. Die Sinnlichkeit verliert ihre Blume und wird zur abstrakten Sinnlichkeit des Geometers. Die physische Bewegung wird der mechanischen oder mathematischen geopfert; die Geometrie wird als die Hauptwissenschaft proklamiert. Der Materialismus wird menschenfeindlich." – „Wenn die Sinnlichkeit alle Kenntnisse den Menschen liefert, demonstriert Hobbes, von Baco ausgehend, so sind Anschauung, Gedanke, Vorstellung etc. nichts als Phantome der mehr oder minder von ihrer sinnlichen Form entkleideten Körperwelt." – „Weil nur das Materielle wahrnehmbar, wissbar ist, so weiß man nichts von Gottes Existenz. Nur meine eigne Existenz ist sicher. Jede menschliche Leidenschaft ist eine mechanische Bewegung, die endet oder anfängt. Die Objekte der Triebe sind das Gute. Der Mensch ist denselben Gesetzen unterworfen wie die Natur. Macht und Freiheit sind identisch." – „Locke begründete das Prinzip des Baco und Hobbes in seinem Versuch über den Ursprung des menschlichen Verstandes." – „Locke hatte die Philosophie des bon sens, des gesunden Menschenverstandes, begründet, d. h. auf einem Umweg gesagt, daß es keine von den gesunden menschlichen Sinnen und dem auf ihnen basierenden Verstand unterschiedne Philosophie gebe." – „Der unmittelbare Schüler und französische Dolmetscher Lockes, Condillac, richtete den Lockeschen Sensualismus sogleich gegen die Metaphysik des 17. Jahrhunderts." – „In seiner Schrift ‚L'essai sur l'origine des conaissances humaines' führte er Lockes Gedanken aus und bewies, daß nicht nur die Seele, sondern auch die Sinne, nicht nur die Kunst, Ideen zu machen, sondern auch die Kunst der sinnlichen Empfindung Sache der Erfahrung und Gewohnheit sei. Von

der Erziehung und den äußeren Umständen hängt daher die ganze Entwicklung des Menschen ab." – Helvetius formulierte: „Erziehung ist Alles."
Die materialistische Theorie gewann mehr stillschweigende Gefolgsleute als ausdrückliche Bekenner. Beim jungen Wieland traf sie mit Helvetii Buch vom Geist ein. Ihre Resultate sanken zu Grundvorstellungen ab. Das gilt besonders für den erkenntnistheoretischen Part. Die, von Locke prononcierte, demokritisch-epikurisch-baconische, Ansicht, der Mensch sei bei Geburt blank, eine tabula rasa, ein weißes Blatt, das beschrieben werde, wurde Fundament des Glaubens an den Erfolg des Unterrichts und der bedachten Erziehung. Wenn das Innere des Menschen gebildet, sein Tun geleitet wird aus Erfahrung und über Empfindung, so sind die Erfahrungen zu steuern, die Empfindungen zu reizen; die Unterrichtsmethode sei anschaulich-sinnlich. – Was aber ist dann das Einzelwesen? wohl ein Partikel amorpher Masse? Auf diese Konsequenz hinterfragten idealistische Philosophen die Kategorien Empfindung und Erfahrung. Der Earl of Shaftesbury setzte einen immanenten menschlichen Schönheitssinn an die vakante Stelle des göttlichen Stabilisators; die Kunst ist der Strohhalm der ertrinkenden Persönlichkeit, die Kunsterziehung das geistige Band der Privilegien. – In der pädagogischen Praxis konvergierten die Weltanschauungen:
Den Pietisten war der Mensch sündig und die Arbeit Buße; am Beginn der Erziehung stand die Bekehrung, i. e. völlige Unterwerfung unter den Willen Gottes, d. h. psychische Vernichtung des Zöglings. Die derart gereinigte Tafel empfing die Schrift. Das widerfuhr Wielands Vater in Franckes Halle, dem Dichter in Klosterbergen.
Auch förderte paradox die Praxis reaktionärer Fraktionen. Lange bevor der deutsche Schulreformer Ratke (er war der Erfinder des Terminus Didaktik und früher Vertreter der tabula-rasa-Lehre gewesen) sein sinnlich-anschauliches Organon entworfen hatte, waren die Jesuiten-Kollegs (parallel zur ästhetischen Offensive der Gegenreformation) methodisch Musterschulen geworden. Der geforderte Kadavergehorsam stellte das weiße Blatt administrativ her. Ein geflügeltes Wort lautete, Derundder sei: ein Werkzeug der Jesuiten. Die Freimaurer verfuhren technisch

kaum anders; die Societas Jesu war gehaßtes Vorbild.
Alte Gewalten bemächtigten sich mechanisch-materialistischer Philosophie. Die Menschen sind Körper, und nichts als das: warum sollte der Despot nicht nach Belieben mit diesen aasen? Juchhe! nach Amerika – quietschte die Maschine. Ein Adels-Hedonismus entstand, dessen schließlicher Extremist der Marquis de Sade wurde. – Gegenstrom war verbürgerlicht-mystisches, dialektisch-theologisches Denken, welches die Teilhabe des Menschen an der Gottnatur behauptete (Böhme) und zu Spinozas Pantheismus führte; Comenius leitete Kanäle in seine großartig eklektische Pansophia hinüber.
Indessen, die Mehrheit der Europäer atmete den traditionellen zähen Mief: der aufgeklärt werden mußte. Stumpfe Mönche, verknöcherte Pastoren, beschränkte Bürger, debiler Adel, cäsarische Zwergfürsten, geprügelte Soldaten, vertierte Bauern: das war das Normale, die „selbstverschuldete Unmündigkeit“. Der Abderiten-Roman quantifizierte das Massenverhältnis; hie Demokrit und Euripides, da der schauerlich komische, selbstgenügsam fort und fort hekkende Schwachsinn.
Die langwierige pädagogische Diskussion wurde für Wieland lebenswierig. In England hatte sich die Gesellschaftstheorie auf ökonomische Probleme, in Frankreich auf staatsrechtlich-politische geworfen; die deutschen Staaten wurden klassischer Boden der Erziehlehre. Ökonomie, Staatsrecht, Politik schienen abgeleitete Teildisziplinen, ja der Geschichtsprozeß allgemeines Didaktikum. Während die französischen Aufklärer das gesamte pädagogische Arsenal ganz selbstverständlich als politisches Mittel nutzten, incl. der ästhetischen Waffen, der sogenannten Schönen Wissenschaften, wurde den deutschen Dichtern die Einflußnahme, die sie übten, wiederum Gegenstand.
Die, hier punktuell skizzierte, Jahrhundert-Debatte hatte eine bedeutende Masse Stoff zusammengebracht; die Materie war füllig entwickelt, in sich selber streitig; die Epoche stand auf der Kippe, und die Problemata gingen ans Fleisch. Der noch optimistisch antizipierte Ausgang ließ die Handlungen selbst retardierend, d. h. episch prädisponiert, scheinen.
Der erste Deutsche, der dies erkannte, war Wieland.

1766/67 beendete er: Die Geschichte des Agathon, deren Fragment er 1763 zugunsten einer Cervantes-Parodie weggelegt gehabt hatte. Handlungsraum ist ein modelliertes Groß-Griechenland; der kosmopolitische Zwergstaatler mußte seinen Gestalten ein Europa schaffen. Unterschiedliche Regierungsformen koexistieren griechheitlich, und dem Modell zwanglos integriert werden konnten republikanische Örter. – Poetologische und philosophische Anregungen kamen aus England und Frankreich. Aus England waren angereist Fieldings Tom Jones und Shaftesburys Ästhetik. – Schon der Name des Helden bekennt letztere: bereits das 5. Jahrhundert a. C. n. habe, so Wieland, bequemerweise kurz Agathie statt Kalo-Agathie gebraucht, das Schöne selbstverständlich der Tugend beiordnend.

Und 1762 war Rousseaus didaktischer Roman Emile erschienen. Jean-Jacques lehrte das Lehren, indem er das Ziel aller Unterweisung festschrieb. Der Mensch werde zwar geformt durch Umstände und Erfahrung, doch solle er bewußt durch ebendiese so ausgebildet werden, daß er die Umstände meistern und jede neue Erfahrung integrieren könne. Die Gesellschaft, wie sie ist, sei naturwidrig: naturgemäße Erziehung souveräner Individuen werde das künstliche Räderwerk übermannen.

„Wir werden mit der Fähigkeit zu empfinden geboren, und von der Geburt an wirken die Dinge, von denen wir umgeben sind, auf verschiedene Weise auf uns ein. Kaum wissen wir, so zu sagen, daß wir empfinden, so sind wir auch geneigt, das zu fliehen oder aufzusuchen, was diese Empfindungen hervorbringt, anfangs nur nach dem Maßstabe des Angenehmen oder des Unangenehmen, späterhin nach der Übereinstimmung oder Nichtübereinstimmung, die wir zwischen uns und den Dingen wahrnehmen, und endlich dem Urteile gemäß, welches die Vernunft nach der Idee von Glückseligkeit oder Vollkommenheit über sie fällt. Diese Anlage erweitert sich und befestigt sich in dem Maße, als wir stärker und klarer empfinden; aber durch unsere Gewohnheiten bezwungen, verändert sie sich, mehr oder weniger gestört durch unsere Meinungen. Vor dieser Störung ist sie das, was ich in uns Natur nenne." – „Gezwungen, entweder die Natur oder die gesellschaftlichen

Einrichtungen zu bekämpfen, muß man sich entscheiden, ob man einen Menschen oder einen Bürger heranziehen will; denn beides zugleich ist nicht möglich."

Agathon versucht seine Welt (wie Tom Jones sein England), bis er den mittleren Platz, den Platz in der Mitte, des Mittelstands Platz einnimmt.

Der Knabe wächst auf bei den Dienern des Gottes (: Apollon), der mächtige sinnliche Druck des Tempelbezirks senkt die jenseitige Indoktrination tief der Seele ein (Wieland erlebte süddeutsche Jesuiter-Kirchen); doch Schein und Sein klaffen: der Priester betrügt, die Pythia ist geil. – Religion sei Priestertrug, lehrten die französischen Aufklärer; Christus, Buddha, Mohammed hießen: die drei großen Betrüger. – Der Jüngling flieht; er gelangt nach Athen, wo ruppigste Demokratie waltet. Agathon, der Friedensfreund, treibt Politik moralisch, scheitert und exiliert. Er erlebt Bacchantinnen (Weiber im Naturzustand), wird von Seeräubern gefangen und als Sklave verkauft. Der Käufer Hippias, ein vermögender Privatmann, ist Hedonist (ein kritisches Portrait des geliebten Helvetius); er treibt rohe intellektuelle Spiele mit dem jungen Mann. Illusionslose materialistische Analysen des Weltzustandes und des Geschichtsganges zeugen, scheinbar notfolglich, zynische Apologien platt wirklicher Herrschaft (: die Ungleichheit gebiert die Künste; Kunst ist die Kunst, reich zu werden. – Vgl. Goethe, An Suleika; und Marxens brutales Zitat der Schlußstrophe. Vgl. ebenfalls Dichtung und Wahrheit 13. Buch, Graf Stadion und der kleine Laroche.) – Der Sklave flieht, läßt sich mit Plato ein, will das despotisch regierte Syrakus zu platonischer Republik formieren. Dem Tyrannen freilich, Dionysius, seit zarter Jugend ungut geprägt, schlägt der Philosoph nicht mehr an. Agathon wagt die progressive Intrige (vgl. Klopstocks Akademie-Projekt); der höfisch Vermummte erzielt Anfangserfolge und wird inhaftiert. Diplomatische Intervention der utopischen Republik Tarent rettet ihn. – Wieland hat Tarent notgedrungen vage gezeichnet, nicht es funktionierend dargestellt; die Erzählhaltung kündet die Irrealität der Konstruktion.

Patriarch Archytas resümiert: „Ein Mann von mehr als gewöhnlicher Fähigkeit ... hat zu tun genug, an seiner eignen Verbesserung und Vervollkommnung zu arbeiten, ... und

indem er solchergestalt an sich selbst arbeitet, arbeitet er wirklich für die Welt." Das ist deutlicher Shaftesbury, oder verschämter Mandeville? dessen Klartext lautet: die Tugend des Gemeinwesens ist die Resultante der individuellen Laster. – Der Held übt Wissenschaften und Volksaufklärung. – Der Gelehrte solle eine unauffällige Stelle suchen, die ihm nicht genommen werden könne, und sich den Großen durch Wahrheitsliebe und Tiefe der Erudition furchtbar machen: riet 1771 Klopstock, Gelehrtenrepublik.
Wieland erzählte nicht chronologisch; epische Rück- und Vorblenden kontrastieren die diversen Erkenntnismodelle und Erziehungszwecke. Die konträren Einwirkungen bilden Agathons Individualität. Die Schläge zerstören ihn nicht: sie schmieden ihn zum Manne. Erzogen worden ist gleichsam der Mentor Emiles, den Rousseau a priori gesetzt hatte.
Die editio princeps ist episches Fragment, dem Wesen nach Prolegomena. Der Autor rückte dicht an die Front der Gegenwartsgeschichte heran, in Erwartung, mit ihr vorrücken zu können; die Front aber erstarrte. Der ideelle Fluchtpunkt des Erzählens konkretisierte sich vorerst, d. h. jahrzehntelang, nicht, und lag dann, ab 1789, außerhalb der vorgefaßten Peilung. Dementsprechend waren die Eingriffe von 1773 ein Versuch, das Geleistete zu konservieren; die Bearbeitung von 1795 dichtete ein Notdach über das Bruchstück.
1772 trat Wieland als Prinzenerzieher in Weimar an und veröffentlichte den Roman: Der Goldene Spiegel, oder Die Könige von Scheschian. Das Buch erörtert die Chancen der Fürstenerziehung: ein Fürstenspiegel, der zu Bruch geht. Handlungsraum ist nun Asien, die ideale Heimat der Despotie. Die Station Syrakus der Geschichte des Agathon ist auf kontinentale Ausmaße gestorchschnabelt. Die Erzählstruktur folgt, durch Frankreich vermitteltem, orientalischem Muster: Rahmen in Rahmen in Rahmen in Rahmen. Die Einschachtelungen sorgen für quantitative (ornamentale) Vielfalt, da ja Entwicklung nicht statthat. Wieland pointierte die Strukturparodie, indem er vorgab, ein indisches Werk sei über chinesische und lateinische Adaptationen an ihn gelangt. Dies ist der äußerste Rahmen: der Autor konferiert mit seinem Leser; der innerste Rahmen schließlich umgreift wieder den äußeren:

Schah Gebal sinnt seinem verrotteten Staat nach; der Philosoph Danischmend berichtet ihm die lehrreichen Begebenheiten des Landes Scheschian; Scheschian verfremdet deutsche Zustände: der aufgeklärte Herrscher Tifan reformiert, doch die Reformen überleben ihn nicht. – Das Buch war Joseph II. gewidmet; der historische Gang hat die Prognose für die personengebundenen Aktionen bestätigt. (1795 arbeitete Wieland, der Zeuge, die Erfahrung ein, die ihm wohl geschwant hatte. Er war ein perfekter professioneller Schreiber. Was so einer sich vornimmt, bringt er in der kalkulierten Zeit hinter sich. Eben deshalb deuten die unvollendeten Schriften, die kaschierten Fragmente, die manischen Variationen fixer Strukturen auf das Zentrum der Existenz. Wenn man nur ausdauernd genug insistiert, wird endlich der Gegenstand seine Form, das Jahrhundert seine wahre Gestalt preisgeben.) – Schah Gebal schläft unter der Erzählung weg oder vergißt sofort; er ist unfähig, aus der Geschichte zu lernen. Der Philosoph wird eingesperrt.
Da das Werk in einer Zeit geschrieben wurde, „wo die Alleinherrschaft noch nicht erschüttert war" (Goethe; Logenrede, 1813), adressierte Wieland seine Skepsis gegen die Fürstenerziehung an die Fürsten selbst: freilich nicht als geheimes Dossier, sondern als offenen Brief; der Roman spielt den Versuch durch, die Regierung auf den Kopf, d. h. auf das Denken zu stellen. Doch bei jeder Versuchsanordnung unterliegt die Vernunft der Tradition und dem Interesse. Nicht die Ratio bestimmt das Tun, und der unmittelbare Eingriff der Vernunft ändert auch das Denken nicht. Wieland modellierte reine Versuchsbedingungen; die optimistischen Erzieher sprechen ihre Ziele unverhüllt aus und verschmähen Methoden, die den Zögling an Drähte legen. Der Monarch soll selbständig denken und verantwortungsbewußt handeln, ein mächtiger Philosoph werden, nicht Marionette allmächtiger Philosophen. Das Mittel sei in nuce der Zweck, kein Mensch länger Puppe. Das ist die, idealisch überhöhte, Tagseite der pädagogischen Revolution. Die Geheime Geschichte des Peregrinus Proteus totalisiert hypothetisch die Nachtseite:
Was geschieht, wenn ausschließlich selbstisches Interesse waltet: und sämtliche Interessenten das moderne pädagogische Arsenal rücksichtslos einsetzen? Weil das Hirn des

Neugeborenen tabula rasa ist, verfügen die Schreiber das Programm; aus jedem Exemplar können sie de facto die gewünschte Kreatur ziehen. Zerschneidet die Puppe die Fäden, ist sie ganz ohne allen Halt, sofern sie nicht anderweitig neu eingeschirrt wird. Die Sehnsucht nach Autonomie potenziert die Abhängigkeit; Peregrin stirbt auf dem Haufen seiner Scheiterungen. Wieland wirkte das Grundmuster fort, welches er im frühen Agathon-Ansatz gefaßt hatte. Der Tor erfährt die Welt; Don Quijote, Simplicissimus, Tom Jones, Candide, tiefstens Parzival, sind die Vorväter des Protagonisten. Zu welchem Ende ein solcher kommt, das entscheidet nicht der Dichter, sondern die jeweilige soziale Stufe der Nation. Wollte der Autor wider den Stachel löcken, er tötete das Werk. Peregrin ist Agathons spätgeborener düsterer Bruder. Ersterer bildete, wozu? sich an realen und potentiellen Gesellschafts- und Staatsverfassungen, letzterer durchrennt die Romane der zweiten Jahrhunderthälfte, deren Resümees resümierend. Die vier Hauptstationen seines Lebens nämlich entsprechen den vier großen Romantypen des aufgeklärten Saeculums: dem pädagogisch-didaktischen, dem erotischen, dem politischen und dem Gesellschaftsroman. Dergestalt montierte sein Erzeuger die Totalität: indem er hochentwickelte Topoi miteinander verkettete; das Selbstverständnis des Zeitalters betrat den Holzstoß.

Diese Erzähltechnik summiert jahrzehntelang wielandische Kunstübung; gereifte Strukturen integrieren neue und neueste, ja modische Phänomene und Motive.

Peregrinus Proteus war ein Philosoph im 2. Jahrhundert p. C. n. gewesen. Sein Dasein ist spärlich bezeugt, sein Leben überliefert durch postume Schmähung seines Feindes Lukian. Wieland übersetzte 88/89 den gesamten Lukian, seinen Urfreund; die Arbeit am Peregrinus-Roman schloß sofort an. Er unterwarf die Parteischrift des Freundes der Dialog-Probe, die er von ihm gelernt hatte. Die konträren Geister werden ins Totengespräch vertieft. – Seinerzeit hatte das erwachende Interesse an Literaturgeschichte die Form sogenannter Ehrenrettungen angenommen; die Dichter zogen verschollene und mißachtete Ahnen aus dem Dunkel und schufen derart sich Autoritäten, die sie ins Feld führten. Was dem Philosophen Recht war – Anspruch auf Tradition –, wurde den Poeten billig. Lessing rettete Friedrich von Logau, Goethe Hans Sachs, etc. Die Geheime Geschichte des Peregrinus Proteus parodiert formell den genannten Usus; zugleich rettet sie die Ehre aller gelöschten Individuen, von deren einstigem Atem nichts kündet außer dem Nachhall des Hohngelächters der Stärkeren. Denn das leere Blatt am Beginn ist auch rein, und die Reinheit lockt die Verführung. Der ursprünglich schöne menschliche Entwurf versammelt ringsum Interessenten, Demagogen und Tyrannen; diese verstellen seinen Horizont; wie er sich dreht und wendet, die Welt ist aufgeteilt; wer nicht Henker wird, ist Opfer. Die Selbstverbrennung soll, wähnt Peregrin, beide beispielhaft trennen; der flammende Protest verschmilzt sie gänzlich. Henker und Opfer sind ein und dieselbe Person; die Betrogenen Betrüger, die Betrüger betrogen: das greise Eyn. Höhern Orts, im Elysium, Verfassers Kopfe, hat doch Lukian das letzte, spottende, Wort. Formelle Aktionszeit ist das 2. Jahrhundert. Aber Wieland, teils analogisch, teils genetisch untersuchend, in virtuosem Vexierspiel, bezieht Anfang und Ende der christkirchlichen Ära aufeinander; aus zweien Punkten extrapoliert er linear die prognostische Kurve. Er gab den Personen und Umständen Züge, die in der formellen Aktionszeit möglich, wahrscheinlich und wirklich, in seiner Gegenwart gesellschaftstypisch oder literaturimmanent waren. Den antiquarischen Chiffren eignet aktueller, den aktuellen historischer Sinn. Man dürfe nämlich nicht glauben, daß dies, was jetzt zu Ende gehe, gut begonnen habe, und das, was jetzt beginne, gut ausgehen werde. Peregrins Abenteuer desillusionieren die Kunstgestalt bis zuletzt nicht; aber die epischen Jahrtausendbezüge entfleischen den Schädel des Aufklärers.

Die Figuren sind psychologisch genau und bedeutend gebaut. Erster Roman im Roman:

Der Knabe hat kein Elternhaus. Vaters feste Hand fehlt, die Mutter stirbt früh; so gebricht ihm weiblich-irdisches Milieu: der Junge wird Weiber für höhere Wesen achten; Vaters feste Hand wirkt neuerdings, auch wenn am Ort, nicht mehr zwingend. Das Waisenkind ist tabula rasa par excellence, die naturwüchsige Tradition ist ihm speziell-unmittelbar abgerissen. – Fieldings Tom Jones war ein Findel. –

Der Großvater schließt den Halbwüchsigen in seine Altenteiler-Sphäre; Faszination des vorvergangenen Geschlechts spinnt den Enkel gewaltlos repressiv ein. Der alte Proteus treibt mystische Privatphilosophie, Schau statt Wissen; unter den Pietisten spekulierten viele seinesgleichen, man vgl. Jung-Stillings Kindheit. Als Erzieher trifft Opa instinktiv haarscharf das Gegenteil dessen, was Rousseau geraten hat: lobt das Gedächtnis und nicht das Denkvermögen, protegiert die Einbildung anstelle der Erfahrung.
Das weibliche und das männliche Dirnchen gelten dem Jüngling notfolglich für abnorme Störungen. Der einleitende pädagogische Part ist sorgfältig knapp angelegter Emile-Kontrast.
Der folgende erotische (elegant das Pornographische streifende) Roman im Roman macht vollends klar, daß Peregrin auf zwei Zeitebenen zugleich reist. Er fällt der Venus Mamilia zwischen die Brüste; Wieland verfährt sittenhistorisch souverän; das 2. wie das 18. Jahrhundert kannte den exponierten Typ berühmte Kurtisane; Rom wie Paris sah die cunnisch-phallischen Pantomimen und Ballette. Die pornographischen Schriften der Franzosen waren Bestseller, Nachahmung derselben war ein Erfolgsrezept. –
Vulgivaga Mamilia deklariert sich als das, was sie ist: als Venuspriesterin, und sie braucht die klassischen Mittel des Priestertrugs. Fénelon hatte die Technik der Orakel, die Maschinerie der Theophanien dargelegt; indem die große Hure ungeniert priesterlich arbeitet, hängt dem Priester die Maulhurerei an. Die delphische Pythia über Agathon war auch nur ein Weib gewesen, das Sopha im Tempel; nun ist Muschi die Kirche, der geheimste Herrschaftsmechanismus im Bordell publiziert; die Parodie hat das Vorbild verschlungen; die Macht ist ein Gespött geworden. – Goethe erkannte die Konsequenz der Halsband-Affäre. Durch frechstes Veralbern höchster Personen war „die Würde der Majestät untergraben, schon im voraus vernichtet“, und „das Faktum geht der Französischen Revolution unmittelbar voran und ist davon gewissermaßen das Fundament“. – Der verkaterte Ephebe springt der Opposition bei.
Der dritte Roman im Roman, der politische, hebt an. Die Opponenten heißen Christianer; der Geheimbund des Kerinthus unterwandert die offizielle Gesellschaft. Er ist, wie

diese, zweizeitig. Sofern Rom das kaiserliche Rom bedeutet, steht er für das Christentum am Vormorgen seiner Staatlichkeit; Wieland folgt und verschärft Arnold, welcher die machtpolitische Perversion der Lehre auf das 3. Jahrhundert datiert hatte. Die Organisation, laut Wieland, war sui generis: jesuitisch; das Verhältnis Kerinthus/Hegesias porträtiert den Apostel Paulus, gespalten in Ideologe und Organisator. Die Namen sprechen; Kerinthus, abgeleitet (nach Aristoteles, Zoologie I/40) vom sog. Bienenbrot, d. h. Ersatzfutter, wenn der Honig weggenommen ist, evtl. auch (nach einem alexandrinischen Lexikographen) von Geschwür, Aussatz; Hegesias enthält den Begriff Herrschaft. – Die Quellendeutung polemisiert also, klassisch aufklärerisch, kontra zeitgenössische Priestermacht; die alte Verschwörung ist die gegenwärtige offizielle Gesellschaft in statu nascendi. Insofern aber die alte offizielle Gesellschaft bereits der modernen analog ist, bildet die alte Geheimgesellschaft die moderne ab, die gegen das christliche Imperium konspiriert: und prognostiziert deren Zukunft. Die zitierten Toten rufen: Ihr seid, was wir waren, und werdet sein, was wir sind.

Ancien régime und bürgerliche Opposition trugen langwierige verdeckte Kriege aus. – Der dominikanische Terror war verzweifelt offene Machtübung: Inquisition; die päpstliche Sanktion der Societas Jesu, 1540, deutete an, daß die gealterte Macht genötigt war, die Pression partiell zu verstecken. Sie verteidigte sich pragmatisch außerhalb ihrer eignen Legalität: und stimulierte die Organisation der gegnerischen Verbündnisse, welche die gesetzliche Verfolgung in den Untergrund drückte oder dort zu entstehen zwang. Das dunkle labyrinthische Milieu nährte Projektemacher, Scharlatane, Abenteurer und Hochstapler; die konspirativen Apparate waren strikt hierarchisch geordnet, und die, Mysterienkulten entlehnten, Symbolsprachen und Riten bewirkten Selbsttäuschung und Fremdtäuschung. Der exoterische Faltenwurf deckte weitzielende utopische Umsturzpläne; gleichermaßen verhüllte er platteste esoterische Zwecke: die Geschäfte des Propheten (– darauf ging ja dann tatsächlich die ganze bürgerliche Umwälzung hinaus). So wie so waren die Adepten Werkzeuge der Oberen; der ängstliche Bürger wäre vor der radikalen Konsequenz, der

enthusiastische Jüngling vor dem ordinären Nutzendenken zurückgeschreckt.
In der zweiten Hälfte des 18. Jahrhunderts hatten die großen Bünde zu annähernd halblegalem Status sich eingependelt. Die Tätigkeit der Jesuiten war staatlicherseits reduziert, territorial zeitweise verboten; die Freimaurer-Logen waren offiziöse Institutionen; die Herrnhuter Chefs verfügten über ein weitverzweigtes Handelsnetz mit kolonialen Ambitionen. Scharfsinnige herkunftlose Außenseiter, John Laws Ableger und Spätkömmlinge, zettelten Staatsintrigen; ernsthafte Reformminister plinkerten unter der Hofperücke. Die Grenze zwischen Predigern und Hochstaplern war fließend; die Skala zwischen Lavater, Kaufmann und Bahrdt einerseits und St. Germain, Clément, Cagliostro, Casanova andererseits fast stufenlos.
Großen Zulauf hatte der Illuminaten-Orden gehabt, noch größeres Aufsehen seine Aufhebung, 1786, gemacht. Die maurerisch vermummte, radikal oppositionelle, Organisation war ins bayrische Schulwesen gedrungen. Die nobelsten Geister der Nation und regierende Häupter waren geworben worden, letztere erkärtermaßen ohne Kenntnis des Endzwecks. Goethe und Herder gehörten, nach Perthes, dazu; Ordensbruder Walter Fürst, d. i. der Herzog Ernst II. von Gotha, gab dem flüchtigen Gründer Adam Weishaupt-Spartakus Asyl und ernannte ihn zum Hofrat. Die Weimarer Klassiker müssen Weishaupt gekannt und intim gesprochen haben, geben aber nur indirekte Auskünfte.
Der Komplex wurde frühzeitig Gegenstand der Literatur, eben auch deshalb, weil Erziehung das Losungswort des Jahrhunderts war und die Grade der Orden Stufen der Erziehung symbolisierten. Die maurerische Lektüre propagierte die sensualistische, gar materialistische Philosophie und bürgerliche Nationalökonomie; man studierte Adam Smith. Wieland fußte auf enormer Materialfülle: auf unmittelbarer Anschauung und kontinuierlicher literarischer Tradition. Terrassons Sethos-Roman (deutsch 1732 bis 37, dann wieder 1774 bis 78) war der Schneeball gewesen, der die Schriften-Lawine gelöst hatte. Knigge, Coué, Starck waren Wielands Zeitgenossen; Lessing konzentrierte den menschheitshistorischen Aspekt: Ernst und Falk, Erziehung des Menschengeschlechts, Nathan; nach dem Kon-

vent von Wilhelmsbad (der strikten Observanz, 1782), nach Zerschlagung der Illuminaten griff Enthüllungsliteratur um sich: wieder Knigge, Jung-Stilling, Bahrdt; die Artikel der Berlinischen Monatsschrift erreichten Tausende.

Auf zweitem, höchsteigentümlich vermitteltem Wege drang die Thematik in die deutsche Hochliteratur. Noch unterhalb der organisierten Vereine und Gemeinen, diese nährend, wimmelte ein kommunizierendes System geselliger Kreise; bürgerliche Geschäftsbeziehungen, wechselseitige Protektionen und Intrigen waren die Basis ihrer Existenz. Sie pflegten bewußt bürgerliche Ideologie; sie disputierten popularisch philosophische, ökonomische und ästhetische Problemata. Klopstock, der die großen Dichtformen den Deutschen anzueignen trachtete, setzte den Freundeskreis (: den verklärten Zirkel), als Instanz der Ode. Denn die Ode wendet sich an eine letzte Instanz, sonst wäre sie nicht, was sie ist. Die Heidengötter waren tot, der Christengott poetologisch untauglich; und Klopstocks artistischer Griff aus der Not legte den Männerfreundschaften die Autorität von Bünden Gleichgesinnter bei. Die so gewonnene hohe Kunstform weckte höheres Selbstbewußtsein der Adressaten. Klopstock selbst zog politische Folgerungen und publizierte, zum Exempel, das wunderliche Projekt einer halblegalen Intellektuellenverschwörung: Die Deutsche Gelehrtenrepublik. Schiller schrieb parallel zueinander Geisterseher und Karlos; Prosa (vgl. den 10. Brief) ist ein Illuminat. Gleichzeitig mit Wieland arbeiteten Meyern, an Dya-na-sore, und der gestürzte Weishaupt, am Pythagoras; Mozart/Schikaneders Zauberflöte präsentierten den siegreichen Club musikalisch; Goethes Großkophta entblößte die Knochen, – das um zynische Lieder gruppierte Lustspiel ist die adäquat niedere Form des folgenreichen Gehalts.

Das Ganze fokussiert und beurteilt der dritte Roman Peregrins. Der Kerinthus-Verein trägt modern deutsche Züge; überall dort, wo das historische Sujet Analogien lockt, fügte Wieland Charakteristika seiner Epoche ein, behutsam, aber unüberschaubar, immer an verbürgte Züge des Altertums knüpfend und grobe Anachronismen meidend. Wieland schrieb nicht Christen, sondern Christianer: das ist exotisierend-pejorativ, aber unangreifbar, denn der Sekte eignen gnostische Züge, und die gnostische Lehre war verketzert,

kräftig aber geisterten Elemente der Gnosis im akuten Denken. Selbstverständlich kannte das römische Kaiserreich verquickte finanzielle und politische Operationen; Wieland nannte derlei: Unternehmungen; die Vokabel ist das Jahrhundert. Der gläubige Peregrin wird als Missionar gebraucht und verbraucht; der Gläubige taugt am besten zum Bekehrer, das belegt die Religionsgeschichte; höher steigen lassen darf man ihn nicht: er störte oder spränge ab. –
Weishaupt hatte verfügt, man solle Fürsten nur die niederen Grade erteilen und sie denken machen, das sei alles; die Mitglieder waren gehalten, übereinander vertrauliche Dossiers einzureichen. Vermutlich ist Kerinthos dem Weishaupt porträtähnlich. – Der esoterische Zweck des Vereins war bedeutend: die bürgerliche Umwälzung; diese ist es, die Wieland immanent beurteilt:
a) wird sie die Hoffnungen nicht erfüllen, jedenfalls nicht die Hoffnungen der Schwärmer (für welche Peregrin steht, dessen Spinnerei freilich die progressiv manische Suche ist nach einer Welt jenseits raffinierter Tierheit und Platitüde);
b) wird sie zwar zum Ziel kommen (über das der Verfasser keine Illusionen weiter hat), jedoch der Geschichtsprozeß kann nicht belehrt und forciert werden: „Alles was ich dir mit wenigem davon sagen kann, ist: daß die Eifersucht einiger der angesehensten und thätigsten Vorsteher der Brüdergemeinen von seinen immer sichtbarer werdenden ehrgeitzigen Absichten und von der Verfälschung der Lehre ihres Meisters und seiner ersten Jünger, die ihm, nachdem er alle andere Hülfsquellen seines so erfindsamen und ränkevollen Kopfes erschöpft hatte, zuletzt kein andrer Ausweg übrig blieb, als auf immer zu verschwinden, und die Vollendung seines zu rasch betriebenen Plans der Zeit zu überlassen, welche im Lauf von etlichen Jahrhunderten zu Stande brachte, was kein Werk für das Leben eines einzigen Mannes war."
Wieland publizierte die Geschichte in Fortsetzungen. Der Teutsche Merkur brachte die erste Serie vom Februar bis zum Juli 1789, November/Dezember d. J. ging es weiter, die Buchausgabe 1791 enthielt schließlich das beendete Opus. Das Buch reifte Jahrzehnte gehegte Keime und Triebe; der Verfasser lebte von der Hand in den Satz. Die

sorgsam beobachteten Monate des Weltereignisses haben das Autorenurteil mitgeprägt. Die Massen waren beteiligt; keine konspirative Gruppe ergriff die Macht, sondern große Fraktionen differenzierten sich öffentlich unter dem Druck der Interessen und der Feinde. Alles schien elementar, es war kaum vorhergesehen und so nie und von Niemandem geplant gewesen, und dabei vollkommen der Notwendigkeit geschuldet. Jedoch leitete Wieland aus der enthusiastischen Negationsphase der Revolution keine neuen Illusionen her (wie dies viele auch hervorragende Köpfe taten – Klopstock z. E.); er gewann zusätzliche Einsichten in Art und Weise des objektiven Geschichtsprozesses, die seinen Argwohn über dessen Richtung bestätigten und schärften. So hebt sich vor der französischen Folie eine schwarze Travestie ab: des Kerinthus Ziele sind real und finster, seine Mittel kalkuliert und närrisch.

Das Jahrzehnt nach der Niederschrift des Peregrin gebar die mächtigste Untergrundorganisation der Neuzeit: die Geheimpolizei. Die Künste insistierten auf dem, real sich entfaltenden, Thema. Schiller entwarf ein Doppeldrama: Die Polizei. Männerbünde konstituieren Goethes Wilhelm-Meister-Romane, Jean Pauls Schriften von den Mumien bis zum Titan, Arnims grotesk schneidendes Kronenwächter-Fragment, Zacharias Werners geniales Dramenmonster: Die Söhne des Tales, Stendhals Köhler-Geschichten. In den Wahlverwandtschaften wirtschaftete der gesellige Kreis ab; die Menschliche Komödie behandelt die Kloakenbataillen als Basis der modernen Gesellschaft; Balzac ist der Homer unaufhörlicher Rattenkriege. Marxens 18. Brumaire des Louis Bonaparte spielt mit der Form des Hochstapler- und Verschwörer-Romans; weil Napoleon III. ästhetisch sich verkappte, meidet, komplementär, die Enthüllungsschrift scheinbar den ästhetischen Schein und wird darum wieder selbst Kunst. Bakunins Truppe regte Richard Wagner an; der siebenfache Sonnenkreis sinkt in den Gral. Die Geheimgesellschaft des Kafkaschen Prozesses ist derart allgemein geworden, daß unwissentlich ihr jeder, jeder ihr unwissend zugehört. – Die Trümmer der geborstenen Maurerei formierten die offiziellen Parteien der Gegenwart; deren Inneres ist, zumindest was die Finanzierung anlangt, undurchsichtig wie eh und je. Ein Bund der Geächteten war Fötus der mächtigen kommunistischen Organisation unserer Zeit. –

Das aber ist Fortwirken des Gegenstandes. Wielands Buch ist schlecht aufgenommen worden, entweder nicht beachtet oder getadelt. Die Gründe können wir nur vermuten. So günstig der Zeitpunkt für die Niederschrift war, so ungünstig war er für die Perzeption. Die historisch dargestellten Welthändel okkupierten das Publikum politisch; der Verfasser hat es sich, da er allen Dingen die schlimmstmögliche Wendung abgespäht hatte, mit sämtlichen Fraktionen, die er ein Menschenalter in streitbaren Konsens zu leiten bestrebt gewesen war, gründlich verdorben. Der Kommentar des hochintelligenten, hochanständigen und eminent musischen Karl Ludwig v. Knebel über Goethes Natürliche Tochter gibt einen Begriff, welches Verständnis hinter ästhetisch abschätzigen Urteilen steckt: „Sind das die hohen Wirkungen der Kunst und des Genies, uns das Leben und die Menschheit durchaus zu vergiften und zu verekeln? O, wie muß man im Herzen verdorben sein, ein solches Werk hervorzubringen! Vermutlich, weil es schwer sein möchte, nicht bei irgendeinem Individuum eine selbständige freie Seele zu finden, so nahm Goethe die Stände, und diese sind alle par état und de par le roi“ (von Staats wegen und im Namen des Königs) „Schurken. Sie mögen es mitnehmen, da ihre Häupter Narren und Schwächlinge sind. So sieht es also in der moralischen Welt aus! Und da ist weiter kein Mittel, wenn man doch fortleben will, als daß man auch ein Bube werde.“ (An Karoline Herder; 12. 10. 1803.) – Man müsse, forderte, noch später, 1844, Marx, jede Sphäre der deutschen Gesellschaft als Schandfleck der Gesellschaft behandeln.

Wieland gab seinem Bindung suchenden Anti-Helden in keiner Sphäre eine Chance, auch nicht bei den Aussteigern. Nach dem Abschied von Kerinthus kokettiert Peregrin mit den Stillen im Walde zwischen Pergamon und Pitane. Die Lebensform ist ihm leicht auszureden; zur, rousseauisch-herrnhutischen, Familie gehören sechs Jünglinge und sechs Jungfrauen, deren jüngste 13, deren älteste 20 Jahre zählt. Der jüngste Jüngling ist folglich 21, der älteste kaum älter denn 28. Die lieben Eltern haben also zuerst sechs Jungs, danach (es sind zweitrangige Wesen) sechs Mädelchen plan- und fließbandmäßig gefertigt. O brave new world! –

Der vierte Roman im Roman, der Gesellschaftsroman, Rom. Gemeint ist die geschlossene Gesellschaft, die höfische, die ihr eigentümliches Wesen mit Sozietät überhaupt identifiziert. Bereits früher hatte Wieland den Hof dargestellt gehabt (im Agathon, im Goldenen Spiegel etc.), jedoch vornehmlich unter politischem Aspekt: der Thron ist Zentrum der Macht, d. h. der wirkenden Kräfte. Höfisches Treiben war substantiell politische Intrige gewesen, Mittel statt Zweck; auch die Geschichte des Prinzen Biribinker war eine wilde Arabeske um die Staatsaktionen geblieben. Nun genügen die großen Familien sich selbst; sie kennen keine Zwecke außer sich. Diese Autor-Haltung fand Wieland literarisch vorgebildet bei Fielding (die London-Kapitel des Tom Jones z. E.), und die Konsequenz des eignen Werks hellte das Auge für die Gegenwartshistorie. Die parasitäre, überreizte, grausam-verspielte goldne Jugend der Oberschicht tändelt mit dem vielfach enttäuschten, zum Kyniker, d. h. Entsagungsphilosophen, modifizierten alten Peregrin.

Der Gesellschaftsroman scheint auf den ersten Blick schwach geschrieben, blaß illuminiert. Die jüngere Faustina könnte als minder wiederholte Mamilia gelten. Tatsächlich ist Rom mehr referiert denn gestaltet; die Bildkraft ist zurückgeschraubt, das suggestive Detail vermieden: nämlich unterdrückt. Jede Einzelheit, sogar die frei erfundne, hätte wie eine persönliche Intim-Anspielung auf die heiligsten Werte zeitgenössischer Machthaber wirken müssen. Hatte Mamilia den Mechanismus der Machtausübung im Bordell entblößt, so enthüllt Faustinens Gehabe, daß die Macht nichts verteidigt, außer einen Puff: sie ist nichtig. – Wieland arbeitete unter großer Angst; er untersuchte die kitzligste Stelle (und er war ein ängstlicher Mensch, vgl. sein, gewiß nötiges, erfurtisches Taktieren, sein Zurückzucken im Fall Schwarz daselbst. Auch ist charakteristisch, daß in jedem der genannten Romane der Philosoph eingesperrt wird.) Offenbar genügte die, wieder akkuratest geformte, historische Fabel seinem persönlichen Sicherheitsbedürfnis nicht, chiffrierte diese doch unmittelbar akute polemische Gehalte. Römischer Kaiser und Thronfolger sind Wissenschaftsfreunde, Antoninus Pius und Marc Aurel, aber dicht neben dem Thron wird der Philosoph zum Narren gemacht (man denke an Simplicissimus, oder Gundlach – oder Goethe – oder: Wieland?). Kokett zieht Faustine den Theoretiker der Bedürfnislosigkeit an sich, verächtlich wirft sie das zerbrochene Spielzeug der Domestikin im Klimakterium hin. Das Geplänkel der Dame mit dem Pasquillanten ist nicht ohne Sozial-Masochismus: sie sucht nach um die Verachtung ihrer Person und ihres Standes, welche sie im eignen Busen hegt.

„Vorgang der Großen, zum Sansculottismus führend. / Friedrich sondert sich vom Hofe. / In seinem Schlafzimmer steht ein Prachtbette. Er schläft in einem Feldbette daneben. / Verachtung der Pasquille, die er wieder anschlagen läßt. / Joseph wirft die äußern Formen weg. / Auf der Reise, statt in den Prachtbetten zu schlafen, bettet er sich nebenan auf der Erde auf eine Matratze. / Bestellt als Kurier auf einem Klepper die Pferde für den Kaiser. / Maxime, der Regent sei nur der erste Staatsdiener. / Die Königin v. Frankreich entzieht sich der Etikette. / Diese Sinnesart geht immer weiter, bis der König von Frankreich sich selbst für einen Mißbrauch hält." (Goethe; Schema zur Biografie, Karlsbad, 1810.)

Wieland zeichnete die Konturen des Vorgangs zart, gleichsam mit dem Silberstift. Wortreich beteuerte er seine Loyalität; die Angehörigen des kaiserlichen Hauses sind gebildet und gutmütig, das Publikum denke übertrieben schlecht von ihnen. Lediglich die Eitelkeit des Philosophen wird bloßgestellt, was wähnt er denn, er sei ihresgleichen. Und er hat die Beschämung verdient, urteilt der Autor, warum läßt er sich ein mit solchen? als Kyniker! –. Die berühmte Werther-Szene, an der Napoleon Anstoß nahm, ist ins Komische gewendet und expliziert. Der Eindringling wird nicht einfach weggeschubst, sondern verdaut und ausgeschieden. Aber genau deshalb ist der Triumph der feinen Gesellschaft scheinhaft. Über wen triumphiert sie! und von demselben hätte sie so gern sich unterwerfen lassen! Wielands zaghafte Erzählweise signalisiert strukturell, daß der Nerv getroffen ist; er hat den Ort gefunden, wo das Gruseln gelernt wird. Wer die Angst der Herrschenden ausplaudert, ist ein mutiger Mann; des Dichters kleinste Stimme plaudert sie aus.

Der römische Peregrin ist ein überaltertes Original-Genie,

der verkalkte Lavater vermutlich, und dergestalt Objekt der wielandischen Satire. Indessen, die Schrift wahrt den Geist des Sturm und Drang; der Protagonist rebelliert emotional gegen das Totum polierter Nation, nur sind nun auch seine kreatürlichen Reaktionen kreiert, i. e. aus inkriminiertem Totum hergeleitet. Goethe, als er die Hexenküche dichtete, war stolz, daß er die Diktion der siebziger Jahre nachtragen konnte; Klingers Faust (1790/91) führt diese Diktion fort; der Peregrinus-Roman löst sie in Metasprache.
Auf die Frage: wie man fortleben könne, ohne ein Bube zu werden? gab Wieland seine Antwort mit seinem letzten Hauptwerk, dem Gipfelroman Aristipp. Auch dieses Großmeisterstück verfiel, fast 200 Jahre lang, der Nicht- und Mißachtung. Die Zeitgenossen nannten den Urheber Vater Wieland, wie sie Haydn Papa Haydn titulierten, und unter dem Schutz zu täppischen Schulterklopfens vollbrachten die alten Kracher Wunderdinge.

Braut, Natur und Chor. Mannheimer Theaterrede

Schillers Drama *Die Braut von Messina* ist ein Experimentalstück, und nie zuvor und nicht hernach hat ein deutscher Dramatiker derart verzweifelt experimentiert. Denn das Drama besteht aus zwei Teilen: dem *Trauerspiel mit Chören* und dem Essay *Über den Gebrauch des Chors in der Tragödie*; Trauerspiel und Essay beißen einander. Das zwieschlächtige Werk formuliert die Antinomie mehrfach, und zwar selbstfolterisch. „Soviel über meine Befugnis, den alten Chor auf die Bühne zurückzuführen": heißt es, und: „wenn ich bei Gelegenheit der griechischen Tragödie von *Chören* anstatt von einem Chor sprechen höre, so entsteht mir der Verdacht, man wisse nicht recht, wovon man rede". Wenn Schiller seiner Leistung derart gewiß ist, daß er Schelte auf sie gründet, warum dann setzt er in den Untertitel den Plural! „Ich habe den Chor zwar in zwei Teile getrennt und im Streit mit sich selbst dargestellt": schreibt er und erklärt sein Verfahren, scheinbar plausibel, spekulativ und historisch, als Gebrauch erlaubter Freiheiten. Aber das Stück hat drei Chöre. Der Chor der Aeltesten nämlich ist der Chor der Alten, und der ist stumm. Wenige Seiten (: die letzten Absätze des, nachgetragnen, Essays; das Titelblatt; der Erste Auftritt) bekunden den Offenbarungseid. Von Freiheit geht die Rede, die Sache ist Notdurft.

Was hat Schiller ins riskante Spiel getrieben? Die erste Antwort lautet: das, was alle Spielernaturen treibt, die Langeweile. Er bedurfte „eines gewissen Stachels von Neuheit in der Form" (an Körner, 9. 9. 02). Das Taedium war allerdings lebenswierig erarbeitet.

Die Jugendstücke waren gewillt gewesen, im dritten Anlauf, nach Lessings Alleingang, nach der Shakespearomanie der Original-Genies, das deutsche politische Theater zu stiften. Des Autors Interesse war auf die Gegenwart des Hl. Roem. Reichs Deutscher Nation gerichtet: in Tyrannos. Aber der junge Mann hat nüchterne Augen: er sieht immer einen Widerspruch mehr, als die Tendenz zu integrieren vermag:

Die Räuber. Die juvenile Rebellion der 70er Jahre, die Gefühls-Revolte der nächstälteren Dichter-Generation, verendet höhnisch-caritativ; pedantisch wie Werther, der vor

dem Schuß seine Privat-Papiere ordnet und damit die Felsenhaftigkeit des Wirklichen (Hotho, nach Hegel) anerkennt: stiftet Karl Moor letztwillig das Kopfgeld. „Dem Manne kann geholfen werden“; der Verratene sanktioniert vorbeugend den Verrat und drückt derart der Knechtsseele das Brandmal des Verräters dauerhaft auf die platte Stirne.
Das Gegenstück, *Die Verschwörung des Fiesko zu Genua,* spielt Chancen und Konsequenz des rational geplanten Umsturzes durch. Was könnte folgen, wenn nicht Gefühl, sondern Kalkül die Staatsumwälzung in Angriff nähme? Verrina, der eines Schlechteren belehrte Cato, schließt: „Ich geh zum Andrea“.
Kabale und Liebe, oder: die Engnis des Augenblicks. Nichts mehr von böhmischen Wäldern und Stadt unter freiem Himmel. Die Stubendecke senkt sich auf die Akteure. Was über die Bretter trappelt, huscht, um das Theater herum, gleichzeitig über Parkett und Diele. Keine große Gestalt außer dem Kammerdiener, und der bedient eine eingesprengte Kabarett-Szene; Hildebrandt müßte die Rolle spielen. Ferdinand ist ein Karl Moor, der zu verkleinbürgern wünscht; die Moral hat er schon. „Ich, ein deutscher Jüngling, verwerfe dich“: flüstert er der Dame aus der Herbertstraße, die, bevor sie ihrem vorsorglich transfererten Vermögen nachreist, das Schmuckkästchen steuerabzugfähig dahinschenkt. Schiller ist nicht unfreiwillig komisch: die Posse endet unfreiwillig tödlich, denn selbst die nun gefundne niedere dramatische Form, welche die Tendenz pur, als Stände-Satire, austrägt, verheddert sich in sich selber. Je weiter der Dichter seinen ästhetischen Anspruch herabschraubt, damit dieser der Tendenz, welche die Gegenwart zu fordern scheint, Ordre pariere, um desto weniger wird er seinem, ohnehin reduzierten, dramaturgischen Vorsatz Genüge leisten können. Enthusiasmiertes Publikum signalisiert das Ende der Sackgasse.
Das, nicht erst *Don Karlos,* war die Krisis. Karlos ist der Versuch, sie behutsam zu lösen. Schiller wanderte wieder; die Unrast des Kopfes regte die Füße. Im Verlauf der Carlos-Arbeit opferte er die Tendenz, um den nationalen Gegenwartsstoff der Bühne zu retten. *Der Infant von Spanien* war ein Gegenwartsstoff: die Interna des regierenden Hauses

Habsburg wurden verhandelt. Die Explikation der Posa-Figur nihiliert alles Proklamatorische. Das ursprünglich (1783) gedachte Anti-Jesuiten-Drama hätte vermutlich den Beifall des josephinischen Wien eingeheimst und die kaiserliche Schnupftabak-Dose nach sich gezogen: eine durchaus weltkluge Spekulation.

Nur widersprach sie dem, was die Kunst heischte. Das aktuelle Skandalon sprang rechtzeitig in die Bresche und krempelte den Vorsatz. 1785, am 2. März, ließ Kurfürst Karl Theodor von Bayern die Geheimgesellschaft der Illuminaten ausheben; ab September d. J. saß Schiller auf Körners Weinberg und trieb das Stück voran.

Die Gesellschaft war freimaurerisch vermummt gewesen, ihr Stifter, Adam Weishaupt, genannt Spartakus, hatte die Ordens-Verfassung der innern Organisation seiner verhaßten Gegner, der Jesuiten, als der verschwörerisch effektivsten, nachgebildet; der esoterische Kern des Wirkens war Fürsten-Manipulation zwecks bürgerlicher Reformen vom Thron herab; regierende Herren sollten dem Verein gewonnen und, wähnend, sie seien führende Köpfe, den Weisungen der geheimen Ordens-Oberen unterworfen, also zu deren disziplinierten Werkzeugen dressiert werden. – Posa ist der illuminatische Resident im Hause Habsburg; den Thronfolger hat er sich hörig gemacht: jedes seiner edlen Worte an Carlos ist exoterische Hülle, bestimmt, die Puppe zu bewegen, und das Privatissimum für Philipp überschreitet die Befugnisse, ist Geheimnis-Verrat; wenn Posa sich opfert, vollstreckt er vorsorglich das Urteil, welches die Zentrale über ihn wird verhängen müssen oder bereits verhängt hat.

Wer glaubt, Posa sage was er denke, mißkennt Schillers neugewonnene dramatische Objektivität. Der Marquis spielt Theater im Theater. Ideologiefreies Herrschaftsdenken eignet einzig dem Großinquisitor; er führt den Monarchen am Draht.

Wie Posa die Intrige, so rutscht Schiller die Fahl aus der Hand. Der Fitz offenbart die ästhetische Inkonsequenz. Einerseits läßt Schiller dramatis personae nach ihren inneren Notwendigkeiten agieren, andrerseits subsumiert er den, der Tragödie nötigen, historischen Gang den subjektiv-intriganten Windungen. Der scheinbar hilfreiche Zeitgeist demonstriert seine Blöße: die Tagespolitik taugt nicht zum dramatischen Movens.

Auch gegen eine andre Schranke war der Dichter gerannt. Der Ekel vor der niederen Form hatte die hohe Sprachgestalt gelockt, den Vers. Schiller beherrschte die Verssprache nicht; wer nur seine Jugendgedichte kennte, müßte den Verfasser für untalentiert halten. Nun griff er zum Blankvers, den die deutsche Zunge noch nicht sich angemessen gebildet hatte. Klopstocks *Adam*, Wielands *Johanna Gray* waren folgenlos, Lessings *Nathan* war einsam geblieben. Während in Rom Goethe, gemeinsam mit Karl Philipp Moritz, das Prinzip des deutschen Blankverses aufspürte und festsetzte, vollbrachte der vergrübelte Schwabe in Sachsen einen ungelenken poetischen Gewaltakt.

Wie konnte dem Selbsthelfer geholfen werden? Er näherte sich, zielstrebig tastend, dem Herzogtum Sachsen-Weimar. Dort hausten, am Fuße des Ettersberges, troglodytisch drei Kosmopoliten. Als ersten hatte Anna Amalia einen berüchtigten Pornographen berufen gehabt und ihn als Prinzenerzieher verpflichtet: Christoph Martin Wieland. Ihr Sohn Karl August gab einem 26jährigen Sitz und Stimme im Geheimen Conseil; die Referenz des neuen Ministers war ein Büchlein gewesen, das eine Selbstmord-Serie inauguriert hatte: Goethe. Der wieder zog einen weitbeschreiten Atheisten herbei und vermittelte ihm das höchste kirchliche Amt im Lande: Johann Gottfried Herder. Nun rückte ein vierter heran; seine Stücke müßten ihn empfehlen: handelten sie doch von Rebellionen, Staatsumwälzungen, Verschwörern und Usurpatoren. Er erhielt, wir wissen es, den Lehrstuhl für Geschichte.

Wenn mir die ehrwürdigen Namen Anna Amalia und Karl August in den Sinn kommen, stehe ich von meinem Sitz auf und gedenke ihrer mit Rührung.

Schiller ortete die crux seiner bisherigen Produktion. Der politische Eingriff war ihm Zweck der Kunst-Übung gewesen, dies aber hatte die ästhetische Konsistenz der Werke hintertrieben gehabt. Politische Strebungen müssen als Objekte des Autors, gegenständlich, begriffen und behandelt, das politische Denken muß dem historischen unterworfen werden, damit die Form gelingen könne. Form, das ist die innere Notwendigkeit des zum Vorschein Gebrachten. Die

Frage war nicht länger: ob die Kunst die Welt treffe? sondern: ob und inwiefern der Weltstoff gegenwärtig kunstfähig sei? Schiller wahrte seine politischen Ambitionen, indem er sie aus der Dichtung zunächst ausgliederte; seine historischen Schriften zeigen den perfekten, kühl wägenden Politologen. Die analytische Schärfe hält dann, gewandelt zum dramaturgischen Kalkül, glanzvoll Einzug in die späten Stücke. Diese Selbstverständigung verschlang ein Dezennium.

Indem Schiller die politische Schranke durchbrach, legte er zugleich die nationale nieder. Nicht auf deutsches, auf europäisches Theater zielte er fürderhin ab: „Wir Neueren haben ein Interesse in unserer Gewalt, das kein Grieche und kein Römer gekannt hat und dem das vaterländische Interesse bei weitem nicht beikommt. Das letzte ist überhaupt nur für unreife Nationen wichtig, für die Jugend der Welt. Ein ganz anderes Interesse ist es, jede merkwürdige Begebenheit, die mit Menschen vorging, dem Menschen wichtig darzustellen. Es ist ein armseliges, kleinliches Ideal, für eine einzige Nation zu schreiben; einem philosophischen Geiste ist diese Grenze durchaus unerträglich. Dieser kann bei einer so wandelbaren, zufälligen und willkürlichen Form der Menschheit, bei einem Fragmente (und was ist die wichtigste Nation anders?) nicht stillestehen. Er kann sich nicht weiter dafür erwärmen, als soweit ihm diese Nation oder Nationalbegebenheit als Bedingung für den Fortschritt der Gattung wichtig ist. Ist eine Geschichte, von welcher Nation und Zeit sie auch sei, dieser Anwendung fähig, kann sie an die Gattung angeschlossen werden, so hat sie alle Requisiten, unter der Hand des Philosophen interessant zu werden." (13. 10. 89)

Ich skizziere (sehr grob! – um der großen Linie willen) für die jenaisch-weimarer Stücke die Korrelation zwischen Herkunft der Stoffe und dramaturgischen Grundmustern: *Wallenstein.* Der Stoff ist sogleich gesamt-europäisch; ein deutscher Condottiere scheitert: die Weltmächte, deren langwieriges Patt Seinesgleichen die autonome Chance zu eröffnen scheint, zermalmen ihn. Die dramaturgische Gestalt folgt dreien Mustern: *Wallensteins Lager* dem altdeutsch-hanssachsischen, die *Piccolomini* shakespearisieren, *Wallensteins Tod* reaktiviert Racine, den Franzosen. Die Folge der Dramaturgien rekapituliert die europäische Theatergeschichte, strikt formell betrachtet: die ästhetische Genesis des Kontinents vom XVI. Jh. her. Seit *Wallensteins Tod* gebietet Schiller dem deutschen Blankvers souverän.

Maria Stuart. Der Stoff ist englisch, die Dramaturgie französelt wieder. Elemente spanischen Theaters werden sichtbar, z. E. die kultischen Inzidenzien.

Die Jungfrau von Orleans. Französischer Stoff in spanischer Gestalt. Die Vers-Struktur ist calderonisch. Der Blankvers leistete keinen Widerstand mehr, und das Entwickeln der poetischen Technik gehört zum Beruf. Schiller hatte Calderon nicht gelesen, war aber sekundär wohlunterrichtet. Spanische Geschichts-Studien hatte er getrieben; Herder, die Schlegel-Brüder, Humboldt sind als Informanten denkbar. Vagierende Ideen führen ja häufig die glücklichsten Mißverständnisse herbei.

Die Braut von Messina. Die, wir merken es, konsequent gesuchte Stoff- und Formwahl wird extrem: das europäische Mittelalter tritt uns antikisch entgegen.

Wilhelm Tell. Der Stoff ist schweizerisch; die Dramaturgie hat, so scheint es, jedes partikulare Timbre abgelegt. Wollen wir diese spezifische Allgemeinheit nun idealisch deutsch nennen? Vorsicht! – das Stück ist makellos streamlined, und sein Gegenstand (nicht Stoff!) ist: die Geburt nationaler Beschränktheit aus dem Geiste antiabsolutistischer Opposition.

Demetrius. Osteuropa und Rußland, die eurasischen Wirren, hatten noch gefehlt; über den Plan können wir nur mutmaßen, nur eins ist gewiß: ein russisches dramaturgisches Modell gab es nicht.

Das sind, nach allgemeiner Übereinkunft, die klassischen Stücke. Aber, Klassik, was ist das? Schiller definiert:

Selbst herzlos, ohne Mitgefühl,
Begleite sie mit ihrem Schwunge
Des Lebens wechselvolles Spiel.
Und wie der Klang im Ohr vergehet,
Der mächtig tönend ihr entschallt,
So lehre sie, daß nichts bestehet,
Daß alles Irdische verhallt.

(*Das Lied von der Glocke*; 1799 triumphierend, da der *Wallenstein* gelungen war.)

Ins Begriffliche übertragen heißt das: Das klassische Kunstwerk ist eine Sphäre, innerhalb derer die Theodicee gilt: das Reich des ästhetischen Scheins. Außerhalb seiner Grenzen ist die Theodicee eine widernatürliche Konstruktion.
Die Braut von Messina unterwirft diese Kunstwirklichkeit der Zerreißprobe. Schiller spielt vabanque; er setzt den ganzen Gewinst auf Eine Karte. Allein der Chor sei unversucht; wenn der Dichter ihn auf die Bühne zu bringen trachtet, ist dies nicht eine dramaturgische Variante von vielen, sondern das non plus ultra. Wird das Reich des ästhetischen Scheins den Chor der Alten aushalten? Gelingt der Versuch, ist es in der Wahrheit, scheitert er, ist es im Grunde nichtig. – Schiller traf die Versuchs-Anordnung gnadenlos: er konfrontierte griechische Antike und nordisches Gefolgschaftswesen. Gölte die Theodicee, müßte sie die Extreme vermitteln, sie als Pole Eines Magneten erweisen.
Der Essay untersucht das Scheitern. „Die alte Tragödie, welche sich ursprünglich nur mit Göttern, Helden und Königen abgab, brauchte den Chor als eine notwendige Begleitung, sie fand ihn in der Natur und brauchte ihn, weil sie ihn fand. Die Handlungen und Schicksale der Helden und Könige sind schon an sich selbst öffentlich und waren es in der einfachen Urzeit noch mehr. Der Chor war folglich in der alten Tragödie mehr ein natürliches Organ, er folgte schon aus der poetischen Gestalt des wirklichen Lebens." ... – ... „Der Palast der Könige ist jetzt geschlossen, die Gerichte haben sich von den Toren der Städte in das Innere der Häuser zurückgezogen, die Schrift hat das lebendige Wort verdrängt, das Volk selbst, die sinnlich lebendige Masse, ist, wo sie nicht als rohe Gewalt wirkt, zum Staat, folglich zu einem abgezogenen Begriff geworden, die Götter sind in die Brust des Menschen zurückgekehrt."
Sofern nicht die Natur den Chor hervorbringt, kann der Dichter notfolglich nur Chöre erschaffen; der Chor der Alten rückt, verstummt, in objektive Ferne.
Der Terminus Natur meint hier, naiv übersetzt, die menschliche Gesellschaft außerhalb der Künste. Schiller hat das Gemeinte aber, an grauser bedeutender Stelle, streng begrifflich gefaßt: „Hebt also die Vernunft den Naturstaat auf, wie sie notwendig muß, wenn sie den ihrigen an die Stelle setzen will, so wagt sie den physischen und wirkli-

chen Menschen an den problematischen sittlichen, so wagt sie die Existenz der Gesellschaft an ein bloß mögliches (wenngleich moralisch notwendiges) Ideal von Gesellschaft. Sie nimmt dem Menschen etwas, das er wirklich besitzt, und weist ihn dafür an etwas an, das er besitzen könnte und sollte; und hätte sie zuviel auf ihn gerechnet, so würde sie ihm für eine Menschheit, die ihm noch mangelt und unbeschadet seiner Existenz mangeln kann, auch selbst die Mittel zur Tierheit entrissen haben, die doch die Bedingung seiner Menschheit ist. Ehe er Zeit gehabt hätte, sich mit seinem Willen an dem Gesetzt festzuhalten, hätte sie unter seinen Füßen die Leiter der Natur weggezogen." (Über die ästhetische Erziehung; Dritter Brief.)

Im Bodenlosen: das ist nun Schillers Ort, die definitive Heimat der Klassiker. Wie die Geilheit auf Widersprüche in den frühen Stücken die Tendenz, so hat sie in der *Braut von Messina* die Sphäre des schönen Scheins durchbrochen. Der mächtige Weltstoff ergießt sich in die Bresche. Der Guß ist mißglückt, die Glocke gesprungen: der Hiatus aber im Kunstwerk ist das Signum des Zeitalters. – Am 19. 3. 03 wurde Schillers Stück uraufgeführt, am 2. 4. d. J. Goethes Drama *Die Natürliche Tochter*. Beiden Werken eignet eine gemeinsame Fabel: Jeder Schritt, den ein zum Untergang reifes Regime für seine Erhaltung tut, fördert seinen Abtritt. Wir können rückschließen auf das, was im Hinterzimmer am Frauenplan, in der Mansarde an der Esplanade verhandelt wurde. Das ungeheure Ereignis, die Französische Revolution, werden wir nur gewältigen, sofern wir seine Vorgeschichte analysieren: lautet die, gewiß nicht stillschweigend getroffne, Übereinkunft.

Der rohe Stoff hat sich als überaus lebenskräftig erwiesen. Ich lasse ihm deshalb auch hier das letzte Wort. Im Jahre 1027 gründete Roger II. den sizilischen Normannen-Staat; 1190 heiratete Constanze, die einzig verbliebene Erbin, die historische Braut von Messina, Barbarossas Sohn, den späteren Kaiser Heinrich VI. Schillers Trauerspiel stößt uns auf ein Phänomen, dem,

An unseres Jahrhunderts ernstem Ende,
Da selbst die Wirklichkeit zur Dichtung wird,

die Historiker unweigerlich sich werden zuwenden müssen: das Phänomen kurzlebender Imperien.

Die natürliche Tochter, oder: Goethes soziologischer Blick

Fürsten prägen so oft auf kaum versilbertes Kupfer
Ihr bedeutendes Bild; lange betriegt sich das Volk.
Schwärmer prägen den Stempel des Geists auf Lügen und Unsinn;
Wenn der Probierstein fehlt, hält sie für redliches Gold.

(Epigr. Ven.)

Ein Gefühl aber, das bei mir gewaltig überhandnahm und sich nicht wundersam genug äußern konnte, war die Empfindung der Vergangenheit und Gegenwart in eins: eine Anschauung, die etwas Gespenstermäßiges in die Gegenwart brachte.

(Dichtg. u. Wahrh.)

Lavaters Sphäre

Eugenie ist Johann Caspar Lavaters natürliches Enkelkind; Goethe war durch Lavaters Schule gegangen, und Lavater lehrte das Sehen. Auch das vertrackteste Wesen der sublunarischen Welt schien ihm durchschaubar. Vom Äußeren des Menschen könne man auf sein Inneres schließen.
Vorarbeiter war Edward Young gewesen. 1742, im ersten Hauptstück der Nachtgedanken, hatte er den Menschen definiert gehabt (zit. nach Steingrüber, 1789):

Wie zusammengesetzt ist der Mensch, wie wundervoll ist er!
Wie weit über alle Bewunderung, der ihn so machte.
Der in unserem Baue so äußerste Dinge vereinte!
Aus verschiednen Naturen bewundernswürdige *Mischung*!

Auserlesne *Verknüpfung* zweier entfernter Welten!
Ausgezeichnetes *Glied* in der Wesen unendlicher Kette!
Mittelweg vom Nichts zur *Gottheit*! Befleckt und verschlungen,
Ein aetherischer Stral! entehrt, doch immer noch göttlich!
Dunkles Bild im Kleinen von der vollkommensten Größe!
Ein hinfälliges Kind des Staubes! der Herrlichkeit Erbe!
Schwach und *unsterblich*! *Insekt* und *unendlich*! Ein Wurm. Ein Gott –
Vor mir selbst erzitternd, verlier ich mich in mir selber!
Auf und nieder durchwandelt der Geist mit fremden Erstaunen
Seine eigne Behausung und wundert sich über das *Seine.*
Wie erbebt die Vernunft! dem Menschen welch Wunder der Mensch selbst
Angstvoll siegprangend! Welches Vergnügen! Welches Entsetzen!
Izt entzückt! Izt unruhig! Was kann mein Leben erhalten?
Was zerstören? Mich können nicht Engel dem Grabe entreißen;
Legionen Engel mich nicht im Grabe verschließen.

Das Geschöpf könne und dürfe, ja müsse: den Leib achten, das gottgeschaffne Wunderwerk. Youngs Definition fußt auf dem sogenannten physiko-theologischen Gottesbeweis; die irdische Natur bekunde und bezeuge das Dasein des genialen Welt-Werkmeisters, des universalen Mechanikus. Der Erdenkloß ist nicht länger verteufelt, und der nobilitierte vormalige Sündenlehm richtet sogleich die Posaune gegen Shakespeares finster-materialistisches Diktum:
Der Mensch sei ein armes, nacktes, frierendes, gabelförmiges Wesen.
Lears Satz schließt die Akte Mensch, die kaum eben eröffnet worden war; die theologische Reaktion auf den Materialismus des XVII. Jhs. rückt den Menschen aus dem Mittelpunkt des Kosmos ins Feld der Forschung. Gott stärkte seinen Propheten Lavater für die Menschenkenntnis (Anthropologie), wie er den poetischen Weltweisen Brockes zu botanischen Studien angestiftet hatte. Ohne den Anker im Herzen Gottes (: der aber schon ein nützlicher Künstler geworden war) hätte der Forschungs-Gegenstand, das gabel-

förmige Wesen, die, von Natur erbarmende, Seele des Forschers verschlungen.

Lavater wollte ursprünglich aus der nackten Gestalt, von Kopf bis Zeh, seine Schlüsse ziehen. Wie aber hätte er an die Akte kommen sollen? und zwar in solcher Fülle, daß die Gattung repräsentiert gewesen wäre! Konnte Chodowiecki der „kränkelnden, schwachen aber im Leiden geübten Frau“ (Physiogn. Fragm. Bd. I/pag. 195; Leipzig und Winterthur 1775) ansinnen, sie solle sich für wissenschaftliche Zwecke enthüllen? Wer mochte dem regierenden Herrn von *** beibringen, er müsse sein analysiertes Steißbein dem Publiko demonstrieren?

Die Sitten beschränkten den Meister auf die Köpfe.

Die andre, entscheidende, Schranke fügte er sich selbst: er zweifelt keinen Augenblick, daß er wisse, was das Innere des Menschen sei: Individualität als Medium des Selbstgenusses der Schöpfung. Jedes Individuum aber summiert sich aus „physischen und moralischen“ Eigenschaften, deren randlosen Katalog, den Natur und Erziehung aufhäufen, die Erfahrung verzettelt und zuordnet. Individualität und Individuum (: Gattung und Einzelwesen) bleiben je abstrakt und sind untereinander nicht vermittelt. Verwandte Attribute umschwirren Vertreter naiv vorgefaßter Typen: Heroen (widerspenstige; aus dem klassischen Altertum), Menschenfreunde (klug wirtschaftende; aus der Schweiz), Schranzen.

Der junge Mann, Goethe, beobachtet den Beobachter und nennt ihn einen Kranich; der frei watende große Vogel im Sumpf fischt das Seine. Die Beute glitzert eklektisch, indes, sie birgt kaleidoskopisch die Grundmuster dreier Wissenschaften. Der Schüler erkennt sie, während der Lehrer das Rätsel reproduziert, das zu lösen er angetreten war: „Sey nicht stolz, sondern fürchte dich! der Mensch ist das Perfektibelste, und Korrumpibelste aller Geschöpfe Gottes.“ (Wenn aber dann der, immer wieder auch pedantische, Greis Goethe sein Werk bilanziert und „Bruchstücke einer großen Konfession“ der Gewinst sind: so gedenkt er, an grauser bedeutender Stelle, Lavaters, der frühe gewußt hatte, daß der Vorsatz, man schaffe ein Ganzes, Hybris sei und das Fragmentarische der lebendigen Wissenschaft notwendig innewohne.)

Goethe, als Mitarbeiter der Physiognomischen Fragmente, vollzog drei Übergänge, und zwar in lakonisch-sibyllinischen Texten.

Erstens. Der Übergang von der Physiognomie zur Soziologie (Physiogn. Fragm. I/15).

„Also was ist das Aeußere am Menschen? Warlich nicht seine nackte Gestalt, unbedachte Geberden, die seine innern Kräfte und deren Spiel bezeichnen! Stand, Gewohnheit, Besitzthümer, Kleider, alles modificirt, alles verhüllt ihn." Das heißt: die kleinste Einheit der Menschheit, die wissenschaftlich untersucht werden kann, ist nicht das Individuum, sondern die sozial definierte Gruppe. Die Bestimmungen Stand und Besitzthümer muß ich nicht übersetzen; Gewohnheit bezeichnet die im XVIII. Jh. noch normsetzende Macht Tradition, und die reglementierte Kleidung war die offenkundige Hierarchie selbst, kaum mehr nur deren Symbol.

„Was den Menschen umgiebt, wirkt nicht allein auf ihn, er wirkt auch wieder zurück auf selbiges, und indem er sich modificiren läßt, modificirt er wieder rings um sich her. So lassen Kleider und Hausrat eines Mannes sicher auf seinen Charakter schließen. Die Natur bildet den Menschen, er bildet sich um, und diese Umbildung ist wieder natürlich; er, der sich in die große weite Welt gesetzt sieht, umzäunt, ummauert sich eine kleine drein, und staffirt sie aus nach seinem Bilde." Das heißt: es existiert kein Menschen-Inneres, das von seinen äußern Bestimmungen begrifflich gesondert werden könnte, kein Äußeres, das nicht auch zugleich wesenhaft wäre. Die Monas ist die Resultante der Wechselwirkungen aller Monaden einschließlich ihrer selbst; Kern und Schale. (Ich folge hier der Leibniz-Interpretation von H. H. Holz.)

Der Mensch „kann sich gleichgültig einrichten wie andere seinesgleichen, weil es sich nun einmal so schickt; diese Gleichgültigkeit kann bis zur Nachlässigkeit gehen. Ebenso kann man Pünktlichkeit und Eifer darinnen bemerken, auch ob er vorgreift und sich der nächsten Stufe über ihm gleichzustellen sucht, oder ob er, welches freylich höchst selten ist, eine Stufe zurückzuweichen scheint." Das heißt, das Individuelle ist nichts anderes denn ein Ort innerhalb des normierten Spielraums (: diese Örter sind klassifizierbar) oder, im kühnsten und rarsten Fall, Ausscheren aus der Norm, dessen Winkel an der Norm gemessen wird. Wer unter dem ihm zugemessenen Sozialstatus siedelt, leugnet das Statut.

Zweitens. Der Übergang von der Physiognomie zur Osteologie/Morphologie (Physiogn. Fragm. II/139).

Für Lavater war das Leibesinnere physiognomisch relevant: es gehört zur Gestalt. „Man kann durch die Zergliederung Theile des Menschen zu Oberflächen machen – gewisse innere Theile können besonders betrachtet werden, entweder durch äußere Endungen oder durch Aufschließung der Körper. Die Fertigkeit von diesen Aeußerlichkeiten auf gewisse innere Beschaffenheiten zu schließen, wäre die *anatomische Physiognomik;* diese beschäftigt sich mit der Betrachtung und Beurteilung der Knochen und Gebeine, der Muskeln, der Eingeweyde; der Drüsen, der Adern und Gefäße, der Nerven; der Banden der Gebeine“ (I/14).

Goethe folgte dem Hinweis und betrachtete Tierschädel (1776/II/139). Die Gegenstandswahl knüpft ironisch an Lavater und verwirft dessen metaphysische Leitlinie. Dem Tier war ja keine kosmische Sonderstelle zugedacht gewesen; menschenkundliche Methodologie, angewandt auf Tiere, behauptet die Einheit des Lebendigen.

Von anthropomorphistisch anmutenden Vokabeln dürfen wir uns nicht irritieren lassen. Goethe ordnete die buffonschen Zeichnungen zur Reihe: Ernährungsart und Knochenform korrelieren; die Proportionen Viszeral-/Cerebralschädel erscheinen deskriptiv problematisiert. Subtilste Differenzen in der nahezu gleitenden Skala sind scharf aufgefaßt:

„19. Die größte Feldmaus. Die leicht aufgebogenen, flachgewölbten Linien, die wenigen Flächen, das Spitze, Feine – bezeichnet Leichtigkeit der Bemerkung des sinnlichen Gegenstandes, schnelles Ergreifen, Begierde und Furchtsamkeit, daher List. Der oft schwache Unterkiefer, die vordern, spitzig gebognen Zähne haben ihre Bestimmung zum Nagen und Kosten; sie sind fähig, das angepackte Leblose sich kräftig schmecken zu lassen; aber nichts Widerstehendes, Lebendiges, gewaltig zu fassen und zu verderben. [III.] An dieses Geschlecht gränzt unter den Raubthieren einigermaßen 12.) der *Fuchs*. Er ist schwach gegen seine folgende Verwandte. Die so flache Abweichung vom Schädel bis zur Nase, die mit dieser Linie fast parallellaufende Unterkiefer gäben der Gestalt was Unkräftiges, wenigstens Gleichgültiges, wenn nicht der etwas vor aufwärts geschweifte Oberkiefer, und die spitzen, abgerißnen Zähne eine geringe Grausamkeit ahnen ließen."

Was ironisch begonnen hat, schließt sarkastisch: die Skala steigt zur Hyäne und trifft dort wieder den Menschen: „18.) *Die Hyäne* ... ist durch das Hinterhaupt von allen sehr merklich verschieden. Dieser Kopf zeigt bey Menschen, wenn er hart und massiv ist, und wenn er nicht die ganze Wölbung des Kopfes ausmacht – Hartsinn und Herzenskraft. – Im Ganzen scheint dieß Profil eisenmäßige Hartnäckigkeit auszudrücken." Reineke in limbo patris! Zugleich aber ist der Keim gelegt für Goethes biologische Forschungen, mit denen das Kohärenz-Prinzip (: os intermaximare) zum genetischen Prinzip (: Wirbeltheorie des Schädels) reift.

Drittens. Der Übergang von der Physiognomie zur Dramen-Theorie.

Brutus (II/256). Den sozial-utopischen Aspekt des Aufsatzes hat Wolfgang Heise untersucht; ich habe Goethes geschichtsphilosophisches Brutus-Bild mit dem politischen Klopstocks konfrontiert. Hier interessiert der Text als ästhetische Programmschrift, aus der wir allerdings uns die anderen Komponenten nicht ausgesondert denken wollen. –

Die formelle Struktur ist reinste Lavatersche Unart: Goethe projiziert die idealen Eigenschaften seines Heros auf Nasloch und Nasenläppchen eines Stiches von Westermann nach einer Rötelzeichnung von Rubens (heute Leningrad/Eremitage), nach, vermutlich, einem römischen Statuen-Rest, der, vielleicht, als Brutus-Kopf gedeutet worden war. Der Junge verneigt, bei der Abschiedsvisite, sich betont schülerhaft; sein Geist ist bereits unterwegs.

„Groß ist der Mensch, in einer Welt von Großen. Er hat nicht die hinlässige Verachtung des Tyrannen, er hat die Anstrengung dessen, der Widerstand findet, dessen, der sich im Widerstande bildet, der nicht dem Schicksale, sondern großen Menschen widerstrebt, der unter großen Menschen geworden ist. Nur ein Jahrhundert von Trefflichen konnte den trefflichsten durch Stufen hervorbringen.

Er kann keinen Herrn haben, kann nicht Herr seyn. Er hat

nie seine Lust an Knechten gehabt. Unter Gesellen mußt' er leben unter Gleichen und Freyen. In einer Welt von Freyheit edler Geschöpfe würd' er in seiner Fülle seyn. Und daß das nun nicht so ist, schlägt im Herzen, drängt zur Stirne, schließt den Mund, bohrt im Blicke! Schaut hier den gordischen Knoten, den der Herr der Welt nicht lösen konnte."

Gewiß beherrscht die Gesellschafts-Utopie die Oberfläche. Der Untertext aber erörtert die Konstellation dramatischer Personen, welche eine Tragödie entfalten könnte. Der Spieler, „der nicht dem Schicksale, sondern großen Menschen widerstrebt": den Gegenspielern. Eine solche Tragödie wäre dann die inkarnierte Utopie: „Groß ist der Mensch in einer Welt von Großen" – etc. – Der Julius Cäsar war das erste Stück Shakespeares gewesen, das vollständig ins Deutsche übertragen worden war. Goethe umreißt das Tragödienprogramm – Shakespeare kontra Aischylos – dem er nicht hat folgen können; er brauchte später keine Zehntelsekunde Bedenkens, um das Ansinnen des mächtigsten Mannes der Welt, er solle Brutus dichten, zu ignorieren.

Wenn wir die drei Übergänge synthetisieren, erblicken wir Goethes Begriff unserer Gattung. Der Mensch ist ein biosozialästhetisch bestimmtes Wesen. Die konzise Selbstverständigung schießt zusammen in Lavaters Sphäre. Sämtliche drei Komponenten bedingen und durchdringen künftig einander wechselseitig, dergestalt, daß wir, z. B., keinem Dichtwerk Goethes ohne Hinsicht auf sein naturwissenschaftliches und soziologisches Denken uns zu nähern suchen sollten.

Urphänomene soziologischer Art

Ich erinnere den locus classicus, den geborstenen Schafschädel: „Als ich nämlich auf den Dünen das Lido, welche die venezianischen Lagunen von dem adriatischen Meere sondern, mich oftmals erging, fand ich einen so glücklich geborstenen Schafschädel, der mir nicht allein jene große früher von mir erkannte Wahrheit: die sämtlichen Schädelknochen seien aus verwandelten Wirbelknochen entstan-

den, abermals bestätigte, sondern auch den Übergang innerlich ungeformter organischer Massen, durch Aufschluß nach außen, zu fortschreitender Veredelung höchster Bildung und Entwicklung in die vorzüglichsten Sinneswerkzeuge vor Augen stellte und zugleich meinen alten, durch Erfahrung bestärkten Glauben wieder auffrischte, welcher sich fest darauf begründet, daß die Natur kein Geheimnis habe, was sie nicht irgendwo dem aufmerksamen Beobachter nackt vor Augen stellt" (Tag- und Jahreshefte, 1790).
Goethe referiert ein Urphänomen. Er hat mehrfach erklärt, was das sei: hat also, wie es seiner Dichternatur entspricht, das Fixieren zum Begriff vermieden. Den Begriff fixieren heißt ja, die Wörter, welche ihn bilden, der Nebenbedeutungen und Assoziationsfelder berauben. Dichtung induziert Assoziationen, scheidet den erwünschten vom unerwünschten Nebensinn und wahrt so das Besondere des Ereignisses. Was Goethe schematisiert, ist die Erkenntnisqualität. Sie sei „ideal, als das letzte Erkennbare, / real, als erkannt, / symbolisch, weil es alle Fälle begreift, / identisch mit allen Fällen". Die Modalitäten sind inkommensurabel, und die Reichweite der Erkenntnis, nämlich die Frage, in welchem Koordinationssystem „alle Fälle" alle Fälle sind, bleibt unerörtert. Vielleicht hat Goethe später das understatement aperçu gebraucht, um die Inflation des großen Terminus zu verhindern: den, dürfen wir annehmen, er für lebenswierig wirkende Einsichten vorbehalten wissen wollte.
Die umschreibende Formulierung mit gegenwärtig waltenden Vokabeln, die ich jetzt vorschlage, kann folglich nicht bündig sein und dient unserer Ad-hoc-Verständigung:
Ich verstehe unter dem Goetheschen Urphänomen das aufblitzende Zusammenfallen von Wesen und Erscheinung in der Erscheinung. – Es fällt in die Sinne, wenn die Sinne helle sind. – Die Kohärenz kann als Ereignis sich präsentieren, das in der Zeit abläuft, der Prozeß seine Phasen miteinander in den Raum entfalten. – Ruisdaels Landschaften sind Bildnisse des Urphänomens selber: der fruchtbare Moment bannt Vorher und Nachher auf die Fläche.
Es ist kaum, oder nicht? beachtet worden, daß Goethe auch Urphänomene soziologischer Natur kennt. Eckermanns Gedächtnisprotokoll vermerkt: „Ohne meine Bemühungen in den Naturwissenschaften hätte ich jedoch die Menschen

nie kennengelernt, wie sie sind. In allen anderen Dingen kann man dem reinen Anschauen und Denken, den Irrtümern der Sinne wie des Verstandes, den Charakterschwächen und -stärken nicht so nachkommen; es ist alles mehr oder weniger biegsam und schwankend und läßt alles mehr oder weniger mit sich handeln; aber die *Natur* versteht gar keinen Spaß, sie ist immer wahr, immer ernst, immer strenge, sie hat immer recht, und die Fehler und Irrtümer sind immer des Menschen. Den Unzulänglichen verschmäht sie, und nur dem Zulänglichen, Wahren und Reinen ergibt sie sich und offenbart ihm ihre Geheimnisse.
Der Verstand reicht zu ihr nicht hinauf, der Mensch muß fähig sein, sich zur höchsten Vernunft erheben zu können, um an die Gottheit zu rühren, die sich in Urphänomenen, physischen wie sittlichen, offenbaret, hinter denen sie sich hält und die von ihr ausgehen." – Sittlich; d. h. Verhältnisse betreffend, die von Sitten geregelt sind. Die sittliche Welt ist nicht gesittet. –

Sittliche (: soziologische) Urphänomene können wir interpolierend muten; Exzellenz hat sie nicht plakatiert. Warum nicht? – er hat sich gehütet. Goethe konnte so klar sagen, was er dachte, daß Niemand ihn verstand; aus Vorsicht vergrub er Hauptsätze in entlegene Zusammenhänge.

Wie viele Menschen haben nicht Schafschädel gesehen? Wie viele dem römischen Carneval beigewohnt? „So ist denn ein ausschweifendes Fest, wie ein Traum, wie ein Märchen vorüber, und es bleibt dem Theilnehmer vielleicht weniger davon in der Seele zurück, als unsern Lesern, vor deren Einbildungskraft und Verstand wir das Ganze in seinem Zusammenhange gebracht haben" (pag. 67).

Der Wink ist deutlich. Wenn wir die Aschermittwoch-Betrachtung als geschichts-philosophisches Resumé akzeptieren: erblicken wir in den lose liegenden Kapiteln die Knochen, aus denen der rezente Schädel sich gefügt hat. „Das römische Carneval ist ein Fest, daß dem Volke eigentlich *nicht gegeben wird, sondern das sich das Volk selbst giebt*" (pag. 4). Wir werden „mitten unter dem Unsinne auf die wichtigsten Scenen unsers Lebens aufmerksam gemacht.

Noch mehr erinnert uns die schmale, lange, gedrängtvolle Straße an die Wege des Weltlebens, wo jeder Zuschauer und Theilnehmer mit freiem Gesicht oder unter der Maske, vom Balcon oder vom Gerüste, nur einen geringen Raum vor und neben sich übersieht, in der Kutsche oder zu Fuße, nur Schritt für Schritt vorwärts kommt, mehr geschoben wird als geht, mehr aufgehalten wird als willig stille steht, nur eifriger dahin zu gelangen sucht, wo es besser und froher zugeht, und dann auch da wieder in die Enge kommt, und zuletzt verdrängt wird" (pag. 68).

Das Masken- und Narrentreiben komprimiert und entfaltet das Wie des Geschichtsprozesses in wenige Tage, auf begrenzten Raum; das Geheimnis wird augenfällig, d. h. offenbares Geheimnis: denn weder *mit freiem Gesicht* noch *unter der Maske,* weder *vom Balcon* noch *vom* (Blut-) *Gerüste* wissen die Akteure, was sie tun. Später, 1817, aber ausdrücklich an das Roemische Carneval erinnernd, bekundete Goethe, was er dem Lichtblitz des karnevalistischen Exzesses dankt: „Das Dritte, was mich beschäftigte, waren die Sitten der Völker. An ihnen zu lernen, wie aus dem Zusammentreffen von Notwendigkeit und Willkür, von Antrieb und Wollen, von Bewegung und Widerstand ein Drittes hervorgeht, was weder Kunst noch Natur, sondern beides zugleich ist, notwendig und zufällig, absichtlich und blind. Ich verstehe die menschliche Gesellschaft" (Schicksal der Hs.). – Der stolze Satz (Goethe hat sehr selten derart apodiktisch-selbstbewußt gesprochen) berechtigt uns, den Tollen Tagen den Rang eines sittlichen Urphänomens beizumessen.

Gesellschaftskrise.
Vergangenheit und Gegenwart in eins

An nicht entlegener, vielmehr rar-exponierter Stelle ist der soziologische Blick mit dem historischen expressis verbis verquickt:

„Denn eigentlich unternehmen wir umsonst, das Wesen eines Dinges auszudrücken. Wirkungen werden wir gewahr, und eine vollständige Geschichte dieser Wirkungen umfaßte wohl allenfalls das Wesen jenes Dinges. Vergebens bemühen wir uns, den Charakter eines Menschen zu schildern; man stelle dagegen seine Handlungen, seine Taten

zusammen, und ein Bild des Charakters wird uns entgegentreten“ (Farbenlehre; Didakt. Theil 1808).
Es ist die Theaterpraxis (des Dichters und Regisseurs), welche die Metaphysik verscheucht hat; wie beschrieben: baut der Schauspieler seine Rolle. Nur Vorgänge kann er darstellen, was die Fabel nicht treibt, existiert nicht. Dem Rollenspiel der bürgerlichen Gesellschaft fehlt zum theatralischen Ereignis nur eins: das Bewußtsein des Spiels. – Die Lavater-Zugabe des blutjungen Goethe hatte die Frage: was das Innere des Menschen sei? hochmütig, als Scheinfrage, ignoriert. Der nun erklärte Grund, weshalb sie der Antwort sich verweigert, ist die Antwort. – Der begrifflichen Identitäts-Bestimmung folgt die angewandt-metaphorische: „Wir vergleichen die Newtonische Farbenlehre mit einer alten Burg, welche von dem Erbauer anfangs mit jugendlicher Übereilung angelegt, nach dem Bedürfnis der Zeit und Umstände jedoch nach und nach von ihm erweitert und ausgestattet, nicht weniger bei Anlaß von Fehden und Feindseligkeiten immer mehr befestigt und gesichert worden.
So verfuhren auch seine Nachfolger und Erben. Man war genötigt, das Gebäude zu vergrößern, hier daneben, hier daran, dort hinaus zu bauen; genötigt durch die Vermehrung innerer Bedürfnisse, durch die Zudringlichkeit äußerer Widersacher und durch manche Zufälligkeiten.
Alle diese fremdartigen Teile und Zutaten mußten wieder in Verbindung gebracht werden durch die seltsamsten Galerien, Hallen und Gänge. Alle Beschädigungen, es sei von Feindes Hand, oder durch die Gewalt der Zeit, wurden gleich wieder hergestellt. Man zog, wie es nötig ward, tiefere Gräben, erhöhte die Mauern, und ließ es nicht an Türmen, Erkern und Schießscharten fehlen. Diese Sorgfalt, diese Bemühungen brachten ein Vorurteil von dem hohen Werte der Festung hervor und erhielten's, obgleich Bau- und Befestigungskunst die Zeit über sehr gestiegen waren, und man sich in anderen Fällen viel bessere Wohnungen und Waffenplätze einzurichten gelernt hatte. Vorzüglich aber hielt man die alte Burg in Ehren, weil sie niemals eingenommen worden, weil sie so manchen Angriff abgeschlagen, manche Befehdung vereitelt und sich immer als Jungfrau gehalten hatte. Dieser Name, dieser Ruf dauert noch bis jetzt. Niemanden fällt es auf, daß der alte Bau unbe-

wohnbar geworden. Immer wird von seiner vortrefflichen Dauer, von seiner köstlichen Einrichtung gesprochen. Pilger wallfahrten dahin; flüchtige Abrisse zeigt man in allen Schulen herum und empfiehlt sie der empfänglichen Jugend zur Verehrung, indessen das Gebäude bereits leer steht, nur von einigen Invaliden bewacht, die sich ganz ernsthaft für gerüstet halten“ (ibidem).
Der Weimarer Goethe war von verrotteten nordischen Gemäuern umstanden. Dem Auge, das „Vergangenheit und Gegenwart in eins“ sieht, wiesen sie, manifeste Symbole, das Wesen des Hl. Römischen Reichs Deutscher Nation: den Prozeß seiner Verwesung. Die bündige Metapher definiert drei Jahrhunderte permanenter Gesellschaftskrise. Gegenwärtig geht das Vergangene um; die Waage zeigt sein Gewicht an. Aber ebenso wie Goethe das Fortwirken des Vergangenen, im Greis das Kind, sieht er das Gegenwärtige als schon Vergangenes, im Mann das Gerippe. Dem Mönch (Natürl. Tochter; V/7) hat er sein Roentgen-Auge gegeben. Sub specie vanitatis spukt das Leibhaftige:

Im Dunklen drängt das Künft'ge sich heran,
Das künftig Nächste selbst erscheinet nicht
Dem offnen Blick der Sinne, des Verstands.
Wenn ich beim Sonnenschein durch diese Straßen
Bewundernd wandle, der Gebäude Pracht,
Die felsengleich getürmten Massen schaue,
Der Plätze Kreis, der Kirchen edlen Bau,
Des Hafens masterfüllten Raum betrachte:
Das scheint mir alles für die Ewigkeit
Gegründet und geordnet; diese Menge
Gewerksam Tätiger, die hin und her
In diesen Räumen wogt, auch die verspricht
Sich unvertilgbar ewig herzustellen.
Allein, wenn dieses große Bild bei Nacht
In meines Geistes Tiefen sich erneut,
Da stürmt ein Brausen durch die düstre Luft
Der feste Boden wankt, die Türme schwanken,
Gefugte Steine lösen sich herab,
Und so zerfällt in ungeformten Schutt
Die Prachterscheinung. Wenig Lebendes
Durchklimmt bekümmert neuentstandne Hügel,

Und jede Trümmer deutet auf ein Grab.
Das Element zu bändigen vermag
Ein tief gebeugt, vermindert Volk nicht mehr,
Und rastlos wiederkehrend füllt die Flut
Mit Sand und Schlamm des Hafens Becken aus.

Die Vision schließt Buße und Umkehr aus und muß mitgedacht werden, wenn wir Fausti Abgang lesen.

Äußerer Schein / Innere Verbrechen

Die begriffliche und metaphorische Verquickung des soziologischen Querschnitts mit der historischen Konsequenz ergänzen einander. Beide sind schlüssige Resumés, die besondere Diagnosen voraussetzen.

Wie diagnostizierte Goethe die Jahrhundert-Krise? Ein Groß-Exempel führt uns unmittelbar an das Stück, über welches wir sprechen. Der stereoskopische Blick fügte das Bild aus zwei Reihen komplementärer Phänomene.

Erstes Auge. Von klein an reagierte Goethe reizbar auf Mißverhältnisse im gemeinen Wesen. Ein biografisches Schema (vermutl. 1809) überschreibt sie knapp zusammenfassend: „Äußerer Schein, Innere Verbrechen". Die Rede ist vom frühen bösen Stück: Die Mitschuldigen. Der dann ausgeführte Kommentar (Dichtung und Wahrheit) lautet: „Bei meiner Geschichte mit Gretchen und an den Folgen derselben hatte ich zeitig in die seltsamen Irrgänge geblickt, mit welchen die bürgerliche Sozietät unterminiert ist. Religion, Sitte, Gesetz, Stand, Verhältnisse, Gewohnheit, alles beherrscht nur die Oberfläche des städtischen Daseins. Die von herrlichen Häusern eingefaßten Straßen werden reinlich gehalten, und jedermann beträgt sich daselbst anständig genug; aber im Innern sieht es öfters um desto wüster aus und ein glattes Äußere übertüncht, als ein schwacher Bewurf, manches morsche Gemäuer, das über Nacht zusammenstürzt und eine desto schrecklichere Wirkung hervorbringt, als es mitten in den friedlichen Zustand hereinbricht. Wie viele Familien hatte ich nicht schon näher und ferner durch Bankrotte, Ehescheidungen, verführte Töchter, Morde, Hausdiebstähle, Vergiftungen entweder ins Verderben stürzen oder auf dem Rande kümmerlich erhalten sehen (...)" Die Passage referiert einen Brief an Larvater von 1781.

1785 mystifizierte die gemeine Maskerade Allerhöchste Personen. Die Halsband-Affaire zerrte die Garantie-Instanz des, wennschon überständigen, so doch gültigen Rechts-Zustandes, das Königshaus, in die unverläßliche Sphäre. Wenn man eine Königin imitieren kann: was ist sie dann selbst? Wenn zu denken möglich ist, die Krone sei bestechlich: welche Irrgänge unterminieren dann den Thron?

Goethe charakterisierte ohne Umschweif, also sackgrob:

„... die Würde der Majestät untergraben, schon im voraus vernichtet ..."

(Campagne in Fr.).

„In dem unsittlichen" (d. h. von der Sitte nicht mehr legimitierten) „Hof- und Staatsabgrunde, der sich hier eröffnete, erschienen mir die greulichsten Folgen gespensterhaft..." (Tag- und Jahreshefte, 89).

„... nicht bloß von sittlicher, sondern auch von großer historischer Bedeutung ... / ... das Faktum geht der Französischen Revolution unmittelbar voran und ist davon gewissermaßen das Fundament" (Eckermann; 15. 2. 31).

Gewiß sind dies Äußerungen post festum, aber die Werke, auf die sie sich, wie auf die Historie selber, beziehen, waren ihnen ja vorausgegangen. Das Kophtische Lied stammt von 87; wenn der Stoff da ist, sind anderthalb Jahre für Recherchen und Genre-Entscheid der dichterischen Arbeitsweise angemessen. Der Großkophta ist die Komödie zur Natürlichen Tochter; das Satyrspiel läuft, poetisch wie historisch, dem Trauerspiel voraus; der Bock meckert das dicke Ende ein.

Das andere Auge.

„Vorgang der Großen, zum Sansculottismus führend.

Friedrich sondert sich vom Hofe.

In seinem Schlafzimmer steht ein Prachtbette. Er schläft in einem Feldbette daneben.

Verachtung der Pasquille, die er wieder anschlagen läßt.

Joseph wirft die äußern Formen weg.

Auf der Reise, statt in dem Prachtbette zu schlafen, bettet er sich nebenan auf der Erde auf einer Matratze.

Bestellt als Kurier auf einem Klepper die Pferde für den Kaiser.
Maxime, der Regent sei nur der erste Staatsdiener.
Die Königin von Frankreich entzieht sich der Etikette.
Diese Sinnesart geht immer weiter, bis der König von Frankreich sich selbst für einen Mißbrauch hält"
(Karlsbader Schema, 1810).
Goethe erkennt aus beiläufig scheinenden Indizien Machtmüdigkeit, ja Sozial-Masochismus. Ein Regime, das auf Volksferne sich gründet, ist gerichtet, sobald es die Distanz, die ihm objektive Gestalt zueignet, mindert, durchbricht, aushöhlt und leugnet. Was den gesunden Menschenverstand humane Anwandlung dünkt, ist Vorarbeit für den Nachrichter. Die mechanische Nihilierung, das Guillotinenwerk, ist nur noch Formalität. – Vorangegangene Partien des Schemas begründen die finale Gemütsverfassung der Monarchen historisch:
„Literarische Kultur, besonders des Mittelstandes, sich durch den Adel bis zu den Fürsten verbreitend. ...
Forderungen an Regenten, groß und klein, aus der oben bezeichneten werdenden Kultur entspringend.
Weltbürgerlicher Natur.
Untertanen glücklich zu machen.
Vollkommene Justiz-, Kameral- und Polizeieinrichtungen.
Einflüsse Beccarias und überhaupt aller Humanitätslehrer."
(ibidem)
Die Synopse zeigt die Totale. Wenn das Hohe sich neigt, so ist es zum Sturz: da die Fundamente untergraben sind. An grauser bedeutender Stelle, im Zentrum der sekretierten priapischen Elegie, hat Exzellenz das Urteil letzter Instanz niedergelegt.
„Unflat oben und unten!"
spricht der Gott (: dessen Metier exzessiver Genuß der Zeugungskraft ist).
Goethe interessierte sich, denke ich, für Akut-Aktuelles (: das, was wir Zeitgeschichte nennen), sofern es ihn auf die Spur eines Urphänomens (oder sagen wir bescheidener: Aperçus) zu leiten versprach. Der Halsband-Prozeß war ihm signifikantes Zeichen; der Bastille-Sturm formale Zugabe. Das Leibhaft-Bezeichnete ist die Gesellschaftskrise des vergangnen und künftigen Jahrhunderts: nicht der Re-

volutionsakt, der, für Goethe, Symptom dieser doppelten Krise ist und weniger über sie mitteilt denn seine Vorgeschichte. Umgekehrt heißt das: Goethes, scheinbar paradoxer, Blick erkundete und deutete die kryptischen Offenbarungen und ruhte indigniert auf dem Spektakel, das zwar weltläufig rumort, indes nichts repräsentiert als seinen eigenen Formalismus. Dem derart Akuten entspricht kleinste Form, Epigramm, sarkastisches Diktum:

Lange haben die Großen der Franzen Sprache gesprochen,
Halb nur geachtet den Mann, dem sie vom Munde nicht floß.
Nun lallt alles Volk entzückt die Sprache der Franken.
Zürnet, Mächtige, nicht! was ihr verlangtet, geschieht.
(Epigr. Ven.)

Das esoterische Skandalon hingegen zeichnet den Tiefenstrom der Geschichte. Die Memoiren der Prinzessin Stephanie de Bourbon-Conti provozierten höchste Form.
Unmittelbar nach dem Bastille-Sturm rezensierte Goethe Moritz (: Über die bildende Nachahmung des Schönen), brachte den Tasso zu Ende und gründete die Botanische Anstalt in Jena. 1830 erregte ihn die Akademie-Debatte zwischen Cuvier und Geoffroy de St. Hilaire. Ein spätester Text kommentiert das Ereignis: „Geoffroy gibt ihm" (Sömmering) „das herrliche Zeugnis: ‚Ein weitumfassender Geist, hochgebildet und immerfort nachdenkend; er hatte von der Übereinstimmung organischer Systeme so ein lebhaftes und tiefes Gefühl, daß er mit Vorliebe alle außerordentlichen Fälle aufsuchte, wo er einen Anlaß fände, sich mit Problemen zu beschäftigen, eine Gelegenheit, Scharfsinn zu üben, um sogenannte Anomalien auf die Regel zurückzuführen.' ... Hier möchte nun der Ort sein, zu bemerken, daß der Naturforscher auf diesem Wege am ersten und leichtesten den Wert, die Würde des Gesetzes, der Regel erkennen lernt. Sehen wir immerfort nur das Geregelte, so denken wir, es müsse so sein, von jeher sei es also bestimmt und deswegen stationär. Sehen wir aber die Abweichungen, Mißbildungen, ungeheure Mißgestalten, so erkennen wir, daß die Regel zwar fest und ewig, aber zugleich lebendig sei, daß die Wesen zwar nicht aus derselben heraus, aber doch innerhalb derselben sich ins Unförmliche umbilden

können, jederzeit aber, wie mit Zügeln zurückgehalten, die unausweichliche Herrschaft des Gesetzes anerkennen müssen" (Jb. für wiss. Kritik, März 32).
Wer stellt wem das „herrliche Zeugnis" aus? – Goethe Goethe. Die Fratze deutet ihm die Muskulatur, das Monströse erschließt ihm das Gesetz, Mißgestalt treibende Kraft. Wir sind beim Trauer-Spiel.

Komparatistik: Eugenie gespiegelt im Fuchs

Der Zettel nennt nicht Personen, sondern soziale Orte. Auch Eugenie ist kein Name: das Kind heißt Frl. Wohlgeboren: was die Anrede für Adlige ist (– der beamtete Bürger wurde Ew. Hochwohlgeboren betitelt). Wir haben also mit einem Ständespiegel zu schaffen.
Goethes andere Gesellschafts-Revue ist der Reineke Fuchs; die Tier-Gattungen sind die Stände. Das gemeine Wesen ist verrottet; im carnevalistischen Exzeß, unter der Tiermaske, wird Klartext gesprochen: die „inneren Verbrechen" kommen zur Sprache. Zwar wird gelogen, daß sich die Balken biegen, doch ist die erzählte Lüge die denunzierte Lüge. Reineke, der Trickster-Carrierist, trifft alle Stände; er perforiert die Diaphragmen, die sie voneinander abschotten, wird umher- und zurückgeworfen, erklimmt und erkriecht die oberste Stufe vor dem Thron. Indem er die Pyramide durchwühlt, bringt er die Steine zum Tanzen, läßt er die gesamte Sozietät Revue passieren.
Der moderne Held stellt sein wahres Wesen zur Schau und artikuliert homerisch. Das Bestiarium mummt sich in den heroischen Vers, den Hexameter. Die doppelte Maskerade kehrt das Innere nach außen, das Äußere nach innen: die äußeren Verbrechen decken den inneren Schein. Es ist nichts hinter ihnen: vernehmen wir. Die hohe Form gebiert die Komik, da der nichtige Zweck sie sich beibiegt. Der alte Sonnenkönig schnallte die Waden um, klemmte das Gebiß zwischen die Kiefer, setzte die, gepuderte, Mähne auf und posierte als Jupiter.
Die, strukturelle, Travestie birgt eine, gegenständliche, Parodie, ein Spiel im Spiel, das die Spielregeln setzt. Reineke

erklärt Kamm und Spiegel. Achills Schild spiegelte den Weltkreis, und noch Virgils Aeneas-Analogon kommt, sentimentalisch, der Totalität nahe. Füchs'chens Toiletten-Artikel reflektieren und umschnörkeln das beliebige Subjekt. Übrigens hat es sie nie gegeben: sie sind vorgespiegelt.

Das Drama nun spiegelt seitenverkehrt das Epos. Wie Reineke sich sozialisiert, wird Eugenie desozialisiert. Sein Aufstieg führt durch alle Etagen wie ihr Abstieg. Ihr Platz in der Gosse entgegnet seinem Ende am Thron.

Im Epos wird reinen Herzens gelogen, im Drama fällt kein argloses Wort. Die Tiere haben sich Menschenmasken vorgebunden: nämlich die Sprache als Maske, die Sprachmaske. Man habe sie, um seine Gedanken zu verbergen: sagte Richelieu unter der Maske der Aufrichtigkeit.

Solange wir glauben, der Wortlaut des Textes sei sein Sinn, ist das Stück unaufführbar; kein Schauspieler wird wissen, was er tun könne. Sobald wir die Maske lupfen, müssen wir die mimische Phantasie zügeln. Verlangen wir, der Herzog solle den König ehrerbietig einladen (I/1), werden wir spannungslose Suada hören. Erkennen wir aber den erpresserischen Gehalt der artigen Bitte (: das reizende Chateau hat verschwiegene Keller, wo ein Monarch verschellen kann), wird der König den Herzog, der Herzog den König belauern; sie starren einander unentwegt in die Augen, da keiner den anderen hinterrücks wissen will, und das wechselseitige, wieder und wieder verhinderte, Umkreisen nötigt die Füße zu Tanzschritten, die zu der protokollarischen Sprache harmonisch stimmen. Derart einte der festliche Zwinger-Hof Bär und Löwe.

II/1: Der Sekretär dressiert die Hofmeisterin. Was er ihr verspricht, rückt er ihr aus den Zähnen; sie zieht ihre Lust aus der Mißhandlung; er verweigert ihr den Sex und entschädigt sie mit Macht über das Kind. Die Szene könnte von Marivaux stammen oder, gröber gedichtet, von de Sade. Eugenies Schlafzimmer ist die Folterkammer, der Pfühl der Jungfrau das Streckbett.

III/4: Das aufsässige Werkzeug, der Weltgeistliche, richtet den Herzog ab: nach allen Regeln der Seelen-Kunde. Er verschärft die Depression, kappt jede Hoffnung und weckt, subtil-stufenweise, die selbstheilende Energie. Die gleiche Psycho-Technik war Gegenstand des Lila-Happening gewe-

sen; dort hatte sie glückliche Ent-Täuschung bewirkt gehabt: hier gründet sie wüsten Irrwahn.
Ich muß keine weiteren Exempel ansetzen und spreche die Überzeugung aus: daß die Bühnenprobe experimentelle Poetik, der Schauspieler Probstein des dramatischen Gehaltes sei. Wir sind jedoch auf diese Trial-and-error-Methode nicht angewiesen. Goethe hat den Schlüssel zur Chiffre expressis verbis der Exposition eingefügt.

Geheimnis nur verbürget unsre Taten,
Ein Vorsatz, mitgeteilt, ist nicht mehr dein;
Der Zufall spielt mit deinem Willen schon;
Selbst wer gebieten kann, muß überraschen

offenbart der König (I/5) dem Lämmchen, da das lettre de cachet schon ausgefertigt des Opfers harrt.
Die Sprachmaske ist gebildet nach dem Ideal des honnete homme; die Dramaturgie äfft das Theater Racines. Goethe dichtete, denke ich, keine Alexandriner, weil das Metrum deutsch aus der Mode war, deshalb exotisch gewirkt und das zum Selbstverständlichen hochkultivierte Artistische widernatürlich gespreizt hätte scheinen lassen. Dem Tier indes dient einzig das Konterfei reinster Humanität: wozu sollte es sich bestialisch verlarven? Die Konvention zwischen Hof und Stadt, der Pariser Salon hatte das Besondere verbannt; das Theater gehorchte dem Publikum: Racine scheuchte Aktionen, welche die Contenance anzutasten geeignet waren, hinter die Kulissen. Der Kompromiß endete, und wo nicht philosophische Debatte das Aufklärungs-Lokal füllte, blieb leere Form. Frankreich galt den Deutschen ab 1750 als die polierte Nation schlechthin; das klassische französische Theater dünkte sie die verkörperte Unnatur. Goethe stellt die polierte Nation dar, indem er ihr ästhetisches Selbstverständnis objektiviert, d. h. preisgibt. Die Stückstruktur ist der agierenden Regierungsweise homolog, die Staatsmaxime dramaturgisches Prinzip: „Geheimnis nur verbürget unsre Taten".
Selbstverständlich imitierte Goethe Racine nicht; daß alle Stände die Bühne betreten, bricht klar die Konvention. Um so auffälliger werden zwei unsichtbare Szenen. Beide wären dem Stoff angemessen, dem Gegenstand aber, d. h. dem äs-

thetisch durchdrungenen Stoff, widerstrebend gewesen: sie hätten die Maske verweigert.
Erstens. Die Entführung der Jungfrau. Wir können sie nur shakespearisch denken: Zwei Killer-Clowns tappen ins Schlafzimmer; du mußt vom hohen Roß fallen, beteuern sie, also aufs Pferd steigen; hühä reiten: witzelt der eine, während der andre das Laken prüft.
Zweitens. Eugenie wendet sich ans Volk. Die Szene gibt es: die Bürger lassen Egmonts Klärchen abblitzen. Dort hatte Shakespeare sichtlich Pate gestanden. – Vielleicht wollte Goethe diese Situation für den projektierten Dritten Teil aufsparen; die Schemata deuten drauf hin, daß er die Konfrontation dann nicht hätte umgeben können.
Unter der Maske zerfällt die Legitimität des Ancien régime: feudale Legitimität ist Recht der Geburt; das Herkommen definiert den Sozialstatus. Der Herzog legt seiner Kindesliebe höhern Wert bei denn der Staatsraison, favorisiert die Natur gegen die Form. – Der König, da er sich absolut wähnt, maßt sich an, die Geburt zu korrigieren und die Form herzustellen, welche nur als tradierte die Staatsverfassung stabilisiert. – Der König täuscht den Herzog; er verheimlicht den Machtspruch, den er doch rechtens glaubt (: auch das Stück nennt das lettre de cachet nicht), und erklärt ihn damit de facto zum illegalen Akt.
Wäre das regierende Haus bei Bewußtsein: es müßte sich für einen Mißbrauch halten.

Tragödien-Kern. Edle Wilde. Epilog

Dem Trauer-Spiel ist das klassizistische Tragödien-Schema parodistisch eingeschrieben. Eugenie wird mit dem Tabu belegt: bevor sie legitimiert ist, soll sie die Truhe nicht öffnen. Sie bricht das Tabu und probiert das unerlaubte Hofkleid an. Im Vorgefühl genießt sie den höchsten Augenblick. Sie hat (subjektiv) den Contenance-Test nicht bestanden und verletzt (objektiv) die Kleiderordnung, also eine Grundregel des Stände-Staats, in den integriert zu werden sie sehnlichst wünscht. Jene stille Modenschau anerkennt und leugnet die Norm gleichermaßen. Das ist tat-

sächlich die Hybris, doch regiert sie nicht die Fabel, sondern symbolisiert sie. Fehlte die Szene II/5, das Stück ginge unverändert seinen Gang. Nemesis wird mit anderer Stimme gerufen. Goethe hat ein dramaturgisches Maskenspiel getrieben: die technisch korrektest präsentierte augenfällige tragische Schuld hat nicht dramatisch treibende, sondern emblematische Funktion. Die gesamte Staatsspitze bricht ja, mädchenhaft: bin ich versucht zu sagen, habituell die Normen und Regeln, denen allein sie ihre Existenz dankt. Eugenies Mummerei travestiert die waltende Staatsvermummung; äffend deutet sie die allgemeine Maxime.
Wenn aber Eugenien keine tragische Schuld aufgelastet ist, eignet ihr doch die tragische Blödheit. Unwissend öffnet sie die Büchse Pandoras: sie gibt das Unheil (: in der Gestalt der Standes-Insignien; symbolisch) frei. Natürliche Tochter: der Terminus bezeichnet ja nicht nur das uneheliche, widergesetzliche, Herkommen, sondern, zugleich und konträr, das Kind der Natur, das Naturkind: die Edle Wilde. Der unwegsame Wald ist ihre Heimat; sie reitet wie eine Indianerin. Die Mutter hat sie nicht gekannt, schicklich-weibliches Betragen ist ihr nicht anerzogen worden. Vaters Gestalt ist ihr Vorbild, seine inzestuös gefärbte Neigung steht ihr zu Willen. Die Dienerschaft verhätschelt und verrät sie. Woher sollte sie die Emotionslosigkeit haben? – die, weil für Machtübung und -repräsentation erforderlich, plötzlich ihr abverlangt wird. Käme sie aus der Prairie: die Kluft wäre nicht tiefer.
Der umgetriebene Mönch (V/7) spürt ihr wahres Wesen und artikuliert es. Sie selbst kennt es nicht. Jenseits des Ozeans käme sie zu sich: er weist die Wilde in ihre Heimat. Kann aber sie folgen? wenn selbst er, der visionäre Prognostiker, das Blei an den Füßen schleppt:

… ein Geschick vielleicht,
Das mir die schwerste Prüfung spät bestimmt.

Mit Rousseau war der Edle Wilde geschichts-philosophisch kategorisch geworden; Montesquieus Persischer Prinz war verfremdende Instanz gewesen; Montaignes Kannibalen hatten den Typus begründet gehabt:
„Drey ehrliche Menschen unter ihnen, (welchen es wohl

nicht ahnen mag, wie theuer eines Tages ihrer Ruhe und ihrer Glückseligkeit die Kenntniß unserer verderbten Sitten zu stehen kommen, und die Bekanntschaft mit uns ihren Untergang nach sich ziehen werde, wie ich leider! voraussetze, daß das so weit nicht mehr hin sey,) die unglücklich genug waren, sich ins Netz der Neugier locken zu lassen, und der Anmuth ihres Landes zu entsagen, um das unsere zu besehen, kamen zu der Zeit nach Rouen, als der König Karl IX. sich dort aufhielt. Der König sprach lange mit ihnen. Man zeigte ihnen unsere Art zu leben; unsere Pracht, die Einrichtung einer schönen Stadt! Nachher befragte sie jemand, um zu wissen, was sie für das Merkwürdigste befunden hätten? Sie antworteten, dreyerley Dinge; wovon ich das dritte, zu meinem Leidwesen! vergessen habe. Zwey davon aber sind mir noch im Gedächtnis geblieben. Erstens, sagten sie, käme es ihnen sehr wunderbar vor, daß so viele große Männer, mit Haar auf dem Kinne, dabey stark und bewaffnet, die den König umgaben, (wahrscheinlicherweise meinten sie die Schweizer und die Leibwache,) sich dazu bequemten, einem Kinde zu gehorsamen, und daß man nicht lieber einen von ihnen wählte, zum Befehlen; zweytens (sie haben in ihrer Sprache den Gebrauch, daß sie die Menschen, Hälften des Einen von dem Andern nennen,) hätten sie bemerkt, daß es bey uns Menschen gäbe, welche alle Dinge zur Bequemlichkeit in höchstem Überfluß hätten, und daß ihre Hälften als arme, magre und verhungerte Geschöpfe vor ihren Thüren bettelten, und könnten sie nicht begreifen, warum diese so armen Hälften eine solche Ungerechtigkeit geduldig trügen, und warum sie die andern nicht bey der Kehle faßten, oder ihre Häuser in Brand steckten!" (Deutsch von Bode.)

Eugenie wird die soziale Treppe hinabgeleitet: so kommt dem wilden Kind, wie dem Fuchs und der kannibalischen Drei-Einigkeit, die gesamte Nation, von oben an bis unten aus, vor das Gesicht: nur ist, im Gegensatz zu jenen, ihr Auge blind. Sie sieht nicht, was sie sieht. Denn im Rücken Reinekes steht das ethische System des frühbürgerlichen Projektemachers und Spekulanten; die Dreie repräsentieren das ethische System der Urgemeinschaft: die Menschen sind eßbar, aber gleich. Hinter Eugenie steht nichts als ein Fehltritt der Oberklasse.

Besäße sie Urteil, sie spräche Karl Ludwig v. Knebels entsetztes Verdikt:
„Sind das die hohen Wirkungen der Kunst und des Genies, uns das Leben und die Menschheit durchaus zu vergiften und zu verekeln? O, wie muß man im Herzen verdorben sein, ein solches Werk hervorzubringen! Vermutlich, weil es schwer sein möchte, nicht bei irgendeinem Individuum eine selbständige freie Seele zu finden, so nahm Goethe die Stände, und diese sind alle par état und de par le roi Schurken. Sie mögen es mitnehmen, da ihre Häupter Narren und Schwächlinge sind. So sieht es also in der moralischen Welt aus! Und da ist weiter kein Mittel, wenn man doch fortleben will, als daß man auch ein Bube werde."
(An Caroline Herder; 12.10.03.)
Ich versuche eine Fabel, die das Integral über die geplante Trilogie schlägt; nicht große Menschen widerstreben einander: die Heldin widerstrebt einem Schicksal, das weder die Politik noch die antike Nemesis, sondern die historisch durchschaute Nemesis, die Geschichte als Nemesis, ist.
Die Fabel lautet:
Der Herzog erpreßt den König, um seine uneheliche Tochter, Eugenie, legitimieren zu lassen. Der Monarch zieht sich aus der Schlinge; er folgt dem Rat einer Fronde, die an seinem Sturz arbeitet, desozialisiert das Mädchen und täuscht den Vater. Die Täuschung tilgt die Legitimität seines Throns. Eugenie wird durch die Gesellschaft nach unten durchgereicht; nirgendwo findet sie Halt. Ihr Abstieg läßt die Gesellschaft Revue passieren. Das ausgesetzte Kind hat nur eine Adresse: den Ort, der sie verstoßen hat und selbst unaufhaltsam versinkt. Sie streitet für den König und endet in der Gosse.
Es scheint mir tunlich, dem Stück für die Bühne einen Epilog zu geben, der den Fluchtpunkt der drei Teile markiert. Der Gerichtsrat spricht:

  Eugenie. Sie ahnt nicht, daß ich weiß
Und wähnt, ihr Lärvchen locke mein Vertrauen:
Erlauchte Launen! Ich bin Ich! Der Hochmut
Nach dem Fall! Nichts lernen! nichts vergessen!
  Dein stilles Schloß im Busch: das sollst du haben
Mein Engelchen. Denn, erstens, bleibt der König

Der König, ist es Kerker, ich dein Wärter.
　Gewinnt der Herzog, zweitens, im Gerangel
Den Thron: ist nichtig unvollzogne Ehe
Und die Intacta liefer ich zurück.
　Siegt, drittens, was wahrscheinlich ist, der Pofel:
Wirst mit freien Brüsten offner Straße
Du des gestürzten Königshauses Gräuel
Enthüllen. Was da kömmt? – ich bin gerüstet.

Dritte Fassung Stella

Goethe brauchte drei Monate für das Stück (Februar, März, April 75). Ein Jahr zuvor hatte er für Werthers Niederschrift einen Monat benötigt gehabt (den Februar). Der Dichter schickte den Jünglingen, die Werthern unter die Erde gefolgt waren, grimmige Witze nach, und das Schauspiel für Liebende: Stella. Die Ehe selbdritt beseitigt das Paar Pistolen.

Freilich mußte er die unmittelbar soziale Konfrontation weglassen, um den erotisch-moralischen Knoten zu lösen. Der politische Widerspruch Bürgertum/Adel bleibt aus dem Spiel; dramatis personae leben von Stande. Die andre Klasse ist anwesend, nicht ankämpfend: die energisch geschäftige Postmeisterin. Der Vorgang ist so als ausschnitthafter objektiviert, die Lösung eine bedingte. Die offene Polygamie (: das Stück veröffentlicht sie in aller Keuschheit) verstößt gegen die bürgerliche Moral, nicht gegen die feudale, adlige, höfische. Morganatische Ehen regierender Häupter, amtierende Maitressen waren normal, d. h. normgerecht. Die sittliche Entrüstung kam aus bürgerlichen Kreisen; die Bräute bringen ja die Mitgift dem Geschäft usw.

Nur hatte Goethe eben nicht sich auf die Position der vorbürgerlichen Normative zurückgezogen. Die Akteure fühlen bürgerlich-individualistisch; sie lösen den Knoten unter Schmerzen, keineswegs linker Hand. Sie diskutieren, mit allen Zellen, in verzweifelter Konstellation, die Überwindung der neuen, toddrohenden Norm: der früh petrifizierten Frucht des neuen lebenverheißenden Empfindens.

31 Jahre später (am 15. Januar 06) änderte Goethe den Schluß. Er wollte das Stück aufgeführt sehen. Zwei der drei Liebenden entleiben sich. Weitere Werther-Nachfolge war nicht zu fürchten; offenkundig konnte Jeder in den Revolutionen und Kriegen des Zeitalters sein natürliches Ende finden. Die Änderung ist zunächst satirisch: da habt ihr eure Leichen, welche ihr der Vielweiberei vorzieht. Jedoch, das Gleichnis des Grafen von Gleichen überdauert die Tode: dem, der Ohren hat. Was das Ohr vernimmt, was das Auge sieht: gerät in Widerspruch. Der Verfasser bietet ein Trauer-: Spiel.

Goethes Zweite Fassung deutet aber auch auf den Altersro-

man Wilhelm Meisters Wanderjahre. Dort wird das Wesen sozialer Norm, d. h. paradigmatisch das Wesen der Sozietät, am Extremfall erörtert: am Inzest-Verbot. Und der Roman Die Wahlverwandtschaften (ursprünglich als Novelle konzipiert, die in den Meister-Roman hatte einmontiert werden sollen) seziert die Selbstvernichtung des vollkommenen Quartetts (: dessen Fürsprech der Theologe Schleiermacher war). Was ist, im Gefüge der sozialen Normen, Konvention (Übereinkunft)? was Mode (die streng teilt)?
Dieser weitläufige Kontext wandelt rücklings die Stella-Figuren. Sie sind Scheintäter, fischen ihr zerrinnendes Spiegelbild aus den Tümpeln, pflanzen Parks statt Rüben, verludern ihren Besitz, fressen sich waffenrasselnd durch Europa. Romantischer Schlagschatten hatte das, in der Ersten Fassung so sorgfältig-behutsam eingegrenzte, Spiel-Feld getroffen; die zarte Konstruktion (: Operette, notierte Goethe später; das Bitter-Süße des Gegenstands: schrieb er) war nicht länger kennbar, das jugendliche Lebensmodell folglich nur noch gleichsam wie ein Mondenstrahl mit dem Ohr geortet.
Wir versuchen eine Fassung, die kein Wort Goethes tilgt, kein eignes zufügt und die Zurücknahme der Zweiten Fassung zurücknimmt. Die Eingebung der Werther-Zeit ist uns Spiel im Spiel; wir fragen nicht die moralischen Normen dieser oder jener konkreten Formation, sondern spüren, in Goethes Namen, den erstickten Explosionen nach, den Legionen lautloser Katastrophen, die Codex um Codex um Codex um Codex perforieren; omnes generationes. Die Kunstwirklichkeit ist eine geschlossene Sphäre, innerhalb derer die Theodicee wahr ist. Für die Gesamtwirklichkeit gilt das Gegenteil. Dieser Widerspruch ist der Kern des Harmoniebegriffs der deutschen Klassik.
Zur Sprache: Die Wörter sind Laute; die Reflexion ist Intonation, die Redundanz hoch. Mitteninne eingesprengte Inseln der Vernunft, präziseste syntaktische Schärfe. Nichts ist überflüssig: die Wiederholungen sind unendliche Variationen des Schongesagten, wortlosen Stammelns, welches der Wörter aus Gewohnheit formal sich bedient. Die Zeichensetzung fixiert exakt Körperliches: Atem, Puls, Tonus. (Die dramatische Sturm-und-Drang-Sprache nämlich rebellierte gegen die gewissermaßen juristische Formulierung

der aufgeklärten Alexandriner-Struktur: gegen die vom Latein übernommene Syntax im symmetrischen Vers-Raster. Der entschieden lyrische Zug der Dramen produzierte, scheinbar paradox, prosaisch freirhythmische Flexibilität. – Den, im Deutschen, neuen Standardvers, den reimlosen Jambus, hat das letzte Stück der Aufklärung, das erste der Klassik, ein Stück der Raison: Lessings Nathan.) – Goethe war stolz, daß ihm die Sprache seiner Jugend jahrzehntelang unverloren zu Willen war: sie war dem Manne historisch geworden, daher beherrschbar, bestimmtem Gegenstand adäquate Technik.

Der Eingriff: Die letzte Szene der ersten Fassung als letzteste der zweiten, gespielt von den Kindern am Grabhügel

Lucie und Karl.

Lucie: Es war einmal ein Graf –

Karl: Ha! was soll das? Bist du ein böser Geist, in Gestalt meines Weibes? Was kehrst du mein Herz um und um? was zerreißest du das zerrissene? Verlaß mich! Überlaß mich meinem Schicksal! – und Gott erbarme sich euer!

Lucie: Ein deutscher Graf. Den trieb ein Gefühl frommer Pflicht von seiner Gemahlin, von seinen Gütern nach dem Gelobten Lande –

Karl: Ha!

Lucie: Er liebte sein Weib, nahm Abschied von ihr, empfahl ihr sein Hauswesen, umarmte sie und zog. Er zog durch viele Länder, kriegte und ward gefangen. Seiner Sklaverei erbarmte sich seines Herrn Tochter; sie löste seine Fesseln, sie flohen. Sie geleitete ihn aufs neue durch alle Gefahren des Kriegs – Mit Sieg bekrönt ging's nun zur Rückreise – zu seinem edeln Weibe. – Und sein Mädchen? – Er fühlte Menschheit! – er glaubte an Menschheit und nahm sie mit. – Sieh da, die wackre Hausfrau, die ihrem Gemahl entgegeneilt, sieht all ihre Treue, all ihr Vertrauen, ihre Hoffnungen belohnt, ihn wieder in ihren Armen; seine Knechte, abladend die Beute, sie zu ihren Füßen legend.

KARL: Edles, teures Weib, der größte Schatz ist noch zurück!

LUCIE: Wer ist's, die dort verschleiert mit dem Gefolge naht? Sanft steigt sie vom Pferde –

KARL: Hier! Sieh das alles und sie! nimm's aus ihren Händen! nimm mich aus ihren Händen wieder! Sie hat die Ketten von meinem Halse geschlossen, sie hat mich erworben – hat mir gedient, mein gewartet! Was bin ich ihr schuldig? – Da hast du sie! – Belohn sie.

LUCIE: An ihrem Halse rief das treue Weib, in tausend Tränen rief sie: Nimm alles, was ich dir geben kann! Nimm die Hälfte des, der ganz dein gehört – Nimm ihn ganz! laß mir ihn ganz. Jede soll ihn haben, ohne der andern was zu rauben! Und (: rief sie an seinem Halse, zu seinen Füßen) wir sind dein! – – Sie faßten seine Hände, hingen an ihm. Und ihr Glück und ihre Liebe faßte selig eine Wohnung, ein Bett und ein Grab.

KARL: Gott im Himmel! Welch ein Strahl von Hoffnung dringt herein!

LUCIE: Sie ist da! Sie ist unser. *Ruft:* Stella!

Auftritt Annchen.

ANNCHEN: Gott! Gott!

LUCIE: Stella! nimm die Hälfte des, der ganz dein ist – du hast ihn gerettet, du gibst mir ihn wieder!

KARL: Stella!

ANNCHEN: Ich fass' es nicht!

LUCIE: Du fühlst's.

ANNCHEN *an Karls Halse*: Ich darf? –

LUCIE: Dankst du mir's?

ANNCHEN *an Lucies Halse*: O du!

KARL *beide umarmend*: Mein! Mein!

LUCIE UND ANNCHEN: Wir sind dein!

Auftritt Cäcilie, in Trauer, und Postmeisterin, in Trauer, von entgegengesetzten Seiten. Cäcilie greift Lucie, die Postmeisterin Karl und Annchen, jeweils an einem Handgelenk. Mit den Kindern ab in die Richtungen, aus denen sie gekommen sind.

Klassik geklaftert

Vorschlag zur Minna

Warum nennt man das Stück Komödie? es muß doch niemand lachen: heißt es seit längerem über Lessings Minna. In der Ästhetik des XVIII. Jhs. ist eine Komödie ein Stück, dessen Verwicklungen aus Mißverständnissen sich ergeben und an dessen Ende Keiner umkommt. Beide Parameter treffen zu.

Zwischen Wem und Wem aber waltet Mißverstand?

Ich höre, wie aus der Pistole geschossen, sagen: der ehrpußlige Tellheim mißkennt seine Braut. Das stimmt, ist jedoch nur die abgeleitete Unhelligkeit. Der Mißstand, der das Stück konstituiert, schwelt zwischen Tellheim und seinem König.

1763 war der Siebenjährige Krieg zu Ende gegangen. Preußen konnte als Sieger gelten, war aber ruiniert. Friedrich ließ das Neue Palais bauen, um seine Kreditwürdigkeit zu beweisen, und beschloß, ein Friedensfürst zu werden. Nur hatte er die siegreiche Armee am Hals.

Die Szenen III/2 und IV/2 zeichnen das Panorama der Truppe im Nachkrieg. Von fünf Militärpersonen sind zwei Diebe, eine Menschenhändler, eine Zuhälter und eine Falschspieler. Die Jungs sind aus ihrem martialischen Paradies vertrieben. „Macht euch das bißchen Friede schon so übermütig?" (Just, I/1, zum Zivilisten, dem Wirt); – „Gott seit Dank, daß doch noch irgendwo in der Welt Krieg ist! Ich habe lange genug gehofft, es sollte hier wieder losgehen" (: der Schlagetot Werner, I/12). – Auch Franziska Willig ist die neue Zeit unheimlich: „Der Friede sollte so eigensinnig nicht sein" (II/1).

Damit die Armee ihn nicht in den nächsten, unerwünschten, Krieg treibe, diskriminierte Fritz sein Offizierskorps, welches er sich erzogen hatte. Tellheim hält für persönliche Kränkung, was lediglich Politik ist. Kann der König dafür, daß Ein Major nicht geplündert und erpreßt hat? Er selbst, der Monarch, hatte ja Kriegsgefangene hungern lassen, bis sie freiwillig den Treueid auf ihn leisteten, hatte, mit Androhung von Repressalien, Kontributionen eingetrieben, hatte, im besetzten Sachsen, die Münze inflationiert, hatte,

unter dem Namen Freibataillone, offizielle Räuberbanden gestiftet. Was faselt da dieser Tellheim? „Man muß Soldat sein für sein Land oder aus Liebe zu der Sache, für die gefochten wird“ (III/7) – das gibt es nur in der Dichtung; aber Gleims Grenadier als real existierender Charakter-Major: das ist ein pathologischer Fall, der kann aufgeklärt werden (: Aufklärung, preußisch).
Tellheim versteht keine Politik, ergo, er wird keine machen. Des Königs Brief spricht es aus: „ein Mann von Ihrer Bravour und Denkungsart“ – Bravour bedeutet hier Bravheit; wohlaffektionierte königliche Ironie scheint das Mißverständnis zu lösen.
Eine Berliner Inszenierung stieß auf Schwierigkeiten; die Preußen intervenierten auch, aber erfolglos, diplomatisch in Hamburg: 67 kam das Stück dort heraus, 68 dann doch in Berlin, und den Zuschauern bog es die Zehen vor Lachen, das ist bezeugt. Das Publikum erblickte Einen, der X für U tatsächlich glaubte; Monarch und spätes Mädchen machen, parallel agierend, es ihm vor.
Die Klimax folgt auf dem Fuße. Der nicht Politik versteht, kapiert, von ihr gebeutelt, den Weltzustand, dem sie dient: „Die Dienste der Großen sind gefährlich, und lohnen der Mühe, des Zwanges, der Erniedrigung nicht, die sie kosten“ (Tellheim, V/9). Das ist die Sturm-und-Drang-Sprache; indessen, Lessings Ironie antwortet der königlichen und zieht die Schraube schärfer. Der Dichter definiert, aus Tellheims Munde, den Militärdienst als die Lehrjahre des Philisters, dessen „ganzer Ehrgeiz, wiederum einzig und allein, ein ruhiger und zufriedener Mensch zu sein“, ist.
Das letzte Wort des Stücks lautet: Witwe.

Freund- und Feindbild in Kleists Hermannsschlacht

Kleists Hermannsschlacht ist ein angefochtenes Stück. Sein menschenfresserischer Nationalismus sei unerträglich. Wie aber, wenn sich die inkriminierte Tendenz als der Gegenstand erwiese?
Der Bezug des Werks auf die napoleonischen Deutschland-Feldzüge ist unstreitig. Rom ist Frankreich, Augustus ist

Napoleons Kopf, Varus sein Arm, die deutschen Stämme sind die deutschen Staaten. Die Hermann-Rolle dachte Kleist demjenigen zu, der sie irgend ergreifen würde; vermutlich sah er Stein zu Altenstein als Eginhardt.
Die Entstehungsgeschichte ist spärlich bezeugt, belegt ist sie nicht. Wir können annehmen, daß Kleist nach dem Frieden von Tilsit (9. 7. 07) die Arbeit begonnen hat. Am 1. 9. 09 meldete er den Abschluß an Collin in Wien. Der Alleingang Österreichs begann sich abzuzeichnen. Kleist wird nun auf Erzherzog Karl gesetzt haben, den begabtesten Militär des Hauses Habsburg, der ja dann auch, bei Aspern, gegen Napoleon ein Mal siegte. Es folgten Wagram und der Wiener Frieden. Dem Habsburger Alleingang 09 war der hohenzollersche Alleingang 06 vorausgelaufen. Anachronismen des Stücks referieren die Geschichte des Zerfalls der antifranzösischen Koalitionen. Die Bühne soll zur Einheitsfront rufen.
Kleist kannte Klopstocks Bardiet; Klopstocks Hermann war auf die Personalunion Brutus/Cäsar bezogen gewesen. Kleists Hermann beruft den Geist des Wilden Jägers; die Wüthende Jagd soll die Franzosen vernichten: die „wilde verwegene" komponierte später, da dies nicht mehr gefährlich war, Weber nach Körner. – Über das zeitgenössische Verständnis der Wüthenden Jagd informiert Jacob Grimm, Deutsche Mythologie.
Aber aus dem Wilden Jäger hat eine Gestalt in bunter Jacke sich gebildet. Ich zitiere, abkürzend, Richard Alewyn:
„Der erste und älteste Komödiant, der das totale Schauspielertum der wandernden Banden am reinsten verkörpert und am längsten bewahrt, ist der Hanswurst, wie wir die sogenannte ‚komische Person' nach einer ihrer vielen Namen und Gestalten nennen wollen. Seine Herrschaft reicht freilich weit über den Bereich der Komödie hinaus. Wer seinen Ursprung sucht, sieht sich schnell in einem Dickicht verirrt, aus dem hier sein Gewand, dort sein Gelächter lockt und neckt. Er lärmt als volkstümlicher Spaßmacher in Wirtsstuben und Meßbuden, aber auch als Hof- oder Hausnarr in den Schlössern von Fürsten und edlen Herren. Er ist wie noch heute als buntscheckiger Jeck mit Pritsche und Schellen die Seele des Fastnachtstrubels. Aber sein Vorfahr Harlequin ist auch einmal in heidnischen Zeiten der Führer der

Wilden Jagd gewesen. Er tummelt sich als komischer Teufel am Rand der mittelalterlichen Mysterienspiele und als Vice in der Mitte der altenglischen Moralitäten, als tölpischer Bauer in den alten Farcen und Fastnachtsspielen, als grober Hirt in den Pastourellen und Weihnachtsspielen, als störrischer Knecht im Osterspiel, und er erscheint als dummschlauer Diener zuletzt noch in den Komödien der Renaissance, sei es, daß er in dieser Maske von den Humanisten wiedererweckt worden ist, sei es, daß er, wie manche wollen, seit der Antike nie gestorben ist, sondern unterirdisch im Volk fortgelebt hat. Er ist im Leben zu Hause wie auf der Bühne, er kommt aus mythischen Höhen oder aus sozialen Niederungen, gleichermaßen der Liebling der Könige und des Volkes."

So ist Hermann/Harlekin Pritschmeister der Nation. Der nie ganz vertriebene Hans Wurst mummt sich ins Fell seines Urvaters, des Wüthenden Jägers, und setzt als deutscher Generalissimus den Stiefel auf die Bühne. Komplementär wird Augustus metrisch zum August; Hans Wurst und der Dumme August keilen um Europa.

Der Dichter denkt nie genauer, als wenn er dichtet, und manchmal setzt er die Rollen seiner Geschöpfe im Leben fort. Die Frage, ob Kleist seinen Gegenstand für seine Tendenz genommen habe, ist irrelevant: uns beschäftigt die Objektivation, das Werk. So ganz glauben kann ich das Quidproquo nicht. Das Kriegslied der Deutschen (datiert auf den März 09) endet, nach bestialischen Analogien: „Schlangen sieht man gar nicht mehr, / Ottern und dergleichen, / Und der Drachen Greuelheer, / Mit geschwollnen Bäuchen. // Nur der Franzmann zeigt sich noch / In dem deutschen Reiche; / Brüder, nehmt die Keule doch, / Daß er gleichfalls weiche."

Der Kommentar (an Collin; 20. 4. 09) aber geht: „... ich wollte, ich hätte eine Stimme von Erz, und könnte sie" (die Hetzlieder) „vom Harz herab, den Deutschen absingen." Das Harzgebirg ist das Stammhaus der Wilden Jagd: der Autor, da Niemand sein Stück spielen will, hat die Pappnase sich selbst vorgebunden. Die groteske Szene komplettiert das Drama: Kasper auf dem Brocken schmettert patriotische Lieder, die durch alle deutschen Fensterläden dringen. Die martialischen Gesänge sind Chöre zum Stück,

strukturelle Paralipomena. Das Dramolett Germania an ihre Kinder taugt zur Parabase, nach Akt III; das, II/3, abgerichtete Thuschen führt den Chor. Hermann und Thusnelda rücken an die Seite des grimm-komischen englischen Puppenpaars Punch and Judy.
Warum hat Niemand das Stück spielen wollen? War es nur die Angst vor dem Sieger Napoleon? – oder waren die eignen Leute zu genau getroffen: wie im Prinzen von Homburg (: dessen Kern Rainer Kirsch zwingend bestimmt hat).
Ich weise hier nur auf die Extreme des Nationalcharakters, von:

Es ist umsonst, Thuiskar, wir sind verloren!
zu:
Als bis das Raubnest ganz zerstört,
Und nichts, als eine schwarze Fahne,
Von seinem öden Trümmerhaufen weht!

Ich war noch Zeuge des umgekehrten Gemütsganges gewesen. – Ui, der blutige Clown, ist Hermanns Enkel.
Das parodistische Verfahren, das die Illusionen tötet, wirkt konsequent in die Substrukturen. Die Szenen IV/4–6 korrigieren Lessing, Emilia Galotti. Lessing seinerseits hatte den Titus Livius adaptiert gehabt:
Livius, III/44–48, berichtet den legendären Anlaß zum Sturz der Decemvirn. Einer der Gewalthaber, der Zehnmann Appius Claudius, „wollte ein Mädchen, eine Plebejerin, in die er verliebt war, schänden. Des Mädchens Vater, Lucius Virginius, war Centurio bei der Armee". Appius suchte die Tochter, Virginia, „durch Geschenke und Versprechungen zu gewinnen, fand aber alle Zugänge durch des Mägdchens Keuschheit versperrt, und entwarf daher einen grausamen und gewaltthätigen Plan": er beauftragte einen Klienten, die Abstammung der Jungfrau juristisch anzufechten, sie als seine Sklavin zu reklamieren, in Besitz zu nehmen und der decemviralischen Brunst preiszugeben. Appius, der Richter in eigener Sache, sprach, gegen alle Widerstände, das vorgefertigte Urteil und beruhigte das Volk mittels Polizei-Einsatzes. Der Vater bat um eine letzte Unterredung; er führte die Virginia beiseite, wo neben dem Tempel der Venus cloacina das Fleisch verkauft wurde,

„entriß daselbst einem Fleischer sein Messer, wandte sich zu seiner Tochter mit den Worten: dies, mein Kind, ist das einzige Mittel, deine Freiheit zu retten! – stieß ihr solches in die Brust und sagte mit auf das Tribunal gerichtetem Blick: Dies Blut, Appius, müsse auf dich und deinen Kopf kommen."

Lessings Plan einer bürgerlichen Virginia geht auf das Jahr 57 zurück; das Stück wurde 71/72 in Wolfenbüttel vollendet. Es stellt die bornierte bürgerliche Tugend gegen die schrankenlose fürstliche Willkür; Rechtlichkeit und Genußkraft sind sozial asymmetrisch gruppiert. Emilia flattert zwischen den Fronten, da sie, dank ihrer Erziehung, die eigne sinnliche Natur fürchtet. Virginia und Emilia können noch eben für Subjekte gelten, Kleists Hally ist ganz und gar Objekt: stumm betritt sie die Bühne, wahrscheinlich steht sie unter Drogen, mit einem kurzen Laut fällt sie über den Haufen. War sie denn genotzüchtigt worden? ist sie überhaupt Theutholds, des Schmidts der Waffen, Tochter? Letzteres wohl doch: sonst wäre der Effekt des cheruskischen Staatsterrorismus gefährdet gewesen. Die Moral ist die Maske der Politik, hinter edler rebellischer Wallung grinst die manipulatorische Intrige. Empörung! Rache! Freiheit! brüllen die Germaner. Wo Harlekin sein Wesen treibt, stürzen die Fassaden. Das ist sein Amt.

Die Umkehrung der Verhältnisse regiert folgerecht das Detail:

… Der eigne Vater hat, mit Dolchen,
Die eignen Vettern, sie in Staub geworfen!

Kleist steigert vom Vater zu den Vettern, wie wenn Cousinenmord, weil rarer, empörender wäre denn Kindesmord. – Der Regisseur/Dramaturg, der die inflationierten Anrufungen aller Götter aller Zeiten von aller Personen Lippen streicht, oder reduziert, oder sonstwie beeinträchtigt, verfehlt Kern und Grund des Stückes. Es ist ein währendes Fluchen und Schwören, ein Verkackeiern des dritten Gebots: Du sollst den Namen des Herrn, deines Gottes, nicht unnütz im Munde führen! – Sakrileg, Blasphemie, Geheimnisverrat, Entblößung des Unaussprechlichen, Profanierung der Mächte (: Kenntnis des Namens ist ja Herr-

schaft über das Ding). Harlekin, der älter ist als die Olympier, höhnt die Generationen seiner Überwinder; sein Fuß infiziert die Bretter, wer sie betritt, muß mittun, zwanghaft, konvulsivisch, St. Veit. Thuschen schilt Hermann: Du Affe! und plaudert so sein wahres Wesen aus.
Aber der Ehekrieg veralbert auch den Wechselmord des Hohen Paars Achill/Penthesilea. Die Gattin wirft, V/15–18, den Hausfreund der Bestie vor. Eine beleidigte Mutti, scheint es, haut über die Schnur, sobald die politische Konstellation ihr Straffreiheit sichert. Aus diesem Blickpunkt stellen die Szenen den Untergrund bürgerlichen Anstands dar. Indes, der vornehme Römer wird den Bräuchen seiner Gesellschaft ausgesetzt. Er, der den Tribünenplatz gewöhnt ist, findet sich in der heimatlichen Arena wieder, unten drin. Die große Blonde aus dem Busch verkehrt die römische Hierarchie. – Die Spiele, Element großmächtiger Staatskunst, domestizieren, d. h. erinnern, dionysische Ausbrüche: „Schon entriß die Mutter das Haupt dem eigenen Sohne / Stieß dabei ein Gebrüll aus, so laut wie die Mutter des Löwen / Ino trat in den Unterleib ihm und zerrte die ganze / Schulter heraus samt dem Blatte, und Antonoe desgleichen / Andere Frauen rissen den restlichen Körper in Stücke“ (Theokrit XXVI, deutsch von Ebener). Agaue erlegt ihren Sohn Pentheus: das ist schon Rückzugsgefecht, Reminiszenz an die Schlachtung des Heiligen Königs, des Mannes, der, in matriarchalischer Zeit, der Clan-Mutter jeweils für ein Jahr, oder ein halbes, gesellt gewesen war; der Leib wurde verzehrt, Genitalien und Kopf beigesetzt; sein Geist wurde Orakel-König, Botschafter des Clans im Jenseits; als Wilder Jäger, auch Harlekin, irritiert und perforiert er die dynastischen Religionen. Thusnelda opfert ihren Heiligen König, die Bärin zerreißt Ventidius. Wortstamm seines Namens ist das lat./franz. Wort für Bauch. Sie ist die Bärin, Cheruska gilt für einen Bären-Clan; „die Bärin von Cheruska“ erkennt der Junge, „Zeus, du, der Götter und der Menschen Vater / Sie schlägt die Klau’n in meine weiche Brust!“ Thuschen repliziert, nur scheinbar fragend: „Thusneld’? O was!“ Da sie „sinnberaubt“ in Ohnmacht fällt, fährt ihre Seele gänzlich ins Tier; die Vergötterte (: so Ventidius II/5) frißt nun den Geliebten. Wen frißt sie? wer ist ihr Agape-Objekt? Ventidius? oder Hermann? der ja rechtens

ihr König ist und zuvor sie zu dressieren versucht hatte. Hatte nicht etwa Hermann die Dressur unternommen, damit er dem Ende seines Vorgängers Ventidius entginge? War nicht auch Ventidii Lockenraub, obzwar mißglückter, Aufstand gewesen? (– Scheren ist Tötungs-Symbol.) Die mythische Sphäre kennt nicht den Vektor Zeit. – Ich höre sagen: Kleist habe das unmöglich wissen können. Der Einwand ist nichtig; Dichtung bewahrt das Gedächtnis der Gattung, Spezialwissenschaften formulieren fragmentarisch Begriffe, und ohne Blick auf Euripides, Theokrit und Ovid hätte um 1800 kein Mensch einen Vers gewagt.

Im Innern des Stücks verbirgt sich, scheint mir, eine Kleistsche Auto-Parodie ersten Ranges; die Hypothese ist nicht verifizierbar, ich teile sie mit:

1803 besuchte Kleist Wieland in Oßmannstedt; er führte das Guiskard-Faszikel bei sich. Der Alte wünschte, der Junge solle sein Biograph werden, ließ aber das Ansinnen rasch fallen. Die Begegnung ist undenkbar ohne intensive Erörterungen über Taten und Meinungen der Mit- und Vorwelt. Nun aber hatte Wieland, der den Aristipp-Roman förderte, vier Jahre zuvor, im 7. Buch des Agatho-Dämon, die Summe zweier Jahrtausende europäischer Geschichte gezogen und seine Ansicht über Wesen und Modalität des Geschichtsprozesses mit ungeheuerlichen Sätzen festgeschrieben.

Das Christentum gilt ihm nicht länger für Resultat des Priestertrugs (wie es noch der Peregrinus-Roman darstellt); der Stifter senkt die Lehre, mündlich, dem ungebildeten Volk ein, dessen Unzerstörbarkeit der Lehre Dauer sichert; Scheintod und Wiederbelebung verankern das Charisma gründlich; die „Genossen seines Reiches … lieben Gott über alles; aber sie können ihm ihre Liebe nur dadurch beweisen, daß sie ihn in seinen Kindern, ihren Brüdern, lieben“. Freilich fiel das Erbe des Gottesmannes unweigerlich den Meiern und Beamten in die Pfoten, wie wenn es unreinen Ursprungs gewesen wäre: scheußlich und schauerlich beherrscht die niederträchtige Institution Kinder und Kindeskinder – sie allerdings, die theokratische Hierarchie, sie allein war imstande, den eindringenden skythischen, gotischen und germanischen Horden, den nordischen Totschlägern, ein Gleichgewicht des Schreckens aufzuzwingen, unter dessen Schirm Europa das jüngste Jahrtausend überlebt hat; jede der Mächte allein hätte den Kontinent in die Nonexistenz gesengt und getrampelt. Wahrscheinlich werden künftig die Gewalten einander aufzehren; vom Löwen und vom Tiger werden einstens nur die fossilen Schwänze im Kraut liegen. Der Zeitpunkt, da dies geschehen sein wird, „gleicht vielleicht dem Mittelpunkt im unendlichen Zirkel des Hermes, und rückt immer weiter zurück, je mehr wir uns ihm nähern". Wieland wußte, was er gesehen hatte. Das 7. Buch war ihm „das Allerheiligste meiner eigenen Haus Philosophie" – „welche leider! nicht die Philosophie des Archytas im Agathon ist"; sechs Mal hat er das Geschichts-Modell umgearbeitet.

Das Gleichnis ist gotisch. Die Halb-Bögen stürzen aufeinander zu und halten so einander aufrecht. Kleist hatte an Frl. v. Zenge geschrieben: „Da ging ich, in mich gekehrt, durch das gewölbte Tor, sinnend zurück in die Stadt. Warum, dachte ich, sinkt wohl das Gewölbe nicht ein, da es doch keine Stütze hat? Es steht, antwortete ich, weil alle Steine auf einmal einstürzen wollen –" (16. 11. 00; aus Würzburg). Kleists Gleichnis ist romanisch, und die Analogie beweist keine Abhängigkeit: wohl aber die Nähe der anscheinend polaren Männer. Beider Allerheiligstes hat eine gemeinsame Krypta. Wir dürfen fragen: ob nicht Wielands Summe den Guiskard erdrückt habe? Und wir argwöhnen, der Hermann sei auch der grotesk-komisch umgefickte Guiskard. Tragödisch war die Geschichte Europas nicht zu fassen. Als Clown-Spiel ließ sie sich endigen. Hermanns Schlacht errichtet apart den Nord-Bogen, der also zum Sturz bestimmt ist: sofern nicht, im blinden Fleck, ja wessen Auges? ein künftiges Widerlager angemutet werden soll. Kleist ist bei Wieland dem Spötter.

Kleist: „Die Wahrheit ist, daß mir auf Erden nicht zu helfen war."

Wieland: „Mir ist nicht zu helfen."

Außer sich

Wir verstehen Stücke besser, wenn wir sie spielen, d. h. probieren: allerdings nur, sofern wir schauspielerische Beliebigkeiten nicht dulden. Die Probe ist experimentelle Poetik; wir erkennen Gehalte, weil wir konkrete Aufgaben für den Darsteller ausmitteln. Ich berichte Proben-Resultate aus der Hochschule für Schauspielkunst Ernst Busch, Berlin.

a)

Gretgen im Kerker; Ur-Faust. – Auf der Probenbühne stand zufällig ein scheußlicher Sprelacart-Tisch, knapp ein Kubikmeter zwischen den vier Pfählen. Ich hatte mir seit langem angewöhnt, die Gegenstände zu benutzen, die da sind: das Entrümpeln kostet ja Zeit. Der Raum unter der Platte war der Kerker. Frl. G***, Gretgen, mußte dort sich einrichten und die Mauern erspielen, den Leib also zusammenziehen. Dann aber begann ihre Stimme zu säuseln, die Augen kreisten ziellos: kurz, die Studentin suchte Einfühlung in eine Situation, die sie weder erfahren noch beobachtet hatte. Auch sägte sie mit den Armen durch die Luft und durchstieß dauernd die vereinbarten Wände. In einer Pause jedoch, da sie sich unbeachtet, d. h. außerhalb des Spiels, glaubte (– wir tummelten den Faust-Darsteller –), ruhte sie in vollkommener Fötus-Haltung: die Extremitäten gefaltet, ohne jede Nackenspannung. War das Zufall? oder arbeitete das Unterbewußtsein an der Rolle? Gretgen hatte ihr Neugeborenes ertränkt; nichts ist logischer, als daß sie nun Baby spielt, ja ihr Kind selbst zu sein wähnt.
Dies bedurfte nur noch der Explikation. Die Darstellerin, während Faust heranrückt, windelt sich (wobei wir konsequent jeden exhibitionistischen Ausdruck hinderten); dann lutscht sie am großen Zeh. Ihr Liedlein, das geknittelte Madrigal, war nun klar definiert: als Baby-Talk. So was kann man beobachten und nachahmen; derlei Verse improvisieren die Dreijährigen, wenn die Krippentante auf den Ohren sitzt. Ohne Aufwand konnten wir jetzt die infantil-grausamen Assoziationen zur Deutlichkeit bringen: *gessen* bedeutet gegessen wie vergessen; *Waldvögelein:* Vögeleien im

Walde (– das entsprechende Verb war Goethe selbstverständlich geläufig). – Gretgens Außer-sich-Sein, d. h. ihr Sein in bestimmter anderer Existenz, endet mit Fausti Auftritt. Sofort ist sie bei sich, im Elend. –
Wir gingen vom Kerker zurück in den Zwinger. Den pastoralen Ton hatte Goethe als einen Hauptfeind deutscher Verssprechkunst beschimpft –: und was höre ich von den Brettern? es treibt mich in die Kneipe. – Wir analysierten das Gebet, und es zeigten sich deutlich voneinander gehobene Schichten. Gretgen wendet sich an die Mater dolorosa, die katholische Instanz. Die Eingangsverse, 1278... 1286, sind kirchlicher Standart-Text, rituelle Norm. Aber Goethe schrieb in pietistischer Sphäre; die Pietisten übten das freie Gebet. 1287...1292 folgen diesem Brauch. Gretgen verkehrt unvermittelt mit der Gottheit. 1299...1306 sind Volkslied-Strophen; ich denke: Fragment eines, fiktiven, Graslieds. In den Versen 1293...1298 geht der freie Notruf unmerklich, Trost täuschend, auf die objektive Form über. Die Coda 1307...1310 ruft das eisige Ritual zurück. Keine Gnade steht zu erwarten, nur Gerechtigkeit, und wie sieht die aus. – Die Bruchzonen also bestimmen die Szene; der Rhythmus Ritual/freies Gebet/Lied/potenziertes Ritual definiert die schauspielerische Aufgabe. – Brecht hatte seinerzeit den Akzent *Du Schmérzenreiche* erkämpft; ihm war das pastorale Klischee *Du Schmerzenréiche* hartnäckig angeboten worden. Zwischen beiden starken Silben sollte vollkommene Balance herrschen, bei sorgfältigster Aussprache der schwachen. – *Ich wein, ich wein, ich weine:* ist Vorwurf.

b)

Großer Vorhof des Palastes. Vor vielen Jahren wollte ein älterer Student, ein *bemooster Herr*, an dessen Begabung ich nicht recht glaubte, tatsächlich die (wie er sagte:) Vision des greisen Faust probieren. Ich ließ mich, seufzenden Herzens, auf das Abenteuer ein, wahrscheinlich nur, damit dem Vorurteil, Fausts letzte Worte seien ein Monolog, ein Mal entgegengetreten werde.
Der sterbende Patriarch hat zu prophezeien: Goethe nimmt den fortwirkenden spätarchaischen Standard auf. Die Be-

dingungen sind geschaffen: Faust ist erblindet, d. h. der Real-Welt nicht mehr ansichtig (: der Tiresias-Zustand): er, *aus dem Palaste tretend, tastet an den Türpfosten,* wo die geisterbannenden Fetische (z. B. die Thora-Rolle) angebracht zu sein pflegten. Aber er ist kindlos. Gretchens Mädchen ertränkt, Helenas Lümmel totgestürzt. Gerhard Scholz hat scharfsinnig deduziert, die Lemuren seien die Faust-Familie. Die Hypothese bedarf der Gegenrechnung.

Was sieht der Blinde?

Der berühmte Vers 11580 ist wirklich der Schlüssel. Goethe hat ihn drei (oder vier?) Mal geändert, die Kontext-Wandlungen ungeachtet.

Ursprünglich war geschrieben (Hs. Goethe):

Auf eigenem Grund und Boden stehn.

Faust provoziert auf den Eigentums-Titel; er will sein: Eigentümer. Welches Eigentum aber ist gedacht? Er besitzt ja ein Lehen, d. h. feudales Untereigentum, welches durch Pflichten gegen den Lehen-Geber, den Obereigentümer, den Kaiser, gebunden, beschränkt ist. Jedoch das Neuland betreffend, ist der juristische Verhalt zweifelhaft. Gilt das Lehnrecht auf dem angeschwemmten eingedeichten Boden? der im Lehn-Vertrag nicht hat inbegriffen sein können. Goethes erste Änderung läßt Faust dies leugnen.

Hs. Goethe:

Auf wahrhaft eigenem Grund und Boden stehn.

Faust unterscheidet zwischen Eigentum und wahrhaftem Eigentum. Ich unterstelle zunächst (es wird sich beweisen): wahrhaftes Eigentum meine unbeschränktes. Weder der feudale Ober- noch der feudale Untereigentümer besaß die volle Verfügungsgewalt: sie war durch die Rechte des jeweiligen Sozialpartners (– hier, und nur hier, ist das Wort am Platze –) begrenzt. Nun aber war die Verwandlung feudalen Eigentums an Grund und Boden zu bürgerlichem in Frankreich seit 89, in Preußen seit 07 auch juristisch angegriffen worden. Nach bürgerlichem Recht ist Land eine Ware wie jede andere, und selbstverständlich deklarierte die neue Klasse ihre Verkehrsformen als die wahrhaftigen. Wenn wir Goethe nicht zutrauen wollen, er habe einen poetischen Anfängerfehler begangen (ein zufälliges Wort eingeflickt): so bezeichnet die attributive Formel das bürgerliche Eigentum an Grund und Boden, für welches Faust votiert. Die Modalitäten der Umwandlung (Ablösung) bestimmten die deutschen Klassenkämpfe Adel/Bauer/Bürger bis weit in die sechziger Jahre hinein; um das Jahr 30 schoben die sächsischen Reformen nach. – Das Faksimile der Hs. zeigt, daß Goethe das *e* in *eigenem* nicht gestrichen hat; die leichte metrische Lizenz spielt mit der Verwandtschaft zwischen Jambus und Knittel; die Deformation des Ideal-Rasters stärkt, klar ausgesprochen, das Wort.

Die nächste Version lautet (Hs. John):

Auf wahrhaft freyem Grund und Boden stehn.

Statt *eigen* sagt Faust *frey*. Mit der Vokabel bezeichnet der Bürger die Sache Eigentum. Die Änderungen können nun gelesen werden als, höchst amüsante, Abbreviatur der Entwicklung bürgerlichen Selbstbewußtseins. Die jeweils folgende Formulierung begreift die früheren ein: die verworfenen Varianten werden Untertext. Es geht um das Eigentum; bürgerliches Eigentum wird moralisch qualifiziert: es ist *wahrhaft;* moralisch qualifiziertes Eigentum und Freiheit sind synonym, und:

diese Freiheit wiederum ist wahrhaft, d. h. mit dem Absoluten identisch, final. Vom Citoyen zum Bourgeois. Jedoch ist die Ideologie noch nicht objektiviert, zudem läßt die fette Formel *wahrhaft frey* bewußte Fremdtäuschung, vulgo Lüge, argwöhnen, die zur Faust-Figur nicht stimmt.

Der überlieferte Text gibt keine Auskunft, ob die beiden abschließenden Änderungen (Korrektur Hs. Goethe in Hs. John) auf einen Ritt gemacht sind. Technisch denkbar wäre durchaus:

Auf wahrhaft freyem Grund mit freyem Volke stehn.

Der einsame Alexandriner im Knittel stünde zwar fremd, zeichnete aber die exponierte Stelle metrisch aus. Dieses Kunstmittel war Goethe, von Brockes und Wieland, vertraut; Akt IV endet alexandrinisch. Allerdings charakterisierte das Metrum dort höfisch-restaurative Strebungen, während hier die Gegenkraft rumort. Analoge Versgestalt hätte die Gehalte der Analogie verdächtigt, dies mußte ausgeschlossen werden. Ich denke, die Zufügung *mit freyem Volke* war primär und zog den Strich durch *wahrhaft* nach. Denn: Was ist *freyer Grund*?

Logisch möglich wäre: herrenloses, unbebautes, unproduktives Land. Die Lesart scheidet aus wegen 10216 … 10219.

Da herrschet Well auf Welle kraftbegeistet / Zieht sich zurück und es ist nichts geleistet, / Was zur Verzweiflung mich beängstigen könnte! / Zwecklose Kraft unbändiger Elemente! Es waltet die Feindschaft des Unternehmers gegen Naturkräfte, die (so Günther Anders) unverwertet herumfläzen. Alternativ bleibt die historische Bestimmtheit. *Freyer Grund* ist frei von etwas: von den feudalen Abgaben und Lasten. Oder sollen wir Goethe unterstellen, er habe nach Jahrzehnte währender Konsequenz das anschauende Denken plötzlich fallenlassen und sozialdemokratisch (nach Art des *freien Volksstaats*) geredet?
Komplementär zum Real-Gehalt der Formel *freyer Grund* ist auch das Volk *frey* von etwas. Es ist juristisch frei und frei vom Boden. Das preußische Bauernlegen war im Gange, und wohin das führen würde, hatte Goethe an den englischen Verhältnissen studieren können. Der Witz ist: die Zustände, die Faust zu antizipieren wähnt, grassieren um ihn herum, auf der Bühne, wo er, blind tappend, fußt. Die Lemuren sind das *freye Volk*, doppelt frei, *Arbeiter* (11552; auch diese Passage war in der Hs. Goethe, welche die beiden frühesten Varianten von 11580 bewahrt, noch nicht enthalten gewesen). Faust weist, 11553f., Mephisto an: *Ermuntere durch Genuß und Strenge, / Bezahle, locke, presse bei.* Die Weisung unterstellt deutschen Gang: disponible Arbeitskräfte fehlten, die preußischen Reformen setzten sie schleichend frei. Das optische Geschehen hingegen zeigt die Proleten der englischen ursprünglichen Akkumulation. Die Bauern waren vom Land vertrieben, bevor Manufaktur und Industrie sie einzusaugen vermochten, für sie gab es keinen Ort, nirgends, und der Sheriff löste das demographische Problem, indem er sie hängte, an die Bäume neben den Landstraßen, über die sie fluteten. Die widersprüchlich akustisch-optische Fügung versammelt Arrière- und Avantgarde kapitalistischen Progresses. – Dieter Schlenstedt hält für möglich, daß Goethe das Bauernlegen der Duchess of Sutherland 1818 bis 1820, über welches Marx (Kapital I/VII, 24) berichtet, aus gleicher Quelle gekannt habe. Das *freye Volk* ward aufs Watt gedrängt, von der Erde gescheucht, von der See gespien, *aus Bändern, Sehnen und Gebein / Geflickte Halbnaturen.* So hatten die Spät-Mittel-Alten, anatomisch korrekt, den allgemeinen Leveller gebildet, den Tod.

Diese Proleten sind Fausti Totengräber.
Das Attribut *wahrhaft* war nun reif für den Strich. Die definierte Realität scheidet das moralische Rudiment aus. Fausti Blindheit ist nicht seherisch, sondern historisch, und die historische Blindheit Goethes Gegenstand. *Auf freyem Grund mit freyem Volke stehn:* der vielgepriesene Vers, dessen poetische Genesis sein soziologischer Klartext ist, zeichnet die Scheuklappen des Protagonisten. Ein streng gedrungenes System unverhüllter Schlüsselworte und Verweise referiert Zeitgeschichte:
11564: *Nicht sicher zwar, doch tätig-frei.* Heraus aus dem *faulen Sumpf* feudaler Geborgenheit und kameraler Gewerbeförderung! hinein in die Konkurrenz! –
11565ff.: ... *Mensch und Herde / Sogleich behaglich auf der neusten Erde, / Gleich angesiedelt an des Hügels Kraft, / Den aufgewälzt kühn-emsige Völkerschaft.* Die zur Regestenform degradierte Seismos-Szene aus Akt II, 7519ff.; Hügel statt Gebirge. *Zwerg und Zwergin, rasch zum Fleiße, / Musterhaft ein jedes Paar:* heißt es dort. Am zitierten Orte verschmelzen perspektivische Fluchtlinien und soziale Verzwergung; die Gestalten schwinden. Hat das getäuschte Augen nicht etwa, vermöge der Täuschung, das Urphänomen erfaßt? – Goethe wagt kein Urteil. – Das kostbare Doppel-Attribut *kühn-emsig* chiffriert die walpurgisnächtlich explizierte Pygmäen-Ameisen-Gesellschaft (: von der Faust nicht weiß. Er war am *obern Peneios* nicht zugegen gewesen.) *Wir schaffen's Eisen, / Sie schmieden Ketten. / Uns loszureißen, / Ist noch nicht zeitig, / Drum seid geschmeidig:* singen Emsen und Däumlinge einander zu. England läßt grüßen; die *Kraniche des Ibykus* fluchen.
11569: *Im Innern hier ein paradiesisch Land.* Der nationale Markt, das bürgerliche Paradies.
11570–72: *Da rase draußen Flut auf bis zum Rand, / Und wie sie nascht gewaltsam einzuschießen, / Gemeindrang eilt die Lücke zu verschließen.* Die deutsche Bourgeoisie hegte, was die Zölle anlangt, in den zwanziger Jahren subtile Extrawünsche. Weder Protektionismus noch Freihandel waren ihr genehm. Auch die Umstände in den Teilstaaten differenzierten die Ansprüche. Österreich hielt zähe am Protektionssystem fest; unterentwickelte Gewerbe, nationale Klüfte und der auf sich selbst bedachte unbehilfliche Staatsapparat ließen keine Wende zu. Die preußischen Reform-Männer hatten

07 den Freihandel favorisiert, damit aber vor allem es den ostpreußischen Junkern recht gemacht, die ihr Korn exportierten, Ausfuhrzölle also mißbilligten und Revanchezölle auswärtiger Staaten fürchteten. Freilich überlagerten Napoleons Kriege und Kontinentalsperre den Effekt der Außenwirtschafts-Reform. Das preußische Zollgesetz von 1818 verfügte Gewichtszölle; die Wirkung streute und verbreitete bei allen Interessenten Unbehagen. 1819, auf der Frankfurter Messe, stellte Friedrich List sein Optimal-Programm deutsch-bürgerlicher Wirtschaftspolitik vor. In der Textilindustrie drückte die französische und englische Konkurrenz beklemmend, im Maschinenbau die englische, wie es schien, nihilierend. *Die Flut* fremder Fertigwaren *raste bis auf zum Rand / Und wie sie nascht gewaltsam einzuschießen!* Gegen sie hatte List den *Gemeindrang* beschworen, d. h. einen Fabrikanten-Verein (nach heutigem Wortbrauch: Unternehmerverband) gegründet, und, *die Lücke zu verschließen,* angemessene gezielte Schutzzölle gefordert. Goethe muß der Debatte kundig gewesen sein; als 1820 Sachsen-Weimar die Punktation eines mittelstaatlichen Zollvereins unterzeichnete, war er gewiß, wenn nicht zu Rate gezogen, so doch informiert worden.
11573–78: greifen 11564 auf und bejubeln das Risiko.
11579: sähe er nur!
Daß Naturereignisse für soziale Phänomene metaphorisch einstehen, war zu Beginn des Jahrhunderts (ich denke: bis Büchner) noch nicht poetisch suspekt geworden. Ich vermute, Zensur und Demagogenriecherei haben die späte Blüte des Verfahrens gelockt und gereift; man vergleiche des großen Wilhelm Müller *Winterreise.* Umgekehrt, es bedienten auch Journalisten, Pasquillanten und Analytiker (bis zu Hegel und Marx hinauf) sich poetischer Denkart incl. der metaphorischen Begriffsbildung. – Ich muß nicht nachweisen, wie stark und stetig zeitgeschichtliche Zuströme Goethes Werk speisen. Aus den beiden Faksimile-Seiten, die vor mir liegen, kann ich nicht rekonstruieren, wie die gesamte Szene *Großer Vorhof des Palasts* nach und nach durchgewalkt worden ist; wiederholte tiefe Eingriffe sind erkennbar. Eine Mikro-Operation bezeugt lupenreines Arbeiten: 11556 lautete ursprünglich (Hs. Goethe): *Wie sich verlängt der ungeheure Graben.* Der Druck fixiert dann: *Wie sich verlängt der unternommene Graben.* In den zwanziger Jahren

kippten Verb/Substantiv *unternehmen/Unternehmer;* statt generell zielgerichtetes Tun bezeichneten sie erstmals die spezifisch kapitalistische Aktivität. Die Wörter besetzten den Platz, den sie im heutigen Bourgeoisie-Jargon innehaben. Kapitalist wollte keiner heißen, so hieß der Spekulant, gelegentlich noch der träge Geldsack. – Der Austausch der Attribute wäre beiläufig, wenn *ungeheuer* leer klapperte. Das Wort ist aber poetisch stark, sofern wir es wörtlich auffassen und nicht als Synonym für *mächtig gewaltig* unverstehen. Würde die erste Fassung gespielt: spitzer Schauer überliefe Faust, wie wenn verdeckter Blick seinen Rücken träfe. Wieder bleibt die frühe Version Untertext der letzten Hand. Der *unternommene* (mit metrisch signifikantem *e*!) *Graben* ist *ungeheuer.* Das Bürokraten-Deutsch mißbildet ihn.
Summe. Disponible Arbeitskräfte, freie Konkurrenz auf nationalem Markt, Schutzzölle gegen Albion: und die Welt wäre zu sich gekommen. *Das Höchsterrungene.* Die drei Wünsche wünscht er frei, der deutsche Bourgeois. Fausti sklerotisches Hirn identifiziert partikularen Zweck und Gattungs-Perspektive. Sein zahnloser Mund brabbelt die Ideologie jenes Tags und jener Stunde, während derer Goethe das falsche Bewußtsein metrisch verknappt protokolliert hat. – Sogleich qualifiziert Mephistopheles den verklärten Pragmatismus als *letzten, schlechten, leeren Augenblick.* Goethe hat hier (treue Text-Überlieferung unterstellt) gegen seine Gewohnheit Kommata gesetzt: das Stakkato gibt dem Urteil Nachdruck. (Schwalbt vielleicht seine Linke, 11587 … 90, dem Hegelschen System en passant eine Verkehrte? – ich traue es ihm zu.) Die autoritative Prognose der nähern Zukunft, des angebrochenen Jahrhunderts, war am *obern Peneios* vorgespielt worden. Jetzt, gegen Stückende, höhnen die Lemuren, *mit neckischen Gebärden grabend.* Ihr Spottchor lockt Faust aus seinem Palast: und ist Herz und Mitte ihrer dreisätzigen Kantate. Mephisto schmettert die Intrada, fahler Gesang antwortet. *Es gilt wohl gar ein weites Land, / Das sollen wir bekommen.* Welches? *Pfahl und Kette,* die Werkzeuge des Landmessers, sind auch Henkerswerkzeug. Teil 2, das Tanzlied, hat Goethe von Shakespeares Totengräber genommen, Hamlet V/1. Das einmontierte Zitat weist zum originalen Kontext, der wiederum das Bruchstück eines noch ältern bösen Liedleins umschließt, dieses also erinnert.

Erster Totengräber: ... Es gibt keine so alten Edelleute als Gärtner, Grabenmacher und Totengräber: Sie pflanzen Adams Profession fort.
Zweiter Totengräber: War der ein Edelmann?
Erster Totengräber: Er war der erste, der je armiert war.
Zweiter Totengräber: Ei, was wollt er?
Erster Totengräber: Was? bist du ein Heide? Wie legst du die Schrift aus? Die Schrift sagt: Adam grub. Konnte er ohne Arme graben?

Die Lemuren singen, was Faust, wäre er Tiresias, zu künden hätte: das *comoedia finita est* der steigenden Ära. Er tritt grotesk-komisch ab, und ihr schlotterndes Metrum fixiert, fast notenschriftlich exakt, höhnischste Sprachmelodie. *Es hat das tückische Alter mich / Mit seiner Krücke getroffen: Frau Noth* zieht der Rivalin, *Frau Sorge,* auf der Rentnerdisko die Gehhilfe über die Kniescheibe. Der alte Haß atmet aus den Kellern der Jahrtausende: als grimmer Humor. Ist vielleicht der Slogan *doppelt freier Lohnarbeiter* ein Werktätigen-Witz? Wir sind jetzt frei! ruft der Sohn; ja, murmelt der Vater, von unserm schönen Acker. Derlei *aperçus* erreichen uns ja nur, wenn Shakespeare oder Goethe oder Marx sie sich aneignen.

Teil 3, die Grablegung, klaftert die Gattungs-Geschichte. Das Päckchen Verse hat die Maße des Grablochs, und es herbergt die Welt. Die antiphone Struktur provoziert Liturgie und Chor der Tragiker, der Strophenbau die englische Ballade, das Sujet den barocken Würmer-Kult; die Geschäfts-Vokabel *Gläubiger* beruft den Bankrott des Äons, das gegründet ist auf die Lemurischen Knochen. Die Schuld wird eingetrieben werden. Der Alte in seiner Höhle, dem Hinterzimmer am Frauenplan, *denkt Kinder und Enkel / Und schüttelt das Haupt.*

Die Kunst-Erfahrung: daß Außer-sich-Sein klar darstellbar ist, wenn es als bestimmtes Außer-sich-Sein begriffen wird, prüften wir an:

c)

Lear auf der Heide (III/2). Der König war auch der Oberbefehlshaber gewesen, aber seine Gefolgschaft ist aufgelöst. Weil die Truppe weg ist, kommandiert er das Mistwetter.

Der Darsteller muß weder mit den Füßen trampeln noch die Augäpfel rollen noch die Haare raufen und um sich blä-ken und die Zähne knirschen. Er steht vor der Wetterfront und erteilt gemessene Befehle:

Blast, Wind', und sprengt die Backen! Wütet! Blast!
Ihr Katarakt' und Wolkenbrüche, speit
Bis ihr die Türm' ersäuft, die Hähn' erträńkt!
Ihr schweflichten, gedankenschnellen Blitze
Vortrab dem Donnerkeil, der Eichen spaltet
Versengt mein weißes Haupt! Du Donner schmetternd
Schlag flach das mächtge Rund der Welt; zerbrich
Die Formen der Natur, vernicht' auf eins
Den Schöpfungskeim des undankbaren Menschen!

Ohne allerhöchste Ordre geschieht nichts. Lears Dachscha-den ist standesgemäß.

Der Freischütz und die Bauern

Die Freischütz-Aufführung der Deutschen Staatsoper Berlin (1970, Regie: Berghaus) hat Diskussionen über Opernregie ausgelöst, welche zugleich den Charakter der deutschen Romantik betreffen. Die deutsche Romantik ist von marxistischen Gelehrten kaum untersucht: sie gilt, unausgesprochen, als Periode geringerer Kunstleistung und größerer Künstlichkeit denn die klassische Kunstperiode; Heines Wort wird verstanden, wie wenn Heine das Ende der Kunst 1832 erblickt hätte, und assoziiert mit Goethes Invektiven gegen die neudeutsch-religiös-patriotischen Verübungen. – Webers Oper sei ein Gipfelwerk besagter Periode, mit deren Stigmata bemakelt, und für die Langlebigkeit des Werkes werden drei Gründe angegeben: 1) die musikhistorische Stellung des Komponisten zwischen Beethoven und Wagner, 2) die Volkstümlichkeit des Sujets, 3) die reine Erfüllung der Gattung. Unsere Studie untersucht das Sujet und fragt, wo besagte Volkstümlichkeit entspringe.

Der Regisseur 1970 muß sowohl 1821 (das Jahr der Uraufführung) und 1650 (den Zeitpunkt der fiktiven Handlung) ins Kalkül ziehen, dazu die Vorstellungen, die 1821 und 1650 hegte, gelten lassen, ohne sie zu teilen. Dieses ästhetische Dreikörperproblem erhebt sich für jedes ältere Werk historischen Inhalts aufs neue; es muß jeweils konkret erforscht werden. – Ich glaube, daß die romantischen Dichter erster Hand, wenn sie Herz/Schmerz reimten, tatsächlich psychosomatischen Herzschaden litten; die These ist aus Briefen und Selbstzeugnissen zu verifizieren. Die romantischen Schulschüler nahmen das Cliché, und durchaus unempfindende Leute tummelten sich gedankenlos im Spital. Der Gedichtsprecher, der Heine exekutiert, erkennt den inkriminierten Reim als sogenannten Mangel des Meisterwerks und kaschiert ihn, indem er ihn wegmurmelt. Er tötet das Charakteristische und wähnt, er trüge Gips ab und zerschlisse den Plüsch. Die Mängel des Meisterwerks sind die Narben seiner Verdienste, sagt Herder. – Bezüglich des Freischützen erklärt man, die Oper handele vom Kampf Gut gegen Böse, dieser inaugurierte Kampf sei ein entfernter Reflex wirklicher sozialer Kämpfe, und der

Mangel an Konkretem sei zeitbedingt, eben romantisch: wo ist der Unterschied Max/Kaspar und Ormuzd/Ahriman?

Im Mittelpunkt der Oper steht eine konkrete soziale, ja unmittelbar ökonomische Frage; das der Komposition zugängliche Innenleben aller Akteure ist durchgängig determiniert aus diesem einen Punkt. Wer ist der Erbförster Kuno?

„Der Ureltervater ... war fürstlicher Leibschütz", d. h. besitzloser Diener, er gehörte zum Hofgesinde. Es spielt für seine soziale Stellung keine Rolle, daß er nicht ackerte, sondern jagte. Nun folgt im Text das Beispiel feudaler Gerichtsherrschaft und Rechtspflege: der auf den Hirsch geschmiedete Waldfrevler. Ein Waldfrevler war ein Mensch, der wildernd oder holzschlagend das Prärogativ eines Feudalherrn verletzt hatte oder auf bäuerlichem Gemeineigentum, gegen feudale Anmaßung, individuell beharrte. Man vergleiche Marxens Aufsatz über das Holzdiebstahlgesetz vom Oktober 1842; Marx weist nach, daß ein Gesetz von 1842 brutaler gegen bäuerliche, aus der Dorfgemeinschaft rührende Gewohnheitsrechte einschreitet als die Constitutio criminalis carolinga, die berüchtigte hochnotpeinliche Halsgerichtsordnung Karls V.; er beschreibt, wie 1842 Waldherr, Richter und Büttel in eine Person fallen; was 42 akut, war 21 aktuell. –

Kuno spricht diesen Teil seines Berichts „mit Bedeutung" und „warnend zu den Bauern". Indes, er ist in keiner prinzipiell anderen Lage als sie. Der Fürst „versprach demjenigen, welcher den Hirsch erlege ohne den Missetäter zu verwunden, eine Erbförsterei und zur Wohnung das nahegelegene Waldschlößchen". Der Urgroßvater erhält den ausgeworfenen Preis. Das Waldschlößchen wird ihm nicht übereignet: es wird ihm zur Wohnung angewiesen; lediglich der Nießbrauch fällt an ihn. Ein Stück Wald, es zu bewirtschaften, wird Kuno d. Ä. übergeben, und zwar erblich, aber offenkundig bedingt; der Fürst jagt, wo Kuno sitzt: er hat das Recht sich vorbehalten. Die Bedingungen sind genau die, unter denen Bauern auf erledigte Stellen angesetzt wurden oder unter denen ein ehemals freier Bauer das Obereigentum eines Herrn anerkannte und sich in feudale Abhängigkeit begab. Der Vorfahr des Fürsten hatte dem Vorfahren des Försters für eine besondere Lei-

stung feudales Untereigentum angewiesen: nominell erbliches Untereigentum; allerdings schränkte er, mit ideologischer Begründung: Kuno d. Ä. habe eine Freikugel verwandt, das Erbrecht ein und knüpfte es an eine weitere Bedingung. Er diktierte „den Zusatz, daß jeder von Kunos Nachfolgern zuvor einen Probeschuß ablege, schwer oder leicht, wie es der regierende Fürst oder sein Abgeordneter anzubefehlen geruht". Weil der Fürst die Schwierigkeit der Aufgabe jeweils neu bestimmen, also das Scheitern des Kandidaten nach Bedürfnis verfügen kann, erlangte Kuno d. Ä. faktisch schlechtes, d. h. nichterbliches Besitzrecht, das bei jedem Generationswechsel aufgehoben werden konnte. Hätte Kuno d. J. einen männlichen Leibeserben, wäre seine Lage noch kritischer. Der Herr Fürst will „Sohnesrecht auf den Eidam übertragen"; ein Sohn Kunos hätte, schösse er fehl, die Familie ein für allemal des Besitzes entledigt; die Tochter kann die Probeschüsse mehrerer Freier abwarten. Freilich ist die Übertragung des Sohnesrechts auf den potentiellen Schwiegersohn ein Willens-, d. h. Gnadenakt des Feudalherrn; zusätzlicher Ermessensspielraum ist durch die vertraglich geforderte Jungfräulichkeit der Braut (Schwiegertochter oder Tochter) geschaffen: obwohl die Klausel zunächst doch hatte das ideologie-immanente Bedürfnis nach biologischer Tradierung sichern sollen.
Das schlechte, nichterbliche Besitzrecht war eine der juristischen Handhaben für das Bauernlegen im späten XVIII. und frühen XIX. Jahrhundert, die Unterscheidung zwischen gutem (erblichem) und schlechtem Rechtstitel einer der Kernpunkte der (preußischen) Deklaration zum Regulierungsedikt (1816), welche die durch das Regulierungsedikt 1811 zögernd in Gang gekommene Umwandlung feudalen Eigentums an Grund und Boden in bürgerliches, damit die Beseitigung der feudalen Lasten und Abgaben, gesetzlich sabotierte und das Bauernlegen anheizte. Das Publikum der Uraufführung wußte, was es auf der Bühne sah: einen Vorgang höchster gesellschaftlicher Sprengkraft. Erst in den sechziger Jahren, nach der 48er Revolution, war die Agrarfrage erledigt, und zwar zuungunsten der Bauern. Freischütz war bis zur Reichsgründung eine Gegenwartsoper. –
Kind hat die Fabel nicht verlegt in eine Geschichte, die

zum Gleichnis herhalten muß, sondern sie angesiedelt in historischer Periode, in der sie gleichermaßen hätte spielen können; die Rückverlängerung zeigt die Überständigkeit der Grundfrage; sie suggeriert eine Geschichtsauffassung, die nichts Neues unter der Sonne erkennen läßt: sie gestattet antifeudale Aggression und geschichts-philosophische Resignation. Die Grundfrage lautet: Wird der Bauer gelegt? oder erlangt er volles bürgerliches Eigentum? (preußischer oder amerikanischer Weg der Entwicklung des Kapitalismus in der Landwirtschaft). – Auf dieser Basis wächst das individuelle Problem der dramatischen Personen, welches das Problem der deutschen Romantik überhaupt ist. Es geht um folgendes: Der langandauernde Druck sozialer Ambivalenz, verstärkt durch politische Restauration nach den antinapoleonischen Kriegen, macht individuellen Zwiespalt, quantitativ und qualitativ, zum sozialen Phänomen und öffnet ihn der Reflexion. Der Protagonist Max erliegt der hohen psychischen Last; die soziale Indikation seines Versagens weist ihn an den späten Selbsthelfer Kaspar, seine Verzweiflung schäumt über in verzweifelte Opposition um persönlicher Zwecke willen. Er allein, seine Potenz, muß sich gegen die Übermacht des restaurativen Systems behaupten, die Übermacht zerstört seine Potenz: in diesem Zusammenhang ist auch tiefenpsychologische Deutung des Probeschusses sinnvoll, d. h. historisch charakteristisch. Irmer weist von Webers, zumindest mittelbare, Kenntnis savignyscher Lehren nach und schreibt: „Anstatt in der geschichtlichen Vergangenheit die Zukunft zu entdecken, sah Savigny in der Gegenwart nur die Vergangenheit“: freilich, auch die deutsche reaktionäre Rechtstheorie fußt auf Erfahrungen, auf Erfahrungen, die schlimm für die Wirklichkeit sind. Novalis hat die tote Geliebte zur einzig Geliebten erhoben, Chamisso den Veteranen der Völkerschlacht im Irrenhaus gedichtet, Carus die Unterschiede zwischen preußischen und sächsischen Paranoikern dargestellt, Hoffmann Kreislers Schizophrenie zum partiellen Refugium erklärt, Müller den Weg in die Umnachtung in Verse gebracht, Schubert ihn komponiert: Kind, der geringe Dichter, hat den schicksalhaft scheinenden Knoten sozialer Widersprüche, welcher um die Seelen gezurrt war, als dramaturgischen Knoten genial nachgebildet. Weber hegte gegen den

Schluß der Vorlage, Apels Jägerbraut, die ihrerseits auf böhmischen Kriminalakten ruht, ernste Bedenken. Die Geliebte wird getötet, die Eltern sterben vor Gram, der Bräutigam endet im Tollhaus. Das Ende würde die Zensur nie auf die Bühne lassen, meinten die Verfasser: der Untergang der Liebenden sei allzu tragisch, Aufopferung der Unschuld mit der Schuld könne als unmoralisch gelten, und man werde der Beförderung des Aberglaubens bezichtigt werden. Die Vorwegnahme der Einwände ist gegründet; Gutzkow berichtet, daß die Wiener Zensur z. E. Zerwürfnisse zwischen Vätern und Söhnen nicht auf die Bretter zu stellen gestattete, Schillers Ferdinand mußte dort ausrufen: „Es gibt einen Winkel in meinem Herzen, wohin das Wort Onkel nie gedrungen ist!“ – Varnhagen notiert, über Berliner Verhältnisse, aus der öffentlichen Meinung sei eine geheime geworden. – Chamisso schreibt wiederholt von der Bedeutungslosigkeit der Presse und des öffentlichen Lebens. – Tod der Jungfrau wäre der göttlichen Gerechtigkeit, damit der Gottesgnadentum-Ideologie, zuwidergelaufen; Ottokars Aktion, das Bauernlegen, hätte das Stück beschlossen und den Vorhang herabgezogen; evidente Darstellung zeitgenössischer Zustände, mit Notfolglichkeit in allgemeine Katastrophe mündend, hätte die staatliche Vorsicht zur Unterdrückung des Ganzen grob herausgefordert; schicklich-versöhnlicher Abschluß schien den Verfassern unumgänglich. – Kind: „Weber, ich dichte Ihnen den Freischützen! mit einem Teufel selbst nehm ichs auf! Ich drehe das ganze Spiel um! Nichts Modernes; wir leben nach dem Dreißigjährigen Kriege, tief im Waldgebirg! Ein frommer Einsiedler ist mir erschienen! Die weiße Rose schützt gegen den höllischen Jäger! Die Unschuld hält den wankenden Schwachen aufrecht! Der Orkus unterliegt, der Himmel triumphiert.“ Kinds Ironie beweist sein besseres Wissen ebenso, wie das Schweigen der zeitgenössischen Kritik über den Hauptpunkt das Wissen der Premierenbesucher bestätigt. „Nichts Modernes; wir leben nach dem Dreißigjährigen Kriege, tief im Waldgebirg!“ Hoffmann hat darum Webers Freischütz rechtens Beethovens Fidelio an die Seite gesetzt; nur reproduziert Weber ein gedrücktes, Beethoven ein angestrengt-offensives Lebensgefühl. Der Minister konnte den Bastillesturm, der in der Musik vollzogen ist, im

Handlungsgang substituieren, der Eremit simuliert die Vertagung der Grundfrage als Schein ihrer Lösung.
Der Vorhang ist zu, alle Fragen sind offen; was der Eremit, trotz C-Dur, zustande bringt, ist ein fauler Kompromiß und Kotau vor dem Adel: die Verdammnis schwebt weiter über Kunos Familie wie die Enteignung über preußischen Bauern; und wenn der molièrsche deus ex machina, nachdem die sozialen Widersprüche aufgerissen sind, eine Ausnahme für diesen oder jenen Pantalon, als großes Los, beibringt: so findet der kindische Eremit die Regel zur Regel. Pantalon wird nicht beruhigt, und Tannhäuser büßt später, in entlegneren Kammern des Überbaus, Maxens Jahr bis zum Tode. Die Wiener Zensur strich den Eremiten weg: sie erblickte Josephs II., des Reformkaisers, Geist in der Kutte.

Hohes Paar

Wie kommt es, daß die Dichter im ersten Drittel des 19. Jahrhunderts allesamt an unglücklicher Liebe leiden, wenn man ihren Versen trauen darf? und warum klagen und weinen auch diejenigen, welche persönlich offenbar keine Probleme mit den Frauen haben? – Heine zum Beispiel, der ja, vor seiner Erkrankung, die Salons zu regieren wußte.

Unglückliche Liebe war Standardgegenstand des Dichtens: etwa wie jahrhundertelang der Gekreuzigte Standardgegenstand der bildenden Künste gewesen war, und die Änderungen des Gesellschaftsverständnisses und der Weltsicht präsentieren sich uns nun als Änderungen der Darstellungsweise. Der standardisierte poetische Gegenstand dominierte die romantischen Dichter; er negierte deren persönliche Erfahrungen oder formte die Erfahrungsbereitschaft um; für Marx ist Romantik nicht Kunstepoche, sondern sozialpsychischer Zustand: er spricht von romantischer Ökonomie, romantischer Staatsverfassung etc.

Wir fragen also nach der Genesis des Standardgegenstands. Am nächsten liegt die Antwort, die Zeitverhältnisse seien derart trübe gewesen, daß auch in der erotischen Sphäre Mißlingen und Qual die Norm gewesen sei. Aber betreten wir das vorvergangene Jahrhundert, das 18., und betrachten den Zeitraum von 1740 bis 1760. Wollten wir den Erotica jener Phase Glauben schenken, hätten wir mit den heiterglücklichsten Menschen zu schaffen: und doch herrschten Kriege (die Metternich-Ära hingegen war äußerlich friedlich), und das Spätstadium des deutschen Zwergabsolutismus beklemmte, engte und drückte: „Niemand fühlte sich wohl." Standardisiert aber war die anakreontische Dichtart; das heißt, der Dichter hatte den wechselhaften Umgang mit diversen kleinen Mädchen, Phyilis oder Chloe, lyrisch auszuformulieren. Wir müssen uns einmal vorstellen, daß Gleim, der Kanonikus, der Domjurist Gleim in Halberstadt, tatsächlich getrieben hätte, was er in seinen Gedichten getan zu haben behauptet. Es ist unvorstellbar. Eine Affaire: und der Mann wäre keinen Tag länger beamtet und dotiert gewesen. Die Halberstädter Gesellschaft (vergleichen Sie Heinse!) duldete indes die öffentlichen Gedankenspiele und genoß sie. „Mädchen, wollt ihr mich nicht lieben? / Seht, hier lieg ich in dem Schatten! / Seht mich nur, ihr müßt mich lieben! / Rosen blühen auf den Wangen, / In den Adern glühet Feuer. / In den Mienen lacht Vergnügen, / In den Augen locket Liebe. / Und bewegen sich die Lippen, / So bewegt sich Scherz und Freude, / Mädchen, wollt ihr mich nicht lieben? / Seht, hier lieg ich in dem Schatten, / Mädchen, seht, wie schön ich liege!" Den undurstigsten aller Dichter: nennt Klopstock Gleim. Aber die spielerische heidnische Sinnlichkeit schlägt gegen die pietistische Abtötung des Fleisches; die Gedanken-Tändelei umkränzt das Credo: Wein und Rosen. In vollkommenen Versen definiert der verschollene Wolson (1727–1765) den Kern: „Ich seh in Ilses wilden Blicken / Die Liebe blind und nackend gehn. / Sie weiß es nicht und kann entzücken, / Sie sieht es nicht und ist doch schön. / Wir gehn getrost die gleiche Straße. / Wir traun uns ohne Pfand und Schwur – / Wer mich und Ilse sieht im Grase, / Sieht in das Zentrum der Natur."

Gleim paraphrasiert charmant-exhibitionistisch Catulls Verse: „nam pransus iaceo et satur supinus / pertundo tunicamque palliumque"; Wolson, direkt an Johann Christian Günther knüpfend, stellt Natur dar, indem er sie ausstellt. Gleim ist lüstern, Wolson schamlos; naturalia non sunt turpia, und die Natur ist nicht länger Begriff von Natur, sondern Anschauung, gar sinnliches, unmittelbares Erleben. Diese Spannweite hat der anakreontische Exhibitionismus; er treibt integrale Elemente des Sturm und Drang. Der qualitativ neue totale menschliche Anspruch wallt auf als erotisch beschränkter, quantitativ unbegrenzter, phantastisch realisierter männlicher Egotismus.

Aber eben das Credo: Wein und Rosen! offenbart auch die Schwäche der anakreontischen Position. Wein und Rosen contra Brot und Wein: die Polemik negiert das Notwendige, das elementare Bedürfnis, das Brot. Der wieder und wieder spielerisch behauptete Überfluß verdrängt das wirkliche Elend; die Dichter fliehen in Alkohol und willig gedachte Weibchen. Die anakreontische Heiterkeit spiegelt glaubhaft vor, die Flucht sei geglückt, ja: sei überhaupt keine Flucht gewesen.

Werthers Kopfschuß exekutiert die Anakreontik. Fortan

ging es hinab in Nacht und Grab (erstens) – sehr zum Ärger Goethes –; zweitens: was die neue Dichtung, die mit Werthers Schuß sich den Weg bahnte, von der Anakreontik unterscheidet (: es gibt noch viele Unterschiede, aber für unsern Zweck wählen wir diese zwei) – zweitens also: die Schöße waren nicht mehr auswechselbar. Bei Wolson heißt es: „Sie hat an wesentlichen Gaben, / Und wenn sie auch nicht Ilse wär, / Nicht weniger, als andre haben, / Und keine andre hat nicht mehr. / Von vorne, hinten, oben, unten / Hab ich bei Mädchen in der Stadt / Noch kein Amerika gefunden; / Die Ilse hat, was Chloris hat." – (Kein Amerika = nichts Neues; Chloris = erdachte Schäferin oder Schäferin mimendes Dämchen; Ilse = wirkliche beliebige Person.) – Für Werther existiert einzig Lotte. „Am 19. Oktober. Ach diese Lücke! diese entsetzliche Lücke, die ich hier an meinem Busen fühle! – Ich denke oft, wenn du sie nur einmal, nur einmal an dieses Herz drücken könntest, diese ganze Lücke würde ausgefüllt sein." – „Am 27. Oktober abends. Ich habe so viel, und die Empfindung an ihr verschlingt alles; ich habe so viel, und ohne sie wird mir alles zu nichts." – Ausschließlich die Eine kann ihm aus der Not helfen; er kennt nur einen Fluchtweg, ein individuelles Schlupfloch, einen bestimmten Schoß. Hat er doch auch die Zurücksetzung bei Hofe (: die berühmte Szene, welche der historische Anti-Werther, Napoleon, zu tadeln nicht umhinkonnte) – hat Werther doch auch diese Diskriminierung individuell empfunden. Die ständische Verfassung war nicht länger selbstverständlich, das vorgeprägte Rollenspiel nicht weiter akzeptiert: und kein erotisches Spiel kompensiert die wirkliche soziale Zernichtung; das gesuchte Gegengewicht fiele in die gleiche Waagschale. Wenn man dreist alle Weiber gewönne: so hätte man immer noch nur die halbe Menschheit, die Menschheit halb. Frauen en masse sind Objekte en masse: wie die Konkubinen Objekte des Paschas, die Völker Objekte der Regierung sind. Die verworfene feudale Spielregel ordnet den Haremstraum. Eine Frau ist Subjekt, die individuelle Geschlechtsliebe negiert radikal das feindliche Totum, öffnet die Welt. Die Welt Lotte verweigert, Werther entleibt sich: und stellt die konvulsivisch intendierte Harmonie negativ her. Die berufene Subjektivität impliziert notwendig die

Gefahr der Verweigerung. (Hotho bemerkt dazu scharfsinnig, daß Werther die, hegelsche, Felsenhaftigkeit der Wirklichkeit akzeptiert, da er vor dem Suizid seinen Nachlaß bestellt.) –

Ist die Winterreise, der enorme Liederzyklus von Wilhelm Müller und Franz Schubert, der Werther des 19. Jahrhunderts? Während der Roman die sozialen Vorgänge an grauser bedeutender Stelle erzählend benennt, direkt mitteilt (dergestalt direkt, daß der Kaiser Anstoß nimmt): markieren die Lieder des 19. Jahrhunderts die Widerhaken im außerpsychischen Gefüge metaphorisch. Eine solche Metapher lautet: „Muß selbst den Weg mir weisen / In dieser Dunkelheit" (Gute Nacht); Wilhelm Müller dichtete: in dieser Dunkelheit, nicht: durch diese Dunkelheit. Es gibt keinen Weg hindurch, keinen Ausweg. „In die tiefsten Felsengründe / Lockte mich ein Irrlicht hin: / Wie ich einen Ausweg finde / Liegt nicht schwer mir in dem Sinn" (Irrlicht). Der tote Selbsthelfer ist galvanisiert, nichts fehlt ihm, nur der Glaube, er könne sich helfen. – Andre Metapher-Gruppen deuten zeitgenössische politische Zustände: „Der du so lustig rauschtest / Du heller wilder Fluß / … / Mit harter, starrer Rinde / Hast du dich überdeckt / Liegst kalt und unbeweglich" (Auf dem Flusse). Naturbilder stehen für Kunsttradition und soziale Zustände; zwischen und über die groben Pfeiler spannen komplizierte und evidente Metaphern-Systeme zweiter Ordnung: „Gefrorne Tropfen fallen / Von meinen Wangen ab / Ob es mir denn entgangen / Daß ich geweinet hab? // Ei Tränen, meine Tränen / Und seid ihr gar so lau / Daß ihr erstarrt zu Eise / Wie kühler Morgentau? // Und dringt doch aus der Quelle / Der Brust so glühend heiß / Als wolltet ihr zerschmelzen / Des ganzen Winters Eis!" (Gefrorne Tränen; ich zitierte das vollständig, weil hier wirklich kein Wort zuviel und jedes Wort unaustauschbar an seinem Platze steht. – Schubert verstärkt den Selbsthelfer-Bezug; die Melodik mündet in heroische Händel-Formel, den Glauben ihrer Voreltern beschwörend: und zwar auf einen Konjunktiv-Text, eine Metapher dritter Ordnung.) –

Ein einziges Mal bleibt das Gedicht außerhalb des Metaphern-Netzes; ganz am Anfang heißt es: „Was fragen sie nach meinen Schmerzen? / Ihr Kind ist eine reiche Braut"

(Die Wetterfahne). Ist das etwa der Schlüssel? Begüterte Eltern stoßen den Jüngling zurück, und der Hoffnungslose flieht seine Inferiorität? Ein klarer sozialer Fall: scheint es. Dennoch bleibt unverständlich, warum keine, realiter durchaus übliche, Mitgiftjagd angeblasen wird. Das französische 19. Jahrhundert hat eine vielbändige und tiefgründige Mitgiftjägerliteratur hervorgebracht; denken Sie an Balzacs junge Männer, die nach Paris kommen, um ein Vermögen zu heiraten und Pair von Frankreich zu werden; denken Sie an die schönen und reichen Frauen Stendhals, die ihre Geliebten energischst gesellschaftlich aufzurichten trachten. Freilich, Pair von Deutschland konnte man nicht werden: vielleicht ist dies der Grund der Verzweiflung? Die Interpolation wäre zu weitläufig; im Schlafzimmer nach Geld und Macht bohren: das ist im poetischen Kalkül nicht enthalten, auch nicht negativ, was ja ein Indiz wäre.

Weiter fördert uns die beschriebne eigentümliche Struktur des Zyklus. Ein Impuls wird knapp mitgeteilt, keineswegs dargestellt; der Impuls induziert einen bestimmten Ablauf, welcher nun Gegenstand ist. Der Impuls selbst ist dergestalt unbestimmt, daß andere Abläufe denkbar sind, andere Gegenstände hätten entwickelt werden können. – Prometheus hat das Feuer geraubt; Aischilos' Stück beginnt, da Kraft und Gewalt den Protagonisten anketten. – Die Winterreise ist nach dramatischem Muster entworfen (: antikem Gehalt sich nähernd; selbstverständlich kannte der, seinerzeit so genannte, Griechen-Müller Aischylos vorzüglich; mich wundert, daß noch niemand die griechischen Einflüsse auf seine deutsche romantische Lyrik ernsthaft untersucht hat). Der lyrisch-dramatische Wanderer erleidet das Schicksal eines Prometheus, dem keine Befreiung blüht. Die Seele irrt im engen Ich, in das sie gesperrt und welches zur Untätigkeit verdammt ist. Erfahrung ist ihr nur gleichnishaft gestattet, und wenn sie endlich zum Spiel findet, so hat sie den Tod als Spielmann gefunden. Die schauerlich akzeptierte alte Leier, die normgerechte tragische Auflösung, endet die lyrisch kristallisierte Handlung. „Mischung der Dichtarten. Der tragische Dichter tut wohl, den lyrischen, der lyrische den epischen, der epische den tragischen zu studieren. Denn im tragischen liegt die Vollendung des epischen, im lyrischen die Vollendung des tragischen, im epischen die

Vollendung des lyrischen. Denn wenn schon die Vollendung von allen ein vermischter Ausdruck von allen ist, so ist doch eine der drei Seiten in jedem die hervorstechendste." Folgen wir Hölderlins symptomatischem Wink, betrachten wir die von Gattung zu Gattung verpflanzten wesentlichen Gehalte. Es geht hinab in Nacht und Grab: hatte es bei Gelegenheit Werthers geheißen, und: die Schöße sind nicht austauschbar. Beide Charakteristika treffen ein anscheinend konträres, nicht weniger fortwirkendes, zwölf Jahre vor Werther berühmt gewordenes musikdramatisches Werk: Gluck/Calzabigis „Orfeo ed Euridice".

Zwei Helden treten auf: Mann und Frau, und ein Gott: Eros ex machina. Mann und Frau, Frau und Mann sind Subjekte der Handlung, beider wechselseitige Bedingtheit definiert Gegenstand und Ethos der Oper; der Ankampf gegen die Zerteilung des Paares, die Zerstückung des Menschen bedeutet, treibt das dramatische Geschehen. Die Integrität wird formell behauptet; die Bühnenkonvention korrigiert den Mythos, eben weil die Bühne reale Konventionen erotischer Partnerschaft attackiert. Monteverdis Orfeo sah alle Hoffnung abfahren: Glucks Orfeo ed Euridice begründen den Typus Hohes Paar als kryptisches, aber entscheidendes, Zentrum des deutschen klassischen Humanismus. Der dramaturgische Kunstgriff humanisiert in diesem Kontext sogar die Maschine, da er sie den Eros produzieren läßt. Ohne Euridice: was wäre Orpheus die Welt? Gäbe es eine Welt für Euridice, wenn Orpheus' Auge sie nicht ihrem Blick spiegelte? Und die (Theater-) Maschine heilt die zerstückte Menschheit: was für ein immenser (wennschon illusionärer) historischer Optimismus!

Die Vorstellung eines Hohen Paares ist sehr alt; Urzeit und vorchristliche Religionen haben sie entwickelt. Zeus und Hera: Sie wissen das – wir werden hier die Genesis des Typs nicht weiter darlegen. Die christliche Mythologie bewahrt einen flüchtigen Abglanz: Adam und Eva vor dem Fall; aber wie auch die christliche Lehre den Typus herabsetzt und begrenzt, so ist er doch Inkarnation statt Projektion. – Wenn, in der älteren Neuzeit, der absolute Monarch Donnergott spielte, Jupiter seines Landes war, als Optimus Maximus betrachtet wurde; wenn er zudem die Gattin der Maitresse vorzog oder die Maitresse morganatisch erhöhte;

wenn Landesvater und Landesmutter die Autonomie des peripheren Adels einschränkten, das Gewerbe förderten, die feudale Ausbeutung bürokratisch regelten (d. h. gewisse Rechtssicherheit schufen) – dann hat die Geschichtsschreibung ihr Hohes Fürstenpaar. Denken Sie an den sächsischen Kurfürsten August und seine Hera Anna; freilich diente die Selbststilisierung zum Hohen Paar auch immer apologetisch. Dennoch unterschätzen wir nicht die Kraft des sittlichen, obgleich vorgespiegelten, Exempels. Weibliche Sparsamkeit steuert höfischer Verschwendung; Ein ethisches Prinzip durchwaltet die ganze Gesellschaft; die Staatsspitze ist exponiertes Muster allgemeiner Maxime. – Die Jupiter-Rolle des Monarchen provozierte den Auftritt des welthistorischen Antagonisten Prometheus; das fürstliche Hohe-Paar-Spiel erregte, Nachahmung heischend, den höchsten Begriff, den Menschheit derzeit sich über sich bilden konnte.
Sein historisches Gewand war das bürgerliche Vertragsverhältnis, die Einehe (: Albert und Lotte). Kants Definition negiert das katholische Sakrament; polemisiert gegen die lutherische Exegese des 10. Gebots, welche Weib, Kind und Vieh in einem Atem nennt, und enthält dergestalt ein unmittelbar emanzipatorisches Element. Zwischen Kuh und Hausherr ist kein Vertrag möglich; Weib ist nicht gleich Kuh, sobald das Weib (obschon beschränkt) vertragsrechtliches Subjekt wird. Bezug auf wöllnerische Umtriebe ist wahrscheinlich, jedoch nicht schlüssig erweisbar. Untrennbar verquickt mit dem emanzipatorischen, enthält die Kantsche Definition ein kalt bestimmendes Element. Die Ehe ist nichts anderes denn besagtes Vertragsverhältnis; leidige Realität der Monogamie. Dies stachelte den Begriff und reizte dessen ästhetische Virulenz. – Das letzte deutsche Fürstenpaar, welches Hohes Paar schien, war Friedrich Wilhelm III. und Königin Louise; das Charisma ging von Louise aus. – Seit Orfeo ed Euridice also ist das Hohe Paar, gleich Prometheus, Kristallisationspunkt deutschen Kunstsinns. Zwei andere Gipfelwerke der musikdramatischen Literatur bezeugen, weithin sichtbar, die Kraft des philosophisch-poetischen Ansatzes: Die Zauberflöte, Tamino und Pamina; Fidelio, Leonore und Florestan. Daß die Zauberflöte auf das Hohe Paar aus ist, wird, um uns jetzt schnell

zu verständigen, ganz deutlich in den Textzeilen: „Mann und Weib, Weib und Mann / Reichen an die Gottheit an." Die doppelte Nennung des Paares tilgt die Unterordnung des Weibes, läßt keinen männlichen Vorrang gelten. Schikaneder hat das hervorragend gedichtet; eine genaue einfache Formel, welche komplizierteste Gedankenarbeit chiffriert bündelt.
Von Oper zu Oper werden die Paare irdischer. Orpheus und Euridike sind mythische Gestalten; Tamino und Pamina fürstliche Erben, der märchenhaft-grausamen Sphäre der Fürstenerziehung einverwandelt; Leonore und Florestan sind Citoyen, nichtkapitalistisch geprägte Bürger.
Zugleich ändert das dramaturgische Gewicht der Geschlechter. Orfeo dominiert Euridice; er rettet sie. Zwischen Tamino und Pamina waltet vollkommene Balance; beide werden, psychologisch different geführt, der einheitlichen Prozedur unterworfen. Florestan schließlich hat nur eine Passage, die ihn an Leonorens Seite hebt, und die wäre ohne die Musik heroische Phrase. „Pizarro (er schlägt den Mantel auf): Pizarro, den du stürzen wolltest / Pizarro, den du fürchten solltest: / Steht nun als Rächer hier. Florestan (gefaßt): Ein Mörder steht vor mir." (II/3) – Beethoven komponierte eben nicht: das Gefaßte, die stoische Haltung; er stellt gegen Gewalt Kraft. Pizarro ist antikisch gedacht; der intakte Feind, der sich in der Wahrheit glaubt; weder morbid gesehen noch satirisch reduziert. Die Trompeten nehmen seinen Ton auf, steigen, Florestan nimmt den Trompetenton ab, repliziert, extrem hoch, mit überbietender Intensität. Das ist außerordentlich schwierig exekutierbar; ob Florestan Leonorens Partner oder ihr Objekt ist, ob beide Hohes Paar sind oder Leonore Titanide/Männin bleibt: das entscheidet jeweils das Können des Tenors. – Der Tenor der Uraufführung (05) war miserabel; die Rolle wurde schnellstens umbesetzt. (Übrigens, der Name Florestan enthält/assoziiert Flor/Flora; zur Exegese des Namens Leonore vergleichen Sie bitte Schmidt, Zettels Traum.) – Den Scheitelpunkt dieser Bahn des Hohen Paares markiert ein Aphorismus von Novalis: „Wenn die Taube Gesellschafterin und Liebling des Adlers wird, so ist die goldne Zeit in der Nähe oder gar schon da, wenn auch noch nicht öffentlich anerkannt und allgemein verbreitet." (Glauben

und Liebe, oder Der König und die Königin. 1798. – Die totale Utopie, dem Königin-Louise-Kult extrahiert!)

Wenn wir die drei großen Opern hören, scheinen uns die Protagonisten nun merkwürdig verwandt. Die Gestalten einer Oper leben in den andern fort oder vor. 15jährig gehen Tamino und Pamina durch Feuer und Wasser, 30jährig befreit Pamina, unter Pseudonym, Florestan aus dem Zuchthaus, weil doch im vorigen Leben Florestan Euridike freigepreßt hat. Dieser metaphorische Zusammenhang ist wichtig, damit das Folgende auch emotional begriffen werden kann.

Fidelio vollzieht den Salto mortale der Fabel in der Musik. Die Musik macht das Hohe Paar, und: die Musik entbindet einen dritten Akt, den das Libretto nur embryonal angelegt hatte. II/6,7 (Endfassung) ist dialogisch auszweigender, nun dem Citoyen gewidmeter (ursprünglich, und der Textstruktur nach noch immer, feudaler) Huldigungschor. Beethoven dreht, sobald das Hohe Paar das Zuchthaus verlassen hat, das Theater um 180°; wie wenn die Bühne Publikum (Öffentlichkeit, Volksmasse) wäre und von den versammelten Bürgern Fortsetzung der dramatischen Aktion forderte. Der Geschichtsgang, statt die Fabel fortzuführen, trampelt sie nieder. – Das Hohe Paar, solange es Menschheitsentwurf war, wurde auf der Bühne für die Welt erzogen, in der dramatischen Verwicklung auf die Kämpfe der Weltbühne vorbereitet. Die Oper Fidelio ist dergestalt Phantasieouvertüre einer möglichen Menschheit, durchaus Fragment, ja künstliche Ruine. Die Musik verschlingt das aus der moralischen Anstalt entlassene Hohe Paar; hinter ihm bricht die dramaturgische Konstruktion zusammen. Als Paar wird es nicht tätig; es existiert am Ende nurmehr im Gesang: und zwar eben deshalb, weil Beethoven es gewaltsam in die außerkünstlerische Wirklichkeit zu stoßen bestrebt war. – Es gibt ein höchst problematisches, daher außerordentliches Buch, welches die musikalische Existenz des Hohen Paares in musikalisch gedachte Prosa kleidet. Ich meine Friedrich Schlegels Roman Lucinde, 1799 erschienen. Für uns fast noch interessanter sind Friedrich Schleiermachers kommentierende Briefe über diese inkommensurable Produktion. Ich zitiere Schleiermacher: „Hier hast Du die Liebe ganz und aus einem Stück, das Geistigste und das Sinnlichste nicht nur in demselben Werk und in denselben Personen nebeneinander, sondern in jeder Äußerung und in jedem Zuge aufs Innigste verbunden. Es läßt sich hier eins vom andern nicht trennen. Im Sinnlichsten siehst Du sogleich klar das Geistige, welches durch seine lebendige Gegenwart beurkundet, daß jenes wirklich ist, wofür es sich ausgibt, nämlich ein würdiges und wesentliches Element der Liebe, und ebenso siehst Du durch den reinsten Ausdruck der geistigsten Stimmung und des erhebensten Gefühls hindurch das Herz höher schlagen, das Blut sich lebhafter bewegen und das süße Feuer der Lust gedämpfter und milder durch alle Organe ein- und ausströmen." – Das ist nobelster, nahezu finaler Menschheitsbegriff, und die ihm innewohnende Polemik (denn Begriffe werden getan gegen etwas) ist bedeutend und ohne Hysterie. Aber dem Hohen Paar eignet ein Sein, kein Wirken. Schleiermacher wägt beide Komponenten: Erstens: „Du findest hier nichts, was den Schein erregen könnte, als sei es auf etwas anderes abgesehen und als sollte die Liebe nur Teil oder Mittel oder wohlhergebrachte Maschinerie sein." (Glucks Maschinerie war arglos Teil und Mittel der Menschheit gewesen; diese alternative Blickrichtung ist Schleiermachern denkunmöglich.) „Es ist die einfachste Komposition, und die Figuren sind so hervorgehoben und in so großem Maßstabe, daß Du hinter ihnen und um sie her nichts siehst und, wenn Du erst in der Betrachtung bist, auch nichts vermissest." Zweitens: „Geht nicht die Liebe in dem Buche bei aller Vollständigkeit der Darstellung doch ein wenig gar zu sehr in sich selbst zurück? Ich wollte, sie ginge auch hinauswärts in die Welt und richtete da etwas Tüchtiges aus." Was bei Beethoven nolens resultierte, hatte Friedrich Schlegel volens intendiert; die Fidelio-Oper ist der ästhetisch-praktische Beweis, daß der Wunsch des kühnen Theologen, das Paar solle etwas Tüchtiges ausrichten, ein frommer Wunsch war. Schlegel wollte das Wort vegetieren positiv laden. Was darunter begriffen ist, erhellt folgendes: „Nur das verstehe ich nicht, warum Sie so besonders darauf ausgehn wollen, den Ehrenfried recht glücklich zu machen. Ist denn das etwas Fremdes und Einzelnes, daß Sie es ausdrücklich bewerkstelligen müssen? Ich denke, wenn die Kette des ganzen Lebens, die Liebe, nur ist, wie sie sein soll, so kommt bei dem ganz natürli-

chen Leben und Fortwirken das Muster von selbst heraus, und ich habe noch nie einen besonderen Wunsch gehört. Wenn Sie meinem Rathe folgen wollen, so denken Sie gar nicht daran; mir ist bange, Sie möchten sonst etwas verkünsteln wollen." (Schleiermacher an Henriette; 04.) – Die pejorative Konsistenz des Verbs widerstand dem rigorosen Versuch. Die frech und frei pointierte Einheit von Geistigkeit und Sinnlichkeit, als untätige Identität gefaßt, parodiert idealisch die klassische feudale Faulheit, ohne sie doch hinlänglich aufzuheben. So wurde sie ihrerseits Gegenstand der Büchnerschen Parodie; Leonce und Lena fertigen das Nicht-zu-Gange-Kommen des Hohen Paares komödisch ab. – Kontrapunktisch mit dem Aufbau des Typs Hohes Paar (wozu ich die verzweifelten Versuche seiner Bewahrung schlage): betreibt schon das frühe 19. Jahrhundert seine Zerstörung. Denken Sie an Kleists Penthesilea. „Des Einen Zahn im Schlund des Anderen": spricht Odysseus, „Wie zwei erboste Wölfe sich umkämpfen: / Beim Jupiter! sie wissen nicht, warum?" – die dramatische Exposition programmiert die Selbstvernichtung des Hohen Paars. Das erotische Angebot wird wechselseitige Einladung zum Doppelselbstmord. Welche Folgen das gezeitigt hat, wissen Sie. Hoffmann interpretiert Don Giovanni und komponiert Fouqués Undine. Richard Wagner liquidiert öffentlich den Holländer und Senta, den Tannhäuser und Elisabeth, fünf Stunden lang Tristan und Isolde; wenn er Herrn von Stolzing und Eva Pogner vergattet, übersetzt schließlich er Balzacs Mitgiftjagd in deutsche Verhältnisse (: Kunst ist Kuppler. – Ich tadle hier keineswegs die Werke, sondern ich betone lediglich soziologisch-charakteristische Züge.) –
Sie wissen nicht, warum? – Die ideale Trinität sinnlich/geistig/tätig (deren Ausarbeitung auch noch die Rückzugsgefechte des Hohen Paares, inklusive Lucinde oder Käthchen von Heilbronn, entscheidend gefördert hatten) war zur, zwar methaphorischen, jedoch prinzipiellen Negation neu sich entwickelnder sozialer Verhältnisse gediehen: – ehe diese Verhältnisse fertig gebildet waren. Marxens Terminus (Feuerbachthesen; 44) lautet: praktisch-sinnliche Tätigkeit; das metaphorische Gefüge der deutschen Kunstperiode ist die vierte Quelle seiner (unserer) Philosophie. –
In Schuberts Zeit waltete Fürst Metternich, die Heilige Alli-

anz regierte, die Karlsbader Beschlüsse waren materielle Gewalt; derartiges war nicht unüblich und nicht unbekannt. Deutschland hatte keine Revolution französischen Musters hervorgebracht, das deutsche Bürgertum keine jähe starke Welle sozialer Mobilität nutzen können; das allein hätte die ästhetische Vorstellung eher weitergereift denn demoliert. Die nachfeudale Gesellschaft war die kapitalistische; England spiegelte dem Kontinent sein künftiges wahres Gesicht; seit dem 17. Jahrhundert bereisten deutsche Progressive die Insel und brachten, neben Kunde über Parlament und Gesetzlichkeit, Zeitung von Manufakturen und Fabriken, die Profit produzierten, indem sie kleine Kinder fraßen. Die frühkapitalistischen Werkstätten waren Kinder-KZs.
Ich zitiere Wilhelm Meisters Wanderjahre. Goethe beschreibt ein agrarisch-gewerbliches Gemeinwesen in einem Alpental; es ist schwer zu sagen, ob es sich um dezentralisierte Manufaktur oder Verlagssystem handelt. Das Bestehende ist, merkwürdigerweise: matriarchalisch, verklärt; die Zukunft ist ringsum aufmarschiert. „Das überhandnehmende Maschinenwesen quält und ängstigt mich. Es wälzt sich heran wie ein Gewitter, langsam, langsam. Aber es hat seine Richtung genommen, es wird kommen und treffen. Schon mein Gatte war von diesem traurigen Gefühl durchdrungen. Man denkt daran, man spricht davon, und weder Denken noch Reden kann Hilfe bringen. Und wer möchte sich solche Schrecknisse gern vergegenwärtigen? Denken Sie, daß viele Täler sich durchs Gebirg schlingen wie das, wodurch Sie herabkamen. Noch schwebt Ihnen das hübsche frohe Leben vor, das Sie diese Tage her dort gesehen, wovon Ihnen die geputzte Menge allseits andringend gestern das erfreulichste Zeugnis gab. Denken Sie, wie das nach und nach zusammensinken, absterben, die Öde, durch Jahrhunderte belebt und bevölkert, wieder in ihre uralte Einsamkeit zurückfallen werde. Hier bleibt nur ein doppelter Weg, einer so traurig wie der andere. Entweder selbst das Neue zu ergreifen und das Verderben zu beschleunigen, oder aufzubrechen, die Besten und Würdigsten mit sich fortzuziehen und ein günstigeres Schicksal jenseits der Meere zu suchen. Eins wie das andere hat sein Bedenken, aber wer hilft uns die Gründe abwägen, die uns bestimmen sollen?"

Das sozialökonomische Korrelat ist benannt: jener Seelenlage, die Heine/Schuberts Doppelgänger zeichnet. Die Turmgesellschaft teilt sich; die eine Hälfte ergreift das Neue und beschleunigt also bewußt das Verderben; die andere Hälfte exiliert: offen steht, ob sie ein zeitweiliges Refugium hofft oder die üble Entwicklung von den Quellen her korrigieren will: „ja, wir haben keine Gegenwart, und die Vergangenheit muß ohne sie die Zukunft gebären" (Jean Paul; Titan). – Die Teile der Gruppe bleiben jedes lebensfähig, die einen machen dies, die anderen das. Aber was tut Ein Mensch? Das ist die Frage und ist das gespaltene Zentrum der deutschen romantischen Kunst. Goethe veröffentlichte genaue Koordinaten; die Romantiker sind selbst der Ort. Metternichs graue Eminenz hieß Medardus Mevissen.
Wir genießen die Erkenntnisstufen eins und zwei der dramatisch-musikalischen Werke Zauberflöte und Fidelio, sofern wir nur das soziale Umfeld gründlich studieren. Winterreise und Heine-Lieder verstehen wir ohne historisch-ästhetischen Kontext überhaupt nicht.
Die lyrisch-musikalischen Werke der romantischen Phase gründen, parodierend und polemisierend, auf den klassischen Großformen. Ihre Krypto-Zitate setzen naturwüchsig selbstverständliche Kenntnis des Angespielten voraus. Die klassische Kunstwelt ist unmittelbar gegenständlich, die romantische potenzierter Überbau. Wir müssen die variablen Regeln entschlüsseln: jenes Spiels mit poetischen Bruchstücken (Standardteilen), welches, von geringen Dichtern (Rellstab!) betrieben, schematisch, von Meistern beherrscht, geisterhaft vogelfrei anmutet. Da zudem klassische und romantische Tendenzen lange Jahre gleichzeitig weben, schießt ein n-dimensionales wunderliches Gespinst zusammen; „alles ist freundlich-wohlwollend verbunden".
Die Musik, erklärten wir, hat das Hohe Paar verschlungen. Schuberts schauerliche Gesänge belassen nur die männliche Stimme. Wo weilt die Partnerin? deren Abwesenheit der Solist beklagt. – Die schlimme Antwort gibt Hoffmann; Klein Zaches. Fürst Paphnutius beschließt, den Einflüsterungen seines Kammerdieners Andres folgend, die Aufklärung: „Ehe wir mit der Aufklärung vorschreiten", propo-

niert Andres dem Fürsten, „d. h. ehe wir die Wälder umhauen, den Strom schiffbar machen, Kartoffeln anbauen, die Dorfschulen verbessern, Akazien und Pappeln anpflanzen, die Jugend ihr Morgen- und Abendlied zweistimmig absingen, Chausseen anlegen und die Kuhpocken einimpfen lassen, ist es nötig, alle Leute von gefährlichen Gesinnungen, die keiner Vernunft Gehör geben und das Volk durch lauter Albernheiten verführen, aus dem Staate zu verbannen. –" ... „Darum, gnädigster Herr, sowie die Aufklärung angekündigt wird, fort mit den Feen! –" ... „Nicht alle Feen, gnädigster Herr, wollen wir fortschicken nach Dschinnistan, sondern einige im Lande behalten, sie aber nicht allein aller Mittel berauben, der Aufklärung schädlich zu werden, sondern auch zweckdienliche Mittel anwenden, sie zu nützlichen Mitgliedern des aufgeklärten Staates umzuschaffen. Wollen sie sich nicht auf solide Heiraten einlassen, so mögen sie unter strenger Aufsicht irgendein nützliches Geschäft treiben, Socken stricken für die Armee, wenn es Krieg gibt, oder sonst. Geben Sie acht, gnädigster Herr, die Leute werden sehr bald an die Feen, wenn sie unter ihnen wandeln, gar nicht mehr glauben, und das ist das beste." – Geograph und Historiker begutachten den Deportationsort: „Beide stimmten darin überein, daß Dschinnistan ein erbärmliches Land sei, ohne Kultur, Aufklärung, Gelehrsamkeit, Akazien und Kuhpocken, eigentlich auch gar nicht existiere. Schlimmeres könne aber einem Menschen oder einem ganzen Lande wohl nicht begegnen, als gar nicht zu existieren." – E. T. A. Hoffmanns reale Phantasie hat die Krematorien von Auschwitz antizipiert. Das Hohe Paar ist zerstückt; Pamina durch den Schornstein; Orpheus schizophren.
Zuhanden waren: Bürgerweibchen für unfähige Adlige, syphilitische Nutten für Schubert-Franz, einzelne Männinnen wie Rahel oder aber auch die unsägliche Frau von Krüdener. – (Das 18. Jahrhundert sah Herrscherinnen, wennschon sie der pragmatischen Sanktion bedurften.) – Pamina lebt in den letzten Schubert-Liedern: weil eben sie gänzlich fehlt. Dort, wo sie gewesen war, ist die Welt leer; der horror vacui ist ihre Dauer. „Soll denn kein Angedenken / Ich nehmen mit von hier? / Wenn meine Schmerzen schweigen, / Wer sagt mir dann von ihr? // Mein Herz ist wie erstorben, /

Kalt starrt ihr Bild darin: / Schmilzt je das Herz mir wieder, / Fließt auch ihr Bild dahin" (Winterreise, Erstarrung).

Die zitierten beiden Strophen sind zugleich Metapher und Klartext. Metaphorisch bestimmen sie Paminens postume Existenz, expressis verbis nennen sie den Gegenstand des Heineschen Lamentos. Die zyklische Struktur vermittelt dem Sagen legitimen Raum, die pur lyrische Einheit gestaltet immanent das Unsagbare.

In epischer Darstellung, in großen dramatischen Auftritten war das Hohe Paar leibhaftiger Entwurf gewesen. Als sei es schon erfahren worden: suggerieren die Romane (Goethes, Jean Pauls, Heinses, Schlegels); als geschehe es augenblicks: simulieren glaubhaft wiederholt die Dramen (Glucks, Goethes, Mozarts, Kleists, Beethovens). Die romantische Lyrik erzeugte virtuelle Bilder realer Kunstgestalten. Die Winterreise kristallisiert lyrisch-musikalisch um ein dramatisches Rudiment; Schubert zitiert Händel-Melos und Zauberflöte. Den Heine-Liedern fehlen auch diese strukturellen Bezüge; Schubert, wenn er zitiert, zitiert Schubert; die singende Stimme tönt schauerlich autonom, da alle Taue gekappt sind und nur die zerschnittenen Fasern die Abkunft weisen. Durch den Zyklus spukt Prometheus; eingangs der Liedergruppe harrt Atlas.

Atlas stiftete Epoche, wie Goethes Prometheus-Ode Epoche gestiftet hatte. Der Dulder ist der Antipode des Aktivisten. Prometheus war gekettet, weil er Taten getan hatte; Atlas schmachtet, weil er der ist, der er ist. Die Zeit wäre nicht auf den Atlas gekommen, wäre nicht alle Aktion dermaßen zwieschlächtig geworden. Atlas kontra Prometheus: der gezielte Widerspruch deutet die Tradition, und: dem Prometheus-Spuk antwortet ein wirklicher Lastträger. Sein Leiden und Tun sind identisch. Er antwortet, d. h. er spricht. Das war unerhört.

Sah der junge Heine nur das leidende Proletariat? Das illusionslose Gedicht (: metrisch eine zerdrückte Ode) enthält kein passives Verb. Das Wort ertragen ist verneint substantiviert: „Ich trage Unerträgliches"; tragen Tätigkeit; „und brechen / Will" (aktiv) „mir das Herz im Leibe". Das Herz versagt nicht; Atlas duldet, und dauert. Er ist, unabhängig von seinem Willen, unzerstörbar. Wieder steht gegen Gewalt Kraft: „Eine Welt, / Die ganze Welt der Schmerzen, muß ich tragen. / Ich trage Unerträgliches." – Die zweite Strophe fingiert eine, mythologiefremde, vorausgegangene, nicht näher definierte, Entscheidung, die dem Atlas prometheische Züge unterschiebt: Risikofreude und Wissen um das, was folgt.

Heine replizierte Goethen nicht allein konträr. Sie, verehrte Damen und Herrn, haben das kophtische Lied auswendig gelernt: Amboß oder Hammer könne, Hammer müsse man sein. Andernorts widersprach Goethe seinem Großkophta. Der Amboß verdiene höchste Achtung –: die Völker nämlich, die immer alles aushalten müssen, und alles ausdauern.

Atlas und Amboß: diese Metaphorik bewege ich im Kopfe, wenn ich Schuberts späte Lieder und seine letzten Sinfonien höre. – Marx griff noch einmal zum Prometheus Mythos, ehe er die mythologische Mummerei verwarf. – Heine schloß das Atlas-Gedicht zart grimassierend: „Und jetzo bist du elend." Er hätte ja, statt jetzo, jetzt setzen können; jetzo, das war, laut Winckelmann, die elegantere Form von itzo. Heute, da beide Formen außer Gebrauch geraten sind, ist die ironische Grimasse sarkastisches Grinsen: die Züge nach dem Tod verändert.

Ganz eignen Genuß gewährt die Betrachtung, wie der einsame Goethe die Entwicklung distanziert begleitet, widerstrebend fördert, wie er die aufgeregte Materie für seine Zwecke nutzt: und am Ende Philemon und Baucis verbrennt, die Lemuren trapsen hört und die Erbsünde parodiert.

Marx wird Marx

Das folgende sind Auszüge aus Schriften. Ich stelle mir den Tisch vor; Bücher, Schnaps, Zigarren; dieser oder jener geht weg und kommt nie wieder; der Gehende wird nicht verabschiedet, der Kommende nicht begrüßt. Die Verhandlung ist öffentlich, die Erörterung konzentriert, die Sprache leidenschaftlich und normal. Manche Sätze höre ich mehrmals, andere Wort für Wort, andere skandiert, wieder andere ahne ich gesungen: eine große Musik, die es noch nicht gibt. Das Wort Geld ist gegrunzt. – Ich habe diese Szene arrangiert; wie andern Orts Wissenschaft zur Kunst, mag hier Kunst zur Wissenschaft leiten: beide sind aus Einer Mutter und vielleicht, Venus Urania, Eine Person. – Die Zeichen bedeuten: (...) Musik ersetzt Text; (Text) gesungen; /Text/ rhythmisch akzentuiert; +Text+ Tonhöhe fixiert; //:Text:// Wiederholung. Abweichende Zeichengebung, Kürzungen und Erweiterungen stelle ich den Spielern anheim: sie erfordern Studium der Originalschriften.

1

Sprecher: 1837. Briefwechsel zwischen Heinrich Marx in Trier und seinem Sohn Karl, Student in Berlin

Vater Marx: Lieber Karl, es ist wunderbar, daß ich, von Natur ein fauler Schreiber, ganz unerschöpflich bin, wenn ich Dir schreiben soll. Ich will und kann meine Schwäche gegen Dich nicht verbergen. Mein Herz schwelgt zuweilen in Gedanken an Dich und Deine Zukunft. Und dennoch, zuweilen kann ich mich trauriger, ahnender, Furcht erregender Ideen nicht entschlagen, wenn sich wie ein Blitz der Gedanke einschleicht: Ob Dein Herz Deinem Kopfe, Deinen Anlagen entspricht? – Ob es Raum hat für die irdischen, aber sanftern Gefühle, die in diesem Jammertale dem fühlenden Menschen so wesentlich trostreich sind. Ob, da dasselbe offenbar durch einen nicht allen Menschen verliehenen Dämon belebt und beherrscht wird, dieser Dämon himmlischer oder faustischer Natur ist? Ob Du je – je für wahrhaft menschliches – häusliches – Glück empfänglich sein wirst? Ob Du je das +Glück+ auf die +nächste Umgebung zu verbreiten imstande sein wirst?+

MARX: Teuerer Vater! In Berlin angekommen, brach ich alle bis dahin bestandenen Verbindungen ab, machte mit Unlust seltene Besuche und suchte in Wissenschaft und Kunst zu versinken. Nach der damaligen Geisteslage mußte notwendig lyrische Poesie der erste Vorwurf, wenigstens der angenehmste, nächstliegende sein:

SÄNGER: Ferne zog auf leichten Wellen Unerschaffner Schöpfergeist Welten wogen, Leben quellen Ewigkeit sein Auge kreist Seiner Blicke allbeseelend Walten Brennt sich magischfester in Gestalten.

MARX: Ein /fernliegendes Jenseits, wie meine Liebe/ wurde mein Himmel, meine Kunst. /Alles Wirkliche verschwimmt und alles Verschwimmende findet keine Grenze, Angriffe auf die Gegenwart, breit und formlos geschlagenes Gefühl, nichts Naturhaftes, alles aus dem Mond konstruiert, +der völlige Gegensatz von dem, was da ist, und von dem, was sein soll,+ rhetorische Reflexionen statt poetischer Gedanken, aber vielleicht auch eine gewisse +Wärme der Empfindung und Ringen nach Schwung+ kennzeichnen alle Gedichte der ersten drei Bände, die Jenny von mir zugesandt erhielt./

Nun sollte und durfte die Poesie nur Begleitung sein; ich mußte Jurisprudenz studieren, und fühlte vor allem Drang, mit der Philosophie zu ringen. Beides wurde so verbunden, daß ich teils Heineccius, Thibaut und die Quellen rein unkritisch, nur schülerhaft, durchnahm, so z. B. die zwei ersten Pandektenbücher ins Deutsche übersetzte, teils eine Rechtsphilosophie durch das Gebiet des Rechts durchzuführen suchte. (Als Einleitung schickte ich einige metaphysische Sätze voran und führte dieses unglückliche Opus bis zum öffentlichen Rechte, eine Arbeit von beinahe 300 Bogen.)

VATER MARX: Abgesehen davon, daß die Geselligkeit zur Erheiterung, zur Erholung und zur Ausbildung, eines jungen Mannes besonders, sehr große Vorteile darbietet, so erfordert die Klugheit, und die darfst Du, da Du nicht mehr allein stehst, nicht vernachlässigen, /daß man, versteht sich, +auf eine ehrenvolle und würdige Weise sich einige Stützen verschaffet.+ Vernachlässigung verzeihen

Vornehme oder sich so Dünkende nicht leicht, und vorzüglich dann nicht, wenn sie sich einigermaßen herabgelassen haben./ – Die Herren Jaehnigen und Esser sind nicht allein tüchtige Männer, sondern für Dich wahrscheinlich wichtige Männer, und es wäre /höchst unklug und wirklich unartig/, sie zu vernachlässigen, da sie Dich sehr anständig empfangen.

MARX: Daß bei diesen mancherlei Beschäftigungen das erste Semester hindurch viele Nächte durchwacht, viele Kämpfe durchstritten, viel innere und äußere Anregung erduldet werden mußte, daß ich am Schlusse doch nicht sehr bereichert hinaustrat und dabei Natur, Kunst, Welt vernachlässigt, Freunde abgestoßen hatte, diese Reflexion schien mein Körper zu machen, ein Arzt riet mir das Land, und so geriet ich zum ersten Mal durch die ganze lange Stadt vor das Tor nach Stralow. /Ein Vorhang war gefallen, mein Allerheiligstes zerrissen, und es mußten neue Götter hineingesetzt werden./

Von dem Idealismus, den ich, beiläufig gesagt, mit Kantischem und Fichteschem verglichen und genährt, geriet ich dazu, im +Wirklichen+ selbst die +Idee+ zu suchen.

CHOR: (Hatten die Götter früher über der Erde gewohnt, so waren sie jetzt das Zentrum derselben geworden.)

MARX: Ich hatte Fragmente der Hegelschen Philosophie gelesen, deren /groteske Felsenmelodie/ mir nicht behagte.

Ich schrieb einen Dialog von ungefähr +24 Bogen+: Kleanthes, oder vom Ausgangspunkt und notwendigen Fortgang der Philosophie. Mein +letzter+ Satz war der +Anfang+ des Hegelschen Systems.

Vor Ärger konnte ich einige Tage gar nichts denken, lief wie toll im Garten an der Spree schmutzigem Wasser, das Seelen wäscht und Tee verdünnt, umher, machte sogar eine Jagdpartie mit meinem Wirt mit, rannte nach Berlin und wollte jeden Eckensteher umarmen.

VATER MARX: Das sei Gott geklagt!!! Ordnungslosigkeit, dumpfes Herumschweben in allen Teilen des Wissens, dumpfes Brüten bei der düsteren Öllampe; Verwildrung im gelehrten Schlafrock und ungekämmte Haare statt der Verwildrung bei dem Bierglase; zurückscheuchende Ungeselligkeit mit Hintansetzung alles Anstandes und selbst aller Rücksicht gegen den Vater. – Die Kunst, mit der Welt zu verkehren, auf die schmutzige Stube beschränkt, wo vielleicht in der klassischen Unordnung die Liebesbriefe einer Jenny und die wohlgemeinten und vielleicht mit Tränen geschriebenen Ermahnungen eines Vaters zum fidibus, was übrigens besser wäre, als wenn sie durch noch unverantwortlichere Unordnung in die Hände dritter kämen. – /Und hier, in dieser Werkstätte unsinniger und unzweckmäßiger Gelehrsamkeit sollen die Früchte reifen, die Dich und Deine Geliebten erquikken, die Ernte gesammelt werden, die dazu diene, heilige Verpflichtungen zu erfüllen!?/ In diesem Augenblicke hierher zu kommen, wäre Unsinn. Zu den Osterferien – auch 14 Tage früher, so pedantisch bin ich nicht – komm, und trotz meines gegenwärtigen Epistels kannst Du versichert sein, daß ich Dich mit offenen Armen empfange und ein väterliches Herz Dir entgegenschlägt, das eigentlich nur an Überreiz kränkelt. Dein Vater Marx

2

SPRECHER: 1842. Ludwig Feuerbach: Das Wesen des Christentums

FEUERBACH: Der Glaube an die Vorsehung ist der Glaube an den eigenen Wert – daher die wohltätigen Folgen dieses Glaubens, aber auch die falsche Demut, der religiöse Hochmut, der sich zwar nicht +auf sich+ verläßt, aber dafür dem lieben Gott die Sorge +für sich+ überläßt –, der Glaube des Menschen an sich selbst. Gott bekümmert sich um mich; er beabsichtigt mein Glück, mein Heil; er will, daß ich selig werde; aber dasselbe will ich auch; mein eigenes Interesse ist also das Interesse Gottes,/mein eigener Wille Gottes Wille, mein eigener Endzweck Gottes Zweck/ – (die Liebe Gottes zu mir nichts als meine vergötterte Selbstliebe.)

SPRECHER: Luther als Schiedsrichter zwischen Strauß und Feuerbach

FEUERBACH: Strauß und Feuerbach! Wer von beiden hat recht in der neulich angeregten Frage vom Begriffe des Wunders?

Strauß, der es zu keinem entscheidenden Urteil über das Wunder bringt, noch eine besondere, /vom Wunsche unterschiedene Macht des Geistes/ durch das Wunder hindurch ahndet – gleich als wäre nicht der Wunsch eben diese von ihm aus geahndete Macht des Geistes +oder Menschen+, nicht /z. B. der Wunsch, frei zu sein, der erste Aktus der Freiheit/ – oder Feuerbach, der kurzen Prozeß macht und sagt: /das Wunder ist die Realisation eines natürlichen oder menschlichen Wunsches auf supranaturalistische Weise?/
Luther – eine sehr gute Autorität, eine Autorität, die alle protestantischen Dogmatiken samt und sonders unendlich überwiegt, weil die Religion bei ihm eine +unmittelbare Wahrheit+, sozusagen +Natur war+ – Luther entscheide.

LUTHER: Unsers Herrn Jesu Christi Werk sollen wir anders und +höher+ ansehen, denn der Menschen Werk, denn um der Ursachen willen sind sie auch uns fürgeschrieben, daß wir an denselben Werken erkennen sollen, was er für ein Herr sei, nämlich ein+/solcher Herr und Gott, der helfen kann, da sonst niemand vermag zu helfen/+, also daß kein Mensch so hoch und tief gefallen sei, dem er nicht aushelfen könne, es sei auch die Not, wie sie wolle.

FEUERBACH: In diesen wenigen Worten habt ihr eine Apologie der ganzen Feuerbachschen Schrift. Und euch, ihr spekulativen Theologen und Philosophen, rate ich: macht euch frei von den Begriffen und Vorurteilen der bisherigen spekulativen Philosophie, wenn ihr /anders/ zu den Dingen, wie sie sind, d. h. zur Wahrheit kommen wollt.
+/Und es gibt keinen anderen Weg für euch zur (Wahrheit und Freiheit) als durch den (Feuer-bach). Der Feuerbach ist das Purgatorium der Gegenwart./+

SPRECHER: 1843. Marx in Kreuznach an Ludwig Feuerbach in Bruckberg

MARX: Hochverehrter Herr! Dr. Ruge hat Ihnen bei seiner Durchreise vor einigen Monaten unseren Plan, französisch-deutsche Jahrbücher zu edieren, mitgeteilt und zugleich Ihre Mitwirkung erbeten. Ich glaube fast, aus Ihrer Vorrede zur 2ten Auflage des Wesens des Christentums schließen zu können, daß Sie mit einer ausführlicheren Arbeit über Schelling beschäftigt sind oder doch manches über diesen Windbeutel in petto hätten. Sehen Sie, das wäre ein herrliches Debut.

Schelling hat nicht nur die Philosophie und Theologie, er hat die Philosophie und Diplomatie zu vereinigen gewußt. Er hat die Philosophie zur allgemeinen +diplomatischen Wissenschaft+ gemacht, zur Diplomatie für alles. Ein /Angriff auf Schelling ist also indirekt ein Angriff auf unsre gesamte und namentlich die preußische Politik/.

Sie sind gerade dazu der Mann, weil Sie der /umgekehrte Schelling/ sind. Der – wir dürfen das Gute von unsrem Gegner glauben –, der aufrichtige Jugendgedanke Schellings, zu dessen Verwirklichung er indessen kein Zeug hatte als die Imagination, keine Energie als die Eitelkeit, keinen Treiber als das Opium, kein Organ als die Irritabilität eines weiblichen Rezeptionsvermögens, dieser aufrichtige Jugendgedanke Schellings, der bei ihm ein phantastischer Jugendtraum geblieben ist, er ist Ihnen zur Wahrheit, zur Wirklichkeit, zu männlichem Ernst geworden. Schelling ist daher Ihr antizipiertes Zerrbild, und /sobald die Wirklichkeit dem Zerrbild gegenübertritt, muß es in Dunst und Nebel zerfließen/. Ihr Kampf mit ihm ist der Kampf der Imagination von der Philosophie mit der Philosophie selbst. Ganz der Ihrige, Dr. Marx.

SPRECHER: 1842. Marx in Trier an Arnold Ruge in Dresden

MARX: Lieber Freund! Seit dem Monat April bis heute habe ich im ganzen vielleicht nur, aufs höchste, 4 Wochen, und diese nicht einmal ununterbrochen arbeiten können. 6 Wochen mußte ich wegen eines neuen Todesfalles in Trier zubringen, die übrige Zeit war zerstückelt und verstimmt durch die allerwidrigsten Familienkontroversen. Meine Familie legte mir Schwierigkeiten in den Weg, die mich trotz ihres Wohlstandes momentan den drückendsten Verhältnissen aussetzen. Ich kann Sie unmöglich mit der Erzählung dieser Privatlumpereien belästigen;

/es ist ein wahres Glück, daß die öffentlichen Lumpereien jede mögliche Irritabilität für das Private einem Menschen von Charakter unmöglich machen./

SÄNGER: (Es ist ein wahres Glück, daß die öffentlichen

Lumpereien jede mögliche Irritabilität für das Private einem Menschen von Charakter unmöglich machen.)

CHOR: (Es ist ein wahres Glück, daß die öffentlichen Lumpereien jede mögliche Irritabilität für das Private einem Menschen von Charakter unmöglich machen.)

3

SRECHER: 1842. Debatten über das Holzdiebstahlgesetz. Rheinische Zeitung Nr. 298

MARX: Gleich im Beginn der Debatte opponiert ein Stadtdeputierter gegen die Überschrift des Gesetzes, wodurch die Kategorie Diebstahl auf einfache Holzfrevel ausgedehnt wird. Ein Deputierter der Ritterschaft erwidert:

DEPUTIERTER: Daß eben, weil man es nicht für einen Diebstahl halte, Holz zu entwenden, dies so häufig geschehe.

MARX: Nach dieser Analogie müßte derselbe Gesetzgeber schließen: weil man eine Ohrfeige für keinen Totschlag hält, darum sind die Ohrfeigen so häufig. Man dekretiere also, daß eine Ohrfeige ein Totschlag ist.
Doch worüber streiten wir?
Der Landtag verwirft zwar den Unterschied zwischen Raffholzsammeln, Holzfrevel und Holzdiebstahl. Er verwirft den Unterschied der Handlung als bestimmend für die Handlung, sobald es sich um das Interesse des Forstfrevlers, aber er erkennt ihn an, sobald es sich um das Interesse des Waldeigentümers handelt. So schlägt der Ausschuß zusätzlich vor:

DEPUTIERTER: als erschwerende Umstände zu bezeichnen; wenn grünes Holz mittels Schneideinstrumente abgehauen oder abgeschnitten und wenn statt der Axt die Säge gebraucht wird.

MARX: Derselbe Scharfsinn, der so gewissenhaft ist, in seinem Interesse eine Axt von einer Säge, ist so gewissenlos, Raffholz von grünem Holz nicht im fremden Interesse zu unterscheiden. Bei § 65 wünscht ein Abgeordneter der Städte,

DEPUTIERTER: daß auch der Wert des entwendeten Holzes als Maßstab zur Bestimmung der Strafe angewandt werden möge, was vom Referenten als unpraktisch bestritten wird.

MARX: Wir unpraktischen Menschen aber vindizieren der Armut das Gewohnheitsrecht, und zwar ein Gewohnheitsrecht, welches nicht lokal, ein Gewohnheitsrecht, welches das Gewohnheitsrecht der /Armut in allen Ländern/ ist. Wir gehen noch weiter und behaupten, daß das Gewohnheitsrecht seiner +Natur+ nach /nur das Recht dieser untersten und besitzlosen elementarischen Masse/ sein kann.

Unter den sogenannten Gewohnheiten der Privilegierten versteht man Gewohnheiten wider das Recht. Das Datum ihrer Geburt fällt in die Periode, worin die Geschichte der Menschheit einen Teil der Naturgeschichte bildet und, die ägyptische Sage bewahrheitend, sämtliche +Götter sich in Tiergestalten verbergen+. In den Ländern des naiven Feudalismus, in den Ländern des Kastenwesens, wo /im wahren Sinne des Wortes +die Menschheit verschubkastet und die edlen, frei ineinander überfließenden Glieder des großen Heiligen, des Heiligen Humanus, zerkeilt, gewaltsam auseinandergerissen sind+/, finden wir daher auch die Anbetung des Tiers, /denn dem Menschen gilt immer für sein höchstes Wesen, was sein wahres Wesen ist/.

SÄNGER: (Im Magen des Raubtieres hat die Natur die Wahlstätte der Einigung, die Feueresse der innigsten Verschmelzung, das Organ des Zusammenhangs der verschiedenen Tierarten bereitet.)

MARX: Ebenso zehrt im Feudalismus die eine Rasse an der andern bis zu der Rasse hinab, /welche, ein Polyp, an die Erdscholle gewachsen, nur die vielen Arme besitzt, um den oberen Rassen die Früchte der Erde zu pflücken, während sie selbst Staub zehrt, denn wenn im natürlichen Tierreich die Drohnen von den Arbeitsbienen, so werden im geistigen die Arbeitsbienen von den Drohnen getötet, +und eben durch die Arbeit+/.

CHOR: (Die Philosophen haben die Welt nur verschieden interpretiert, es kömmt drauf an, sie zu verändern.)

SPRECHER: 1842. Der Kommunismus und die Augsburger Allgemeine Zeitung. Rheinische Zeitung Nr. 289

MARX: Oder sollten wir den Kommunismus schon deshalb für keine wichtige Zeitfrage halten, weil er keine courfähige Zeitfrage ist, weil er schmutzige Wäsche trägt und nicht nach Rosenwasser duftet? Daß der Stand, der heute nichts besitzt, am Reichtum der Mittelklassen teilzunehmen /verlangt/, ist ein Faktum, welches in /Manchester, Paris und Lyon/ auf den Strassen jedem sichtbar umherläuft. Die Augsburgerin ist impertinent im Fliehen. Sie reißt aus vor verfänglichen Zeiterscheinungen und glaubt, der Staub, den sie beim Ausreißen hinter sich aufwirbelt, sowie die ängstlichen Schmähworte, welche sie auf der Flucht zwischen den Zähnen hinmurmelt, blendeten und verwirrten die unbequeme Zeiterscheinung wie den bequemen Leser.

://Wir besitzen nicht die Kunst, mit einer Phrase Probleme zu bändigen, an deren Bezwingung zwei Völker arbeiten.://

Die Rheinische Zeitung, die den kommunistischen Ideen /in ihrer jetzigen Gestalt/ nicht einmal +theoretische+ Wirklichkeit zugestehen, also noch weniger ihre praktische Verwirklichung wünschen oder auch für möglich halten kann, wird diese Ideen einer gründlichen Kritik unterwerfen.

Daß aber Schriften wie die von Leroux, Considérant /und vor allen das +scharfsinnige Werk Proudhons+/ nicht durch oberflächliche Einfälle des Augenblicks, sondern nur nach lang anhaltendem und tief eingehendem /Studium/ kritisiert werden können, würde die Augsburgerin einsehen, wenn sie mehr verlangte und mehr vermöchte als Glacéphrasen.

4

SPRECHER: 1844. Friedrich Engels in Barmen an Karl Marx in Paris

ENGELS: Ich war in Köln drei Tage und erstaunte über die ungeheure Propaganda, die wir dort gemacht haben. Die Leute sind sehr tätig, aber der Mangel an einem gehörigen Rückhalt ist doch sehr fühlbar. /Solange nicht die Prinzipien logisch und historisch aus der bisherigen Anschauungsweise und der bisherigen Geschichte und als notwendige Fortsetzung derselben in ein paar Schriften entwickelt sind, solange ist es doch alles noch halbes Dösen und bei den meisten blindes Umhertappen./

SPRECHER: 1844. Karl Marx: Zur Kritik der Hegelschen Rechtsphilosophie. Einleitung

MARX: Selbst die Verneinung unserer politischen Gegenwart findet sich schon als bestaubte Tatsache in der historischen Rumpelkammer der modernen Völker. Wenn ich die gepuderten Zöpfe verneine, habe ich immer noch die ungepuderten Zöpfe. Wenn ich die deutschen Zustände von 1843 verneine, stehe ich, nach französischer Zeitrechnung, kaum im Jahre 1789, noch weniger im Brennpunkt der Gegenwart.

Wir haben nämlich die Restaurationen der modernen Völker geteilt, ohne ihre Revolutionen zu teilen. /Wir wurden restauriert, erstens, weil andere Völker eine Revolution wagten, und zweitens, weil andere Völker eine Konterrevolution litten, das eine Mal, weil unsere Herren Furcht hatten, und das andere Mal, weil unsere Herren keine Furcht hatten./ Wir, unsere Hirten an der Spitze, befanden uns immer nur einmal in der Gesellschaft der Freiheit, am Tag ihrer Beerdigung.

ENGELS: Die Arbeiter sind schon seit ein paar Jahren auf der letzten Stufe der alten Zivilisation angekommen, sie protestieren durch eine reißende Zunahme von /Verbrechen, Räubereien und Morden/ gegen die alte soziale Organisation. Die Strassen sind bei Abend sehr unsicher, die Bourgeoisie wird geprügelt und mit Messern gestochen; und wenn die hiesigen Proletarier sich nach denselben +Gesetzen+ entwickeln wie die englischen, so werden sie bald einsehen, daß diese Manier, als +Individuen und gewaltsam+ gegen die soziale Ordnung zu protestieren, +nutzlos+ ist und als Menschen in ihrer allgemeinen Kapazität durch den //:Kommunismus:// protestieren. (Wenn man den Kerls nur den Weg zeigen könnte! Aber das ist unmöglich!)

MARX: Krieg den deutschen Zuständen! Allerdings! Sie stehn unter dem Niveau der Geschichte, +sie sind unter aller Kritik+, aber sie bleiben ein Gegenstand der Kritik

SÄNGER: //:(wie der Verbrecher)://

MARX: der unter dem Niveau der Humanität steht

SÄNGER: //:(ein Gegenstand des Scharfrichters bleibt).://

MARX: /Mit ihnen im Kampf ist die Kritik keine Leidenschaft des Kopfs, sie ist der Kopf der Leidenschaft./

SPRECHER: 1844. Engels in Barmen an Marx in Paris

ENGELS: Ich sitze bis über die Ohren in englische Zeitschriften und Bücher vergraben, aus denen ich mein Buch über die Lage der englischen /Proletarier/ zusammenstelle. Bis Mitte oder Ende Januar denk ich fertig zu sein, da ich durch die schwierigste Arbeit, die Anordnung des Materials, seit 8–14 Tagen durch bin. Ich werde den Engländern ein schönes Sündenregister zusammenstellen; +ich klage die englische Bourgeoisie vor aller Welt des Mordes, Raubes und aller übrigen Verbrechen in Masse an+ und schreibe eine englische Vorrede dazu, die ich apart abziehen lasse und an die englischen Parteichefs, Literaten und Parlamentsmitglieder einschicken werde. (Die Kerls sollen an mich denken.) /Übrigens versteht es sich, daß ich //:den Sack schlage und den Esel meine://, nämlich die +deutsche Bourgeoisie+, der ich deutlich genug sage, sie sei ebenso schlimm wie die englische, nur nicht so +couragiert, konsequent und geschickt in der Schinderei+./

MARX: Es handelt sich darum, den Deutschen keinen Augenblick der Selbsttäuschung und Resignation zu gönnen. (Man muß den wirklichen Druck noch drückender machen), indem man ihm das Bewußtsein des Drucks hinzufügt, (die Schmach noch schmachvoller), indem man sie publiziert.

SÄNGER: /+Man muß jede Sphäre der deutschen Gesellschaft als den Schandfleck der deutschen Gesellschaft schildern, (man muß die versteinerten Verhältnisse dadurch zum Tanzen zwingen, daß man ihnen ihre eigne Melodie vorsingt).

CHOR: //:(Man muß das Volk vor sich selbst erschrecken lehren, um ihm Courage zu machen.)://

MARX: Man erfüllt damit ein unabweisbares Bedürfnis des deutschen Volkes, und die Bedürfnisse der Völker sind in eigner Person die letzten Gründe ihrer Befriedigung.

SPRECHER: 1845. Friedrich Engels: Lage der arbeitenden Klasse in England. Resultate

ENGELS: Wenn die freiwillige produktive Tätigkeit der höchste Genuß ist, den wir kennen, so ist die Zwangsarbeit die härteste, entwürdigendste Qual. Nichts ist fürchterlicher, als alle Tage von morgens bis abends etwas tun müssen, was einem widerstrebt. Und je menschlicher der Arbeiter fühlt, desto mehr muß ihm seine Arbeit verhaßt sein, weil er den Zwang, die Zwecklosigkeit für ihn selbst fühlt. Weshalb arbeitet er denn? Aus Lust am Schaffen? Aus Naturtrieb? Keineswegs. Er arbeitet um des Geldes, um einer Sache willen, die mit der Arbeit selbst gar nichts zu schaffen hat, er arbeitet, weil er muß, und arbeitet noch dazu so lange und ununterbrochen einförmig, daß schon aus diesem Grunde allein ihm die Arbeit in den ersten Wochen zur Qual werden muß. /Die Teilung der Arbeit hat die vertierenden Wirkungen der Zwangsarbeit überhaupt noch vervielfacht./ In den meisten Arbeitszweigen ist die Tätigkeit des Arbeiters auf eine kleinliche, rein mechanische Manipulation beschränkt, die sich Minute für Minute wiederholt und jahraus, jahrein dieselbe bleibt. Wer von Kindesbeinen an jeden Tag zwölf Stunden und drüber Nadelköpfe gemacht oder Kammräder abgefeilt und ausserdem in den Verhältnissen eines englischen Proletariers gelebt hat, wieviel menschliche Gefühle und Fähigkeiten mag er in sein dreißigstes Jahr hinüberretten?

MARX: /Die Waffe der Kritik kann allerdings die Kritik der Waffen nicht ersetzen, die materielle Gewalt muß gestürzt werden durch materielle Gewalt, allein auch/

CHOR: (die Theorie wird zur materiellen Gewalt, sobald sie die Massen ergreift.)

MARX: Der evidente Beweis für den Radikalismus der deutschen Theorie, also für ihre praktische Energie, ist ihr Ausgang von der entschiedenen positiven Aufhebung der Religion. Die Kritik der Religion endet mit der Lehre, /daß der Mensch das höchste Wesen für den Menschen sei, also/

CHOR: (mit dem kategorischen Imperativ, alle Verhältnisse umzuwerfen, in denen der Mensch ein erniedrigstes, ein geknechtetes, ein verlassenes, ein verächtliches Wesen ist:

MARX: Verhältnisse, die man nicht besser schildern kann als durch den Ausruf eines Franzosen bei einer projektierten Hundesteuer:

SÄNGER: (Arme Hunde! Man will euch wie Menschen behandeln!)

ENGELS: Die Kinder werden als halbverhungert und zerlumpt geschildert, die Hälfte soll nicht wissen, was sattwerden heißt, viele leben den ganzen Tag für so viel Brot, als sie für einen Penny (10 Pf. preußisch) bekommen oder erhalten vor dem Mittagessen keine Nahrung; ja es kamen Beispiele vor, daß Kinder von 8 Uhr morgens bis 7 Uhr abends nichts zu essen bekamen. Die Kleidung sehr häufig kaum hinreichend, ihre Blöße zu bedecken; viele selbst im Winter barfuß. Daher sind sie alle klein und schwach für ihr Alter und entwickeln sich selten irgendwie kräftig.

MARX: Wo also die positive Möglichkeit der deutschen Emanzipation? Antwort: /In der Bildung einer Klasse mit radikalen Ketten, einer Klasse der bürgerlichen Gesellschaft, welche keine Klasse der bürgerlichen Gesellschaft ist, eines Standes, welcher die Auflösung aller Stände ist, eine Sphäre, welche einen universellen Charakter in ihrem universellen Leiden besitzt und kein besondres Recht in Anspruch nimmt, weil kein besondres Unrecht, sondern das Unrecht schlechthin an ihr verübt wird, welche nicht mehr auf einen historischen, sondern nur noch auf den menschlichen Titel provozieren kann, welche in keinem einseitigen Gegensatz zu den Konsequenzen, sondern in einem allseitigen Gegensatz zu den Voraussetzungen des deutschen Staatswesens steht, einer Sphäre endlich, welche sich nicht emanzipieren kann, ohne sich und damit alle übrigen Sphären der Gesellschaft zu emanzipieren, welche mit einem Wort der völlige Verlust des Menschen ist, also nur durch die völlige Wiedergewinnung des Menschen sich selbst gewinnen kann.

//: Diese Auflösung der Gesellschaft als ein besonderer Stand ist das (Proletariat).://

Der +Kopf+ dieser Emanzipation ist die Philosophie, ihr +Herz+ das Proletariat./

5

SPRECHER: Briefe von Marx an Engels, welche von Geld (...) handeln.

MARX: Zur Frage (...)

Du erinnerst Dich, daß Heß mir und meinem Schwager Edgar (...) vom Gesellschaftsspiegel her schuldet. Ich ziehe daher auf ihn einen Wechsel von hier, 30 Tage auf Sicht. Der Bernays schuldet mir ebenso vom Mai vorigen Jahres 150 fr. Er erhält also ebenfalls einen Wechsel präsentiert. Ich ersuche Dich also zu folgendem: 1) Schreib mir erstens die Adressen der beiden; 2) teile beiden das Faktum mit und sage den Eseln 3) daß, wenn sie nicht glauben, bis zum 15. Juni die respektiven (...)er zahlen zu können, sie dennoch den Wechsel akzeptieren sollen. Ich werde dann für Deckung in Paris sorgen. Natürlich eröffnest Du den Eseln letzteres nur, wenn es durchaus nicht anders geht.

Ich bin in solchem (...)pech momentan, daß ich zu diesem Wechselziehen Zuflucht nehmen mußte, und am Ende, den beiden Eseln soll nichts geschenkt werden. Falls die Esel bloß zum Schein die Wechsel akzeptieren wollen, muß ich das natürlich gleich wissen. Laß Dir von Breyer die 100 fr. zahlen, die er mir hoch und teuer versprach, in einer Woche wiederzugeben, von Gigot 30, von Heß 10. Maynz wird den Wechsel bei Cassel von 114 fr. einlösen und Dir auszahlen. Diese verschiednen Summen nimm zusammen und verbrauche sie.

Was den Breyer angeht, so mußt Du noch einmal zu ihm und ihm die Gemeinheit vorstellen, die darin liegt, wenn er mein Pech benutzt, um nicht zu zahlen. Die Revolution hat ihn keinen Sou gekostet.

Ich habe einen sicheren Plan entworfen, Deinem Alten (...) auszupressen, da wir jetzt keins haben. Schreib einen (...)brief, möglichst kraß an mich, worin Du Deine bisherigen Fata erzählst, aber so, daß ich ihn Deiner Mutter mitteilen kann. Der Alte fängt an, Furcht zu bekommen.

Da Dein Brief erst jetzt abends ankömmt, ist es keine Zeit mehr, nach Wechseln sich umzutun.

Übrigens hat Dein Alter an Gigot geschrieben. Er will Dir, wie er sagt, (...) schicken. Ich habe ihm Deine Adresse geschickt.

Ich bin mit dem (...) beschränkt. 1850 Taler hatte ich von der Reise mitgebracht, 1950 bekam ich von den Polen.

100 brauchte ich noch auf der Reise. 1000 Taler habe ich der Zeitung vorgeschossen. 500 in dieser Woche noch zu zahlen für die Maschine. Bleibt 350. Dabei habe ich noch keinen Cent.
Die grosse Summe für die Zeitung hätte ich rationellerweise nicht vorgeschossen, da ich drei bis vier Preßprozesse auf dem Halse habe, jeden Tag eingesperrt werden und dann nach (...) wie der Hirsch nach frischem Wasser schreien kann. Aber es galt, unter allen Umständen dieses Fort zu behaupten und die politische Stellung nicht aufzugeben.

SPRECHER: 1847. Engels in Paris an Marx in Brüssel

ENGELS: Überleg Dir doch das +Glaubensbekenntnis+ etwas. Ich glaube, wir tun am besten, wir lassen die Katechismusform weg und titulieren das Ding:

SPRECHER: Kommunistisches Manifest –

ENGELS: Da darin mehr oder weniger Geschichte erzählt werden muß, paßt die bisherige Form gar nicht. Ich bringe das hiesige mit, das ich gemacht habe, es ist einfach erzählend, aber miserabel redigiert, in fürchterlicher Eile. Ich fange an: /Was ist der Kommunismus? und dann gleich das Proletariat – Entstehungsgeschichte, Unterschied von früheren Arbeitern, Entwicklung des Gegensatzes des Proletariats und der Bourgeoisie, Krisen, Folgerungen./ Dazwischen allerlei Nebensachen und schließlich die Parteipolitik der Kommunisten, +so weit sie vors Publikum gehört+. Das hiesige ist noch nicht ganz zur Bestätigung vorgelegt, aber ich denke, bis auf einige ganze Kleinigkeiten, es so durchzusetzen, daß wenigstens nichts gegen unsere Ansichten drinsteht.

MARX: Freitag abend kann ich noch nicht in Ostende sein, weil das (...) erst bis Freitag zusammenkommt.

6

SPRECHER: 1848. Das Manifest der Kommunistischen Partei

CHOR: (Die Geschichte aller bisherigen Gesellschaft ist die Geschichte von Klassenkämpfen.)

MARX: Freier und Sklave, Patrizier und Plebejer, Baron und

Leibeigner, Zunftbürger und Gesell, kurz +Unterdrücker und Unterdrückte+ standen in stetem Gegensatz zueinander, /führten einen bald versteckten, bald offenen Kampf, einen +Kampf, der jedes Mal mit einer revolutionären Umgestaltung der ganzen Gesellschaft endete oder (mit dem gemeinsamen Untergang der kämpfenden Klassen)+/.

ENGELS: Unsere Epoche, die Epoche der Bourgeoisie, zeichnet sich jedoch dadurch aus, daß sie die Klassengegensätze vereinfacht hat. Die /ganze Gesellschaft spaltet sich mehr und mehr in zwei große feindliche Lager, in zwei große, einander +direkt+ gegenüberstehende Klassen: Bourgeoisie und Proletariat/.

MARX: Die Bourgeoisie hat in der Geschichte eine höchst revolutionäre Rolle gespielt. Sie hat an die Stelle der von religiösen und politischen +Illusionen+ verhüllten Ausbeutung die

SÄNGER: (offene, unverschämte, direkte, dürre)

MARX: Ausbeutung gesetzt.

Die Bourgeoisie hat alle bisher ehrwürdigen und mit +frommer+ Scheu betrachteten Tätigkeiten ihres (Heiligenscheins) entkleidet. /Sie hat den Arzt, den Juristen, den Pfaffen, den Poeten, den Mann der Wissenschaft in ihre bezahlten Lohnarbeiter verwandelt./ Die Bourgeoisie hat dem Familienverhältnis seinen rührend-sentimentalen Schleier abgerissen und es auf ein reines (...)verhältnis zurückgeführt.

ENGELS: Erst sie hat bewiesen, was die Tätigkeit der Menschen zustande bringen kann.

SÄNGER: (Die Menschen sind endlich gezwungen, ihre Lebensstellung, ihre gegenseitigen Beziehungen mit nüchternen Augen.)

CHOR: (Mit nüchternen Augen.)

ENGELS: Unterjochung der Naturkräfte, Maschinerie, Anwendung der Chemie auf Industrie und Ackerbau, Dampfschiffahrt, Eisenbahnen, elektrische Telegrafen, Urbarmachung ganzer Weltteile, Schiffbarmachung der Flüsse, ganze aus dem Boden hervorgestampfte Bevölkerungen – welches früheres Jahrhundert ahnte, daß solche Produktionskräfte im Schoß der gesellschaftlichen Arbeit schlummerten?

MARX: Die moderne bürgerliche Gesellschaft gleicht dem Hexenmeister, der die unterirdischen Gewalten nicht mehr zu beherrschen vermag, die er heraufbeschwor.

ENGELS: /Die Waffen, womit die Bourgeoisie den Feudalismus zu Boden geschlagen hat, richten sich jetzt gegen die Bourgeoisie selbst./ +Aber die Bourgeoisie hat auch die Männer gezeugt, die diese Waffen führen werden: die Proletarier.+ Diese Arbeiter, die sich stückweise verkaufen müssen, sind eine Ware wie jeder andere Handelsartikel.
Die Arbeit der Proletarier hat allen Reiz für den Arbeiter verloren.
Er wird ein bloßes Zubehör der Maschine.
Sie werden als gemeine Industriesoldaten unter die Aufsicht einer vollständigen Hierarchie von Unteroffizieren und Offizieren gestellt.
Geschlechts- und Altersunterschiede haben keine gesellschaftliche Geltung mehr für die Arbeiterklasse.

CHOR: (Es gibt nur noch Arbeitsinstrumente)

ENGELS: die je nach Alter und Geschlecht verschiedne Kosten machen.

MARX: Das Proletariat macht verschiedne Entwicklungsstufen durch. Sein Kampf gegen die Bourgeoisie

SÄNGER: (Sein Kampf gegen die Bourgeoisie beginnt mit seiner Existenz.)

CHOR: Sein Kampf gegen die Bourgeoisie beginnt mit seiner Existenz.

ENGELS: Alle bisherigen Bewegungen waren Bewegungen von Minoritäten oder im Interesse von Minoritäten. Die proletarische Bewegung ist die /selbständige Bewegung/ der +ungeheuren Mehrzahl im Interesse der ungeheuren Mehrzahl+. Das Proletariat, die

SÄNGER: (unterste Schicht der jetzigen Gesellschaft)

CHOR: (Das Proletariat, die unterste Schicht der jetzigen Gesellschaft)

ENGELS: kann sich nicht aufrichten

SÄNGER: (kann sich nicht aufrichten)

CHOR: (das Proletariat kann sich nicht aufrichten)

ENGELS: ohne daß der ganze Überbau der Schichten, die die offizielle Gesellschaft bilden, in die Luft gesprengt wird.

MARX: Der Fortschritt der Industrie setzt an die Stelle der

Isolierung der Arbeiter ihre Vereinigung. Die Bourgeoisie produziert vor allem

SÄNGER: (Die Bourgeoisie produziert vor allem ihre eignen Totengräber.)

CHOR: (Die Bourgeoisie produziert ihre eignen Totengräber.)

MARX: Die Bourgeoisie produziert vor allem ihre eignen Totengräber. Ihr Untergang und der Sieg des Proletariats sind gleich unvermeidlich.

CHOR: //:(Unvermeidlich.)://

SPRECHER: Die Kommunisten

MARX: unterscheiden sich von den übrigen proletarischen Parteien nur dadurch, daß sie einerseits in den verschiedenen nationalen Kämpfen der Proletarier die +gemeinsamen+, von der Nationalität unabhängigen /Interessen des gesamten Proletariats/ hervorheben und zur Geltung bringen, andrerseits dadurch, daß sie in den verschiedenen Entwicklungsstufen, welche der Kampf zwischen Proletariat und Bourgeoisie durchläuft, stets das /Interesse der Gesamtbewegung vertreten/.

CHOR: /Die Kommunisten sind also praktisch der entschiedenste, immer weiter treibende Teil der Arbeiterparteien aller Länder/

MARX: sie haben theoretisch vor der übrigen Masse des Proletariats die /Einsicht in die +Bedingungen+, den +Gang+ und die +allgemeinen Resultate+ der proletarischen Bewegung voraus/.

ENGELS: Ihr entsetzt euch darüber, daß wir das Privateigentum aufheben wollen. Aber in eurer bestehenden Gesellschaft +ist+ das Privateigentum für neun Zehntel ihrer Mitglieder aufgehoben; /es existiert dadurch, daß es für neun Zehntel nicht existiert/.

MARX: Ihr werft uns mit einem Wort vor, daß wir /euer/ Eigentum aufheben wollen.

CHOR: //:Allerdings, das wollen wir.://

MARX: Die Kommunisten +verschmähen+ es, ihre Ansichten und Absichten zu +verheimlichen+. Sie +erklären offen+, daß ihre Zwecke nur +erreicht+ werden können durch den +gewaltsamen+ Umsturz aller bisherigen Gesellschaftsordnung. Mögen die herrschenden Klassen vor einer /kommunistischen Revolution/ +zittern+.

SÄNGER: /+Die Proletarier haben nichts in ihr zu verlieren als ihre Ketten+/ (Sie haben eine Welt zu gewinnen.)

CHOR: (Es ist ein wahres Glück, daß die öffentlichen Lumpereien jede mögliche Irritabilität für das Private einem Manne von Charakter unmöglich machen.)

Signalement

Er ist 5 Fuß 7 Zoll groß – sein Maß ist 5 Fuß 10...11 Zoll hannöversch – 5 Fuß 6 Zoll rheinisch – er ist 1,71 lang; kräftige untersetzte Statur – er ist klein, ziemlich schmächtig – ein großer schlanker Mann mit langem weißem Bart – mittelgroß, breitschultrig, von kräftigem Körperbau und energischer Haltung – seine schlanke, die Mittelhöhe überragende Gestalt – wohlproportioniert, obwohl die Wirbelsäule im Verhältnis zu den Beinen zu lang war – ein Sitzriese – er hat auf seinen kurzen Beinen eine Behendigkeit entwickelt, die ich ihm nie zugetraut hätte;
Haar und Bart ganz schwarz, letzteres rasiert er überhaupt nicht – dem die dichten schwarzen Haare aus Wangen, Armen, Nase und Ohren quollen – trotz seines besten Alters die Haare schon grau – graugemischt – Schnurrbart tiefschwarz – schönes graues Haar fällt in regelmäßigen Lokken über den eindrucksvollen Kopf;
sokratische Nase – Nase: dick – Augen: schwarz – sein großes, durchdringend feuriges Auge hat etwas dämonisch Unheimliches – Augen dunkelbraun, etwas blöde – Monokelträger;
eine dichte schwarze Mähne auf dem Kopfe, die Hände mit Haaren bedeckt, den Rock schief zugeknöpft – in seinem grauen Anzug sieht er sehr comme il faut aus – hat ein vornehmes Äußeres – Verstopfungen, Leberschaden, Furunkulose, chronische Bronchitis, Tbc, Aphasie – schwarzer Kaffee, Cigarren, Whisky und Bier – Fischesser;
seine Bewegungen waren eckig, aber kühn und selbstgewiß – erinnert in Sprache und Äußerem etwas an seine jüdische Abstammung – ist schlau, kalt und entschlossen – seine Manieren liefer geradezu allen gesellschaftlichen Umgangsformen zuwider. Aber sie waren stolz, mit einem Anflug von Verachtung – der Blick ziemlich streng, aber keineswegs der eines Herrn, der kleine Kinder in ihren Wiegen zu fressen pflegt – sein Gang ist bedächtig – niemals habe ich einen Menschen gesehen von so verletzender, unerträglicher Arroganz des Auftretens – man sieht ihm übrigens auf den ersten Blick den Mann von Genie und Energie an – seine Geistesüberlegenheit übt eine unwiderstehliche Gewalt auf seine Umgebung aus – seine scharfe Stimme, die

wie Metall klang – sprach nicht anders als in Imperativen, keinen Widerspruch duldenden Worten – man fühlt sofort, daß er einer ist, der etwas zu sagen hat, und er sagt es mit dem schöngemessenen Atem – schneidend höhnischer Ton – er spricht kräftig, kernig, glutvoll: aber nicht rhetorisch – die, ich möchte sagen: ausspuckende Art, mit der er das Wort Bourgeois aussprach – spricht Deutsch im rheinischen Dialekt – der den scharfen Stachel seines ätzenden Witzes mit weicher Stimme umhüllt und dadurch um so grausamer wird – hatte nichts Träumerisches an sich – die Verkörperung eines demokratischen Dictators – ein ehrwürdiger Greis, dessen mildes Antlitz – ein großes Kind, unfähig, eine Maske zu tragen;
ein ungeheurer Maulwurf, der, Jede Gesellschaftsordnung untergrabend, in der Tiefe unheimlich dahinkriecht.

Vorschlag für ein Fernseh-Programm im Karl-Marx-Jahr 1983

Wollen wir über Marx und die Künste nachdenken, so sollten wir uns nicht beschränken auf das, was Marx über die Künste oder gar einzelne Kunstwerke geschrieben hat.

1

Bei Lifschitz, Marx und Engels über Kunst und Literatur, finden wir eine Liste der Dichtungen, deren Titel beide Klassiker ausdrücklich nennen. Das Verzeichnis ist nicht derart lang, wie man glaubt erwarten zu müssen. Es belegt aber die Kenntnis der Gesamtwerke von Aischylos, Shakespeare, Goethe und Balzac: in den Originalsprachen, versteht sich. Das komplette Bild entstünde, wenn wir sämtliche verborgenen Zitate und Anspielungen registrierten; was da dem Leser zugemutet, und zugetraut! wird, ist gewaltig. Wer argwöhnt denn Winke auf alchymistische Texte?

2

Der junge Marx hat ein beträchtliches Quantum Gedichte verfertigt; keines von diesen ist gut oder auch nur erträglich. Radikale Selbstkritik endet den nachpubertären poetischen Anfall. „Breit und formlos geschlagenes Gefühl, alles aus dem Mond konstruiert, Angriffe auf die Gegenwart, der völlige Gegensatz von dem, was da ist, und von dem, was sein sollte." Danach entstand kein Vers mehr. Kennte man nichts außer den Gedichten, müßte man wähnen, dem Manne gebreche das Sprachgefühl. Aber die Selbstkritik kündet den künftigen Sprachmeister an. Durch die Formulierung tönen Goethes Grimm über die romantische Allerweltspoesie, Hegels Hohn über die leere Subjektivität. Das eigene, hier mißratene, Tun, der Dichter und der Philosoph sind die drei Väter der frühen Selbstverständigung. Sobald Marx seinen wirklichen Gegenstand ergriffen hatte, besaß er die dichterische Kraft. – Selbstverständigung: das ist ein für Marx entscheidender Begriff. Klassenbewußtsein kann beschrieben werden als fortdauernde Selbstverständigung einer Klasse über ihr Sein und Wirken.

3

Marx hat folglich weder gelesen um der Entspannung von der wissenschaftlichen Arbeit willen, noch ist seine meisterliche Prosa Kleid oder gar Putz seiner wissenschaftlichen Gedanken. Seine Beweisketten enthalten Beweisglieder, die wir, nach Mehring, poetisch-metaphorisch zu nennen nicht umhinkönnen; seine Schriften sind Urkunden einheitlichen poetisch-wissenschaftlichen Denk- und Erfahrungsganges. Die Dichtung ist ihm nicht Auskunftei über Fakten, die anderswo, leider, nicht erfaßt sind, sondern Organ des Zusammenhangs der Phänomene, also wesentlich, ja

4

ein bestimmtes poetisches Bild kann der Keim sein, um den Analysen und Folgerungen kristallisieren, ohne doch den Keim auszutilgen. So, z. B., hat der berühmte Satz aus dem Kommunistischen Manifest –: Die Bourgeoisie produziert vor allem ihre eigenen Totengräber – nicht allein äußere Ähnlichkeit mit Fausts Tod und Grablegung. Wenn wir uns entschließen, Fausts letzte Worte als mystifizierte Schutzzöllnerei zu verstehen, ist die Zukunft nicht visionär transzendiert, sie ist, in Gestalt der Lemuren (der Arbeiter: definiert Goethe, wörtlich) auf der Szene leibhaft anwesend. Sie sind die Totengräber; ihr Lied, das den hinfälligen Bourgeois aushöhnt, hat Goethe dem shakespearischen Totengräber entlehnt, und die zitierte Hamlet-Szene wiederum erinnert das Bauernkriegs-Lied: Als Adam grub und Eva spann / Wo war denn da der Edelmann? – Goethes Faust beruft seine Totengräber, Marxens Bourgeois produziert sie: das ist das gründlich Neue. Indes hat, glaube ich beweisen zu können, zur geschichtsphilosophischen Entdeckung beigetragen, daß Marx Fausti Blindheit nicht als seherische (homerische), sondern als historische Blindheit gelesen hat. Die Anregung schuldet er, vermute ich, dem Titus Livius. (: vgl. .../...; Appius Herdonius.) Die Einflüsse der shakespearischen Königsdramen auf die Theorie der Ursprünglichen Akkumulation sind bereits untersucht, und ich gedenke hier nur noch Marxens Neigung zu Balzac, in dessen Erzählstrukturen die bürgerlichen Verkehrsverhältnisse unmittelbar Natur der Personen geworden sind. – Umgekehrt, der wissenschaftliche Denkansatz entfaltet sich ästhetisch. Die europäische Neuzeit hat drei Epen hervorgebracht: den Rosenroman, die Farbenlehre und Das Kapital (Widerstreit und Triumph der Begriffe; Taten und Leiden des Lichts; Abenteuer und Schleichwege des Geldes).

5

Kein Ur-Ei hat gänzlich sich geteilt. Das einheitliche poetisch-wissenschaftliche Denken ist ein offenbares Geheimnis abend- wie morgenländischer Geistesgeschichte. Das klassische Griechenland erkannte Welt auf diesem Wege; Kopernikus und Kepler glaubten, daß Gott wohl keine verworrene Schöpfung verübt habe, und suchten den ästhetisch befriedigenden Bauplan; die Altertumswissenschaft, seit Mitte des XVIII. Jhs., analysiert Gesellschaft, indem sie Kunst dechiffriert; die Aufklärer kleideten Soziologie in Romanform, und die Form wirkte auf die Gehalte zurück; der junge Goethe vollzog den Übergang von der Physiognomie zur Soziologie: er frug, was das bedeutende Äußere des Menschen sei, offenbar nicht das Nackte, vielmehr Kleidung und Hausung etc., worinnen dieser das gesellschaftliche Verhältnis ausdrückt, welches ihn zu dem macht, was er ist; auch in unserm Jh. erwächst Naturerkenntnis poetischer Anschauung: Einsteins geschlossener Fahrstuhl, der Alptraum, ist ein heuristisches Modell höchsten Ranges. – Die klassische deutsche Philosophie ist Quelle und Bestandteil des Marxismus; sie selbst ist das ästhetisch-philosophische Kontinuum der Kunstperiode.

6

Wie erfuhr und verarbeitete Marx das sinnlich-ästhetische Bild seiner Gegenwart, des mittleren und späten XIX. Jhs.? Ich, heute, sehe den Geist des Säculums, d. h. seinen wesentlichen psychischen Widerspruch, am deutlichsten reproduziert in den Grafiken Gustav Dorés. Die Industrielle Revolution zerriß den Vorhang von oben an bis unten aus und behängte ihre Fassade mit Tand, der mythologisch statt mythisch war und Niemandem zum Glauben verpflichtete. Neostile; das Flügelrad an den Bahnhöfen aus Stahl und

Glas; hybride Fratzen, groteskes Theater, die komischsten Rollen, schulgerecht, im ernsthaftesten Habitus.
Dorés Höllen gleichen den Londoner slums; die slums sind die Höllen der Gegenwart.
Seine Zivilisation hat das Profil der Löwin, der sadistischen Hure, im Bois de Boulogne.
Hätte Offenbach (er hat ja:) Wagners Ring-Libretto komponiert – dies wäre die Musik, die zu Marx paßt.
Die Marx-Forscher sprechen von der Einheit des Wissenschaftlichen und Polemischen, Marx selbst nannte seine Methode historisch und logisch. Heißen wir seinen Stil: analytisch-satirisch, dergestalt, daß die Analyse immer zugleich selbst die Satire ist, welche die Klarheit des Gemüts bewirkt, die revolutionäre Praxis aber Element und physische Satire Zweck der Analyse ist, so erkennen wir die Ästhetik des Widerstands gegen ein monströses Zeitalter, „im Widerwärtigen tüchtige, große Züge“. Die Spuren victorianischer Moral, die durch das persönliche Leben trapsen, und das romantisch Fragmentarische des Werks bezeugen die Gewalt der Pression.

7

Man umkreise die Baulichkeiten jener Zeit, man betrachte wiederholt die Bilder Dorés, man überlagere Wagner und Offenbach: und untersuche dann, wie oft und in welchem Sinne Marx mit Spuk und Gespenstern zu schaffen hat.

Büchners Danton

1

Gegenstand sind nicht die Revolutionsbegebenheiten, sondern die Revolutionsfolgen in Gestalt der Revolutionsbegebenheiten.

2

Die Revolutionsbegebenheiten sind auf ihre kleinste Größe reduziert. Danton wird gefangengesetzt, angeklagt, Eingerichtet; primitivste Mechanik.

3

Was wirklich sich auskämpft, sind die Begebenheiten der Ideen, die den Taten vorauslaufen. Danton muß sich nichtig werden, d. h. psychisch das Resultat der Revolution antizipieren, damit er vernichtet werden kann.

4

Die streitende Masse religiöser, philosophischer, politischer Programme passiert Revue. Ein Ball entleibter Köpfe.

5

Immanente Polemik gegen die Ästhetik der Kunstperiode (: das geschlossene Kunstwerk) wirkt die Einheit des Stükkes. Der Krach mit Schiller, also Schiller, artifiziert die Philosopheme.

6

Im Keller des dramaturgischen Baues geistern die fossilen Splitter des Chors: die Raunzer der Unterklasse, der das Theater droben altbekannt und schnurz ist.

7

Gemessen an den Keller-Geräuschen: sind die Tiraden in der belle etage Zank, d. h. komisch.

Brechts Dickicht

Als Quellen seines Stücks nennt Brecht ausdrücklich Jensen, Rimbaud, eine verschollne Briefsammlung; en passant erwähnt er Kipling, andernorts Schiller. Er kam, behauptet er, „zu der epochalen Entdeckung, daß eigentlich noch kein Mensch die große Stadt als Dschungel beschrieben hat. Wo sind ihre Helden, ihre Kolonisatoren, ihre Opfer? Die Feindseligkeit der großen Stadt, ihre bösartige, steinerne Konsistenz, ihre babylonische Sprachverwirrung, kurz: ihre Poesie ist noch nicht geschaffen." Indessen hatte er 1920, ein Jahr vor Beginn der Arbeit am Stück, Sinclairs Roman gelesen gehabt; der Romantitel, englisch, lautet: The Jungle, und Brecht braucht, in seiner apodiktischen Äußerung, die korrekte Übersetzung: Dschungel, nicht Sumpf (swamp). Auch übergeht Brecht Hauptmann; die Ratten waren 1911 erschienen; er übergeht Heym, dessen Gedichte er genutzt hat wie keiner; er erwähnt Rimbaud und vergißt Baudelaire, Balzac, Dumas, Poe, Cooper. – Benjamin hat später diese Tradition gezeichnet, ohne die Verbindung zu Brechts Dikkicht zu nennen: „Kriminalistischer Spürsinn, mit der gefälligen Nonchalance des Flaneurs vereinigt, gibt den Aufriß von Dumas' Mohicans de Paris. Sein Held entschließt sich, auf Abenteuer auszuziehen, indem er einem Fetzen Papier nachgeht, welchen er dem Winde zum Spiel überlassen hat. Welche Spur der Flaneur auch verfolgen mag, jede wird ihn auf ein Verbrechen führen. Damit ist bereits angedeutet, wie auch die Detektivgeschichte, ihres nüchternen Kalküls ungeachtet, an der Phantasmagorie des Pariser Lebens mitwirkt. Noch verklärt sie nicht den Verbrecher, aber sie verklärt seine Gegenspieler und vor allem die Jagdgründe, in denen sie ihn verfolgen. Messac hat den Einfluß der Indianererzählung von Cooper auf die französische Detektivgeschichte nachgewiesen. Das Interessante an diesem Einfluß ist: man verbirgt ihn nicht, man stellt ihn vielmehr zur Schau. In den erwähnten Mohicans de Paris liegt die Schaustellung schon im Titel; der Autor stellt dem Leser in Aussicht, ihm in Paris einen Urwald und eine Prärie zu öffnen. Der Holzschnitt zum dritten Band zeigt eine bebuschte, damals noch wenig begangne Straße; die Beschriftung der Ansicht lautet: Der Urwald in der d'Enfer-Straße. Der Verlags-

prospekt dieses Werkes unterstreicht den Zusammenhang mit einer großartigen Floskel, in der man die Hand des von sich begeisterten Verfassers vermuten darf. ‚Paris-die Mohikaner … diese beiden Namen prallen aufeinander wie das Qui vive zweier gigantischer Unbekannter. Es trennt die beiden ein Abgrund; doch ihn durchzucken Funken jenes elektrischen Lichtes, das seinen Herd in Alexandre Dumas besitzt.' Féval versetzte schon früher eine Rothaut in weltstädtische Abenteuer. Sie heißt Towah und bringt es fertig, bei einer Ausfahrt in einem Fiaker seine vier weißen Begleiter so zu skalpieren, daß der Kutscher nichts davon merkt. Die Mystêres de Paris weisen gleich zu Beginn auf Cooper, um zu versprechen, daß ihre Helden aus der Pariser Unterwelt ‚nicht minder der Zivilisation entrückt sind als die Wilden, die Cooper so trefflich darstellt'. Besonders aber ist Balzac nicht müde geworden, auf Cooper als auf sein Vorbild hinzuweisen. ‚Die Poesie des Schreckens, von der die amerikanischen Wälder, in denen feindliche Stämme auf dem Kriegspfad einander begegnen, voll sind – diese Poesie, die Cooper so zustatten gekommen ist, eignet genauso den kleinsten Details des Pariser Lebens. Die Passanten, die Läden, die Mietkutschen oder ein Mann, der gegen ein Fenster lehnt, all das interessierte die Leute von Peyrades Leibwache ebenso brennend wie ein Baumstumpf, ein Biberbau, ein Felsen, eine Büffelhaut, ein unbewegliches canoe oder ein treibendes Blatt den Leser eines Romans von Cooper.' Balzacs Intrige ist reich an Spielformen zwischen Indianer- und Detektivgeschichte." – „Wollen Sie die Prärie aufmachen hier? Messer? Revolver? Cocktails?" das sagt Garga zu Shlink, in C. Maynes Leihbibliothek (Chicago), am 8. August 1912.
Allerdings, ehe die bürgerlichen Schriftsteller ihre Zivilisation mit der Wildnis identifizieren, hatten die bürgerlichen Philosophen ihre Gesellschaft an der Wildheit gemessen. Der Edle Wilde gehörte zu den aufklärerischen Standardtypen; auf dessen Image konnte Rousseau fußen; und die von Benjamin skizzierte Tradition ist Gegenschlag gegen ihre eigne Vorarbeit. Gracian gehört zu diesen Vorarbeitern ebenso wie Montesquieu, und Karl May flickte Winnetou aus den zerstreuten organischen Resten. – Montaigne hat die Doppelfunktion des Typs Edler Wilder in der aufklärerischen Polemik genauestens beschrieben:

Weltprüfung: „Drey ehrliche Menschen unter ihnen, (welchen es wohl nicht ahnen mag, wie theuer eines Tages ihrer Ruhe und ihrer Glückseligkeit die Kenntniß unserer verderbten Sitten zu stehen kommen, und die Bekanntschaft mit uns ihren Untergang nach sich ziehen werde, wie ich leider! voraussetze, daß das so weit nicht mehr hin sei,) die unglücklich genug waren, sich ins Netz der Neugier locken zu lassen, und der Anmuth ihres Landes zu entsagen, um das unsere zu besehen, kamen zu der Zeit nach Rouen, als der König Karl IX. sich dort aufhielt. Man zeigte ihnen unsere Art zu leben; unsere Pracht, die Einrichtung einer schönen Stadt! Nachher befragte sie jemand, um zu wissen, was sie für das Merkwürdigste befunden hätten? Sie antworteten, dreyerley Dinge; wovon ich das dritte, zu meinem Leidwesen! vergessen habe. Zwey davon aber sind mir noch im Gedächtniß geblieben. Erstens, sagten sie, käme es ihnen sehr wunderbar vor, daß so viele große Männer, mit Haar auf dem Kinne, dabey stark und bewaffnet, die den König umgaben, (wahrscheinlicherweise meinten sie die Schweizer und die Leibwache,) sich dazu bequemten, einem Kinde zu gehorsamen, und daß man nicht lieber einen von ihnen wählte, zum Befehlen: zweytens (sie haben in ihrer Sprache den Gebrauch, daß sie die Menschen, Hälften des Einen von dem Andern nennen,) hätten sie bemerkt, daß es bey uns Menschen gäbe, welche alle Dinge zur Bequemlichkeit im höchsten Überfluß hätten, und daß ihre Hälften als arme, magre und verhungerte Geschöpfe vor ihren Thüren bettelten, und könnten sie nicht begreifen, warum diese so armen Hälften eine solche Ungerechtigkeit geduldig trügen, und warum sie die andern nicht bey der Kehle faßten, oder ihre Häuser in Brand steckten!"
Weltmaß. „Es thut mir leid, daß Lykurg und Plato keine Kenntniß davon hatten; denn mich däucht, daß dasjenige, was wir durch die Erfahrung von jenen Völkern wissen, nicht nur alle Mahlereyen übertreffe, womit die Dichtkunst das goldne Zeitalter ausgeschmückt hat, nebst allen den Erfahrungen, um einen glücklichen Zustand der Menschheit zu erdichten; sondern selbst die spekulativen Begriffe der Philosophie und sogar ihre Wünsche. Die Philosophen haben sich keinen so reinen und einfachen Natursinn vorstellen können, als wir aus der Erfahrung ersehen; und haben

nicht glauben können, daß unsere Gesellschaft mit so wenig menschlicher Kunst und Flickwerk bestehen könne. Es ist eine Nation, würde ich zu Plato sagen, unter der es keine Hoffnung zum Handelsgewinn gibt, keine Bekanntschaft mit der Gelehrsamkeit; keine Lehre von den Zahlen; keinen Nahmen für bürgerliche Obrigkeit, oder für Häupter des Staats; keine eingeführte Knechtschaft; keinen Reichtum und keine Armuth; keine Kontrakte; keine Erbfolge; keine Theilung; keine andere Beschäftigung als der Muße; kein Verhältniß der Verwandtschaft, als die allgemeinen; keine Kleider; keinen Ackerbau; kein Metall; keinen Gebrauch des Weins, oder des Korns. Selbst solche Worte, welche Lügen andeuten, oder Verrath, Falschheit, Geiz, Mißgunst, Verläumdung, Verzeihung, sind bey ihnen unerhört." (Deutsch von Bode.)

Brecht greift nun nicht nur auf die jüngere Tradition, die Identität Zivilisation/Wildnis, zurück: das frühe Stück des späteren Aufklärers enthält starke Spuren der älteren Vorarbeit. Shlink, der Malaye (in erster Fassung Chinese), ist exponiert als Prüfender: „Ist das eine Ansicht von Ihnen? Ich möchte Ihnen diese Ansicht abkaufen. Sind zehn Dollar zu wenig dafür?" Garga lehnt ab, obwohl er seine Familie mit faulen Fischen nährt; „Shlink (freut sich): Ein Kämpfer! Denn man sollte erwarten, daß Sie die Worte, die mir Vergnügen machen und Ihrer Familie von den Fischen helfen, über die Lippen brächten." – 1938 betreten die drei Götter prüfend die Stadt Sezuan; wie diese zuvor Schun und Kwan, hatte Shlink Chicago durchforscht. Shlink verhält sich, im Unterschied zu den Edlen Wilden des XVII./XVIII. Jahrhunderts, experimentierend; wo jene besichtigten, greift er ein, statt einer Frage hat er ein Angebot; das Angebot ist gekoppelt mit der Tortur, die Bücherzerstörung foltert Leib und Seele Gargas. – Ehe Shlink die Haltbarkeit des Menschenmaterials testete, war er der Zerreißprobe unterzogen worden. „Shlink: Sehen Sie; mein Körper ist wie taub, davon wird sogar meine Haut betroffen. Die Menschenhaut im natürlichen Zustand ist zu dünn für diese Welt, deshalb sorgt der Mensch dafür, daß sie dicker wird. Diese Methode wäre unanfechtbar, wenn man das Wachstum stoppen könnte. Ein Stück präpariertes Leder zum Beispiel bleibt, aber eine Haut wächst, sie wird dicker und dikker. Marie: Kommt es daher, weil sie keinen Gegner finden? Shlink: Im ersten Stadium hat der Tisch zum Beispiel noch Kanten; danach, und das ist das Unsympathische, ist der Tisch Gummi, aber im Stadium der dicken Haut gibt es weder Tisch noch Gummi mehr. Marie: Seit wann haben Sie diese Krankheit? Shlink: Seit meiner Jugend auf den Ruderbooten auf dem Jangtsekiang. Der Jangtse marterte die Dschunken. Die Dschunken marterten uns. Ein Mann trat uns, sooft er über die Ruderbank ging, das Gesicht platt. Nachts war man zu faul, das Gesicht wegzutun. Merkwürdigerweise war der Mann nie zu faul. Wir hinwieder hatten eine Katze zum Martern: sie ersoff beim Schwimmenlernen, obwohl sie uns die Ratten vom Leib gefressen hatte. Solche Leute hatten alle die Krankheit." – Das Subjekt des Experiments ist zugleich Objekt; Marter für Folter assoziiert Marterpfahl, Wilden Westen, die jüngere Tradition; Shlink war mit der Arbeit gefoltert worden, bis die dicke Haut, ihre Schutzfunktion überkompensierend, selber quälte; dem Experimentator blieb, unter sozialem Zwang, erstlich der Selbstversuch, danach testete er Garga. – Das experimentierende Verhalten Shlinks scheint direkt aus der Naturwissenschaft gezogen; der Versuch war im XIX. Jahrhundert allgemeines Forschungsprinzip, aber die Beobachtung noch nicht als Einwirkung erkannt worden, welche das Objekt ändert. Indes hatte das soziale Verhalten das naturwissenschaftliche Forschungsprinzip überholt; der Kapitalismus reduzierte alle menschlichen Verhältnisse auf das Geldverhältnis; die Bourgeoisie brachte den pragmatischen Aspekt der Information zur Dominanz: ich sage A, heißt dies, damit der andere B tut, und der andere muss B tun, bei Strafe des Untergangs für den A-Sager. Der Verkehr zwischen Menschen ist Experiment zwischen Menschen, Jeder Jedes Objekt; und wenn der Montaignesche Wilde keine Wörter für Lüge, Verrat, Falschheit, Geiz, Mißgunst, Verleumdung, Verzeihung hat: so hat der Wilde im Dschungel der kapitalistischen Industriegesellschaft keine Wörter für Wahrheit, Freundschaft, Gradheit, Großmut, Gunst, Gutsagen, Geltenlassen, indem diese Wörter, sofern sie gebraucht werden, auf von ihrem formellen Sinn abweichende, ja zu diesem kontradiktorische Zwecke zielen. Shlink will Mae Garga etwas, ich wage kaum zu schreiben:

Freundliches, sagen; er formuliert: „Verlangen Sie keine Worte aus meinem Munde, ich habe nur Zähne darin.“ – Der Edle Wilde des XVIII. Jahrhunderts war selbst das Maß, das er an die Zustände, die er prüfte, legte; die großen Aufklärer beförderten eine historische Stufe menschlichen Verkehrs zum allgemeinen, scheinbar vernunftgemäßen, Ideal menschlichen Umgangs überhaupt. Shlink kann sich als Maßstab nicht brauchen: er ist Produkt der Verkehrsverhältnisse, die er prüft. Der Prozeß, den die Menschen einander machen, muß aus sich selber erklärt werden.

Dies ist radikaler Bruch mit der ahistorischen Spekulation; noch im Baal hatte Brecht die bürgerliche Gesellschaft am asozialen Individuum gemessen: nun ist die Sozietät asozial, das Individuum ist getilgt, und der hoffnungslose Kampf um Individualität liefert die Energien für jene Peristaltik, die den Kämpfenden malmt. – Später, in den Lehrstücken, löscht Brecht die Individualitäten und paßt sie in den Klassen-Kampf-Apparat; das Experiment ist dramaturgischer Grundsatz; die Bourgeoisie hatte Menschen zu Teilen des Verwertungsmechanismus formiert und soll in die eigne Waffe laufen; die Figuren der Lehrstücke funktionieren am Ende.

Weltprüfer ohne Weltmaß, das ist Shlink. An bedeutendem Drehpunkt entreißt er sich dem Netz, dessen einer Knoten er selbst ist, und zwar mit der Entschiedenheit seiner philosophischen Voreltern. Shlink zu Garga: „Mein Haus und mein Holzhandel setzen mich instand, Ihnen die Hunde auf den Hals zu jagen. Geld ist alles. Gut. Aber mein Haus ist das Ihrige, dieser Holzhandel gehört Ihnen.“ – „Wie im Geld aller qualitative Unterschied der Waren ausgelöscht ist, löscht es seinerseits als radikaler Leveller alle Unterschiede aus“: sagt Marx, und er zitiert Shakespeare, Timon. „Gold, kostbar, flimmernd, rotes Gold? / Soviel hievon macht schwarz weiß, häßlich schön; / Schlecht gut, feig tapfer, niedrig edel. / … / Ihr Götter! warum dies? warum dies, Götter; / Ha! dies lockt euch den Priester vom Altar; / Reißt Halbgenesnen weg das Schlummerkissen; / Ja, dieser rote Sklave löst und bindet / Geweihte Bande; segnet den Verfluchten; / Er macht den Aussatz lieblich; ehrt den Dieb; / Und gibt ihm Rang, gebeugtes Knie und Einfluss / Im Rat der Senatoren; dieser führt / Der überjährigen Witwe Freier

zu; / ... Verdammt Metall, / Gemeine Hure du der Menschen." – Shlink verhält sich zum Eigentum als Wilder, der Eigentum nicht kennt; er offenbart einen Zug aus der älteren Tradition, ohne welchen das Stück nicht fortzubringen gewesen wäre (: und den Brecht, ohne den exotischen Weltprüfer zu exponieren, in das Stück nicht hätte einbringen können). Dem Bürger ist eine solche Handlung Selbstmord, jedoch der sogenannte bürgerliche Tod ist keinesfalls ohne weiteres willentlich zu erzwingen; der Kredit haftet an Shlink und panzert ihn eine Zeitlang gegen jene Schläge, denen er zu begegnen wünscht. „Der Pavian: Er hat einen Spaß benötigt. Einem Mann wie ihm gibt man Kredit. Wenn der Bursche verschwunden bleibt, ist er in drei Monaten wieder der erste Mann im Holzhandel." –
Unser Prolog, zur Aufführung des Berliner Ensemble, lautet: „Ein junger Mensch, sein Leben fristend und / Seiner Familie Leben durch Buchhandel / In Chikago, will sein: unkäuflich. / Alles dort ist käuflich: Grund und Boden / Die Männer Arme und die Frauen Beine / Und sind so der Menschen Gliedmaßen / Nicht zu unterscheiden von Maschinen / Der Arm vom Kranarm, Hand vom Greifer nicht / Nicht Fuß und Rad. In solchem Dickicht / Trifft Einer, der ein Glas zerschlägt, ein Auge / Und hält den Schrei für Splittern Glases, schlägt / Meint er, seinen Nächsten wütend, aber / Trifft ein Geländer oder was weiß ich. / Unser Mann, George Garga, der Ernährer / Bringt, wenn man fünfzig Dollar in ihn steckt / Nicht aus den Zähnen das gewünschte Wort / Kein Automat, und ist zum Feind geeignet: / Dies findet Shlink, Holzhändler und Malaie / Chef einer Gang, des Stadtteils Ortstiger. / Wo ist, fragt er, ohne Gegner Macht? / Frißt nicht Macht, frißt sie den Feind, sich selber? / Feindlos, wer bin ich? So weit Shlink. Und geht / Auf Garga los, abschüttelnd seine Waffen / Eigentum und Einfluß, Mann auf Mann. / Das Weiß im Aug des Feindes ist ein Auge: / Ein fester Punkt und aller Dinge, sie / Entzerrend, Spiegel."
Der Prolog charakterisiert das Figurenbewußtsein der Protagonisten: er ist für Zuschauer, die des Kommenden ungewohnt sind, zur Erleichterung vorangestellt; er ist, Teil der Aufführung, der Kunstwelt Dickicht weitgehend assimiliert. Im Kontext analysiert er folgendes. Der Edle Wilde

sucht in der absolutistisch regierten Klassengesellschaft die Tugenden der Bevölkerung; die Aufklärer gehen einen vorgegebnen Tugenden-Katalog mit der Feder in der Hand durch; Position um Position wird abgehakt. Brechts Shlink ist von Anfang an auf eine Tugend aus, welche, wo sie auftritt, prinzipielle Opposition gegen die ganze bestehende Gesellschaft anzeigt: die Tugend der Unkäuflichkeit. „Sieht man nun vom Gebrauchswert der Warenkörper ab, so bleibt ihnen nur noch eine Eigenschaft, die von Arbeitsprodukten. Jedoch ist uns auch das Arbeitsprodukt bereits in der Hand verwandelt. Abstrahieren wir von seinem Gebrauchswert, so abstrahieren wir auch von den körperlichen Bestandteilen und Formen, die es zum Gebrauchswert machen. Es ist nicht länger Tisch oder Haus oder Garn oder sonst ein nützlich Ding." (Was dann? Gummi, antwortet Brecht, metaphorisch.) „Es ist auch nicht länger das Produkt der Tischlerarbeit oder der Bauarbeit oder der Spinnarbeit oder sonst einer bestimmten produktiven Arbeit. Mit dem nützlichen Charakter der Arbeitsprodukte verschwindet der nützliche Charakter der in ihnen dargestellten Arbeiten, es verschwinden also auch die verschiedenen konkreten Formen dieser Arbeiten, sie unterscheiden sich nicht länger, sondern sind allzusamt reduziert auf gleiche menschliche Arbeit, abstrakt menschliche Arbeit", sagt Marx. Auf dem Gegenpol bleibt, komplementär, unnützlich wie die abstrakt menschliche Arbeit, von allen Tugenden die eine; Tugend ist moralischer Begriff; Opposition, auf Tugend gegründet, moralische Opposition; Widerstand des Bewußtseins gegen das Sein.
Maynes' Leihbibliothek ist Gargas Insel, dort liest er Rimbaud, von Zeit zu Zeit raucht er und liebt Jane; er wünscht sich nach Tahiti, diese Insel scheint ihm stabiler. Sein Rigorismus ist der des Insulaners; auf die, hypothetisch nicht unproduktive, nicht formulierte, aber dem Expressionismus immanente Frage: ob das menschliche Wesen nicht doch etwas anderes sei als das Ensemble gesellschaftlicher Verhältnisse, wenn die gesellschaftlichen Verhältnisse so sind? will er, mit seinem Leben, Ja! antworten. Garga ist Dichter; daß er nicht schreibt, sondern liest, verallgemeinert das Problem; er gehört zu den Gemütern, die Dichtung hervorbringen können, ohne es in jedem Fall zu tun; sein Fall ist die

dumpfe Intensität; solche Gemüter (das Dickicht ist dicht) sind Hervorbringungen solcher Gesellschaften; schriebe Garga, wäre er leichter als nicht von dieser Welt zu mißdeuten. – Anfangs will er für sich sein; am Ende allein; „Garga (verwahrt das Geld): Allein sein ist eine gute Sache. Das Chaos ist aufgebraucht. Es war die beste Zeit." Dazwischen liegt Shlinks, für Shlink tödliches, Experiment; der Edle Wilde testete, seiner Herkunft treu, die Tugend, deren Verkörperung Garga zu sein bestrebt gewesen war: die Unkäuflichkeit. Die Konstellation der Protagonisten beschreibt Brecht andern Orts, in einem literaturkritischen Sonett: „Ausdrücklich heißts, er hab ihr Pein bereitet"; die Verse kommentieren Goethes Ballade Der Gott und die Bajadere; die Feindschaft ist scheinbar, der Gott und Shlink wollen die Tugend finden, unter allen Umständen: Goethes Gott, im Reich des Schönen Scheins, findet, Brechts Wilder zerstört sie; „denn die Verhältnisse, die sind nicht so" (Dreigroschenoper); „alle Tugenden sind nämlich gefährlich auf dieser Welt, wie das schöne Lied beweist, man hat sie besser nicht" (Courage). Die Ausbeutergesellschaft vernichtet Menschen, die sie nicht widerlegen kann, d. h., sie tritt den Beweis für die Widerlegbarkeit der Opposition nur ausnahmsweise, den Versuch rasch abbrechend, an. Shlink stirbt, weil er die Tugend gefordert hat: Garga, in die Ecke getrieben, mobilisiert den rassistischen Mob gegen den exotischen Prüfer; das ist faschistische Konsequenz des individuellen moralischen Rigorismus. Später, als man Rassenverfolgung mit Auschwitz statt Kukluxklan synonym bezeichnete, weil das Nachbild das dem jungen Dramatiker zeitgenössische Muster übergipfelt hatte, schrieb Brecht an die Kämpfer in den Konzentrationslagern: „Niedergeknüppelte, aber / Nicht Widerlegte!"; freilich gründet dies nun auf die Erkenntnis, daß die imperialistische Gesellschaft vernichtet wird von der Klasse, die sie nicht widerlegen kann; im Badener Lehrstück und in der Maßnahme ist die Tugend funktional abhängig vom Klassenkampf, ihr Name Solidarität. Was im Dickicht draufgeht, ist die Tugend, die in sich selbst ruhen will, der idealisch-idealistische Widerstand.

Freilich sind Gargas letzte Worte ambivalent, und Brecht hat diese Ambivalenz noch zu nutzen gewußt. „Das Chaos ist aufgebraucht. Es war die beste Zeit." – „Diese Kämpfe nun aber sind in der modernen Welt nichts anderes als die Lehrjahre, die Erziehung des Individuums an der vorhandenen Wirklichkeit, und erhalten dadurch ihren wahren Sinn. Denn das Ende solcher Lehrjahre besteht darin, daß sich das Subjekt die Hörner abläuft, mit seinen Wünschen und Meinungen sich in die bestehenden Verhältnisse und die Vernünftigkeit derselben hineinbildet, in die Verkettung der Welt eintritt und in ihr sich einen angemessenen Standpunkt erwirbt. Mag einer auch noch so viel sich mit der Welt herumgezankt haben, umhergeschoben worden sein, – zuletzt bekömmt er meistens doch sein Mädchen" (vgl. Trommeln in der Nacht) „und irgendeine Stelle, heiratet und wird ein Philister so gut wie die anderen auch: die Frau steht dem Haushalt vor, Kinder bleiben nicht aus, das angebetete Weib, das erst die Einzige, ein Engel, war, nimmt sich ohngefähr eben so aus wie alle anderen, das Amt gibt Arbeit und Verdrießlichkeiten, die Ehe Hauskreuz, und so ist der ganze Katzenjammer der übrigen da" (Hegel). – Andrerseits: „Und nach diesem Abend verschwand der Azdak und ward nicht mehr gesehen. / Aber das Volk Grusiniens vergaß ihn nicht und gedachte noch / Lange seine Richterzeit als einer kurzen / Goldenen Zeit beinahe der Gerechtigkeit." Im Kaukasischen Kreidekreis ist die Doppelherrschaft, wie Lenin sie bestimmt hat, auf die Bühne gebracht; Azdak fügt sich, krokodilisch, der Sprachreglung, besingt das Chaos und informiert über die Revolution. Das Wort Chaos kommt nicht vor, aber das Gegenwort; der Refrain lautet: „Wo bleibst du, General? Bitte, bitte, bitte schaff Ordnung." Der General schafft Ordnung, Konterrevolution endet die Doppelherrschaft; das Chaos ist aufgebraucht. Es war die beste Zeit: „Die Herren hat man an die Mühlsteine gesetzt. Die den Tag nie sahen, sind herausgegangen. / Die Opferkästen aus Ebenholz werden zerschlagen, das herrliche Sesnemholz zerhackt man zu Betten. / Wer kein Brot hatte, der hat jetzt Scheunen, wer sich Kornspenden holte, läßt jetzt selber austeilen. / ... / Die Ratsherren suchen schon Obdach im Speicher; wer kaum auf den Mauern nächtigen durfte, rekelt sich jetzt im Bett. / Der sonst das Boot ruderte, besitzt jetzt Schiffe; schaut ihr Besitzer nach ihnen, so sind sie nicht mehr sein. / Fünf

Männer sind ausgeschickt von ihren Herren. Sie sagen: Geht jetzt selber den Weg, wir sind angelangt." Die Schlüsse beider Stücke sind äquivok, jedoch das Dickicht-Chaos ist apokalyptische Zeit, das Kreidekreis-Chaos „herrlich wie am ersten Tag". Inzwischen hatte Brecht die Ordnung gerettet, zum Lob des Kommunismus heißt es: „Er ist nicht das Chaos, er ist die Ordnung"; daher Azdaks ironisch-sarkastischer Wortbrauch. –

Wir sagten, die Feindschaft Shlink/Garga ist scheinbar; das Stück wäre nicht, was es ist, wäre sie nicht auch echt. Wenngleich Shlink hoffen mag, Gargas Unkäuflichkeit sei stabil, braucht er zur Stabilitätsprüfung doch die Mittel, welche die Gesellschaft anwendet, wenn sie die jungen Menschen zu nützlichen Mitgliedern ihrer selbst erzieht. „Sie tun ihr Wort in seine Zähne / Er sagts, sie habens schon gesagt. / Es nagt das Bein an die Hyäne / Und die Hyän ist angenagt" (Vom Mitmensch). Erziehungswirksam sind Schläge auf den Magen; „Shlink: Und an diesem Vormittag, der nicht wie immer ist, eröffne ich den Kampf gegen Sie. Ich beginne ihn damit, daß ich Ihre Plattform erschüttere. (Es schellt, Maynes tritt ein.) Ihr Mann streikt. Maynes: Warum bedienen Sie die Herren nicht, George?" Es ist ein Gesellschaftsspiel, so spielt die Gesellschaft.

Das Stück ist nicht nur der Soziologie näher, als der erste oder vierte Blick entdeckt, sondern auch direkter am Klassenkampf, als sein Verfasser meint („Schon beim Entwurf merkte ich, daß es eigentümlich schwierig war, einen sinnvollen Kampf, das heißt nach meinen damaligen Ansichten, einen Kampf der etwas bewies, herbeizuführen und aufrechtzuerhalten. Mehr und mehr wurde es ein Stück über die Schwierigkeit, einen solchen Kampf herbeizuführen"). Sosehr Klassenhaß Vorbedingung des Klassenbewußtseins, ist Kenntnis vom Klassenfeind Voraussetzung des Klassenhasses, und diese Kenntnis ist keineswegs instinktiv den Ausgebeuteten gegeben, sondern Resultat gehäufter reflektierter Erfahrung. Die Erfahrung ist zu bestimmten Zeiten leichter, zu andern schwerer zu sammeln. Die Bauern im XV./XVI. Jahrhundert kannten ihre Feudalherren und schlugen sie bei Gelegenheit tot, aber, im Bauernkrieg, in der entschiednen Aktion noch: welcher Glaube an die Versprechungen der Feinde! Und der absolute Monarch, welcher gesetzlich erfolglos das Bauernlegen bekämpfte: schien er nicht dem feindlichen Lager entrückt? wäre Krieg gegen ihn nicht Schnitt ins eigne Fleisch? Der Fürst hat es nicht gewollt, der Führer nicht gewußt. Die Maschinenstürmer sahen ihren Ausbeuter auf der Straße und zogen den Hut vor ihm, sein Name war Dreissiger: aber sie zertepperten das Metall. Der Aktienbesitzer lebt schon im andern, unerreichbaren Stadtviertel, sein Auto huscht vorbei; das blaue Auge hat der Vorarbeiter oder Streikbrecher, des Feindes Affe, nicht der Feind. – „In der Kolonialsituation sind die Eingeborenen, wir wir gezeigt haben, unter sich. Sie haben die Neigung, sich gegenseitig als Schutzwand zu benutzen. Jeder verbirgt dem anderen den nationalen Feind. Wenn der Kolonisierte nach seinem harten 16-Stunden-Tag sich todmüde auf seine Matte fallen läßt und das Weinen eines Kindes durch die Stoffwand dringt, so daß er nicht schlafen kann, so ist es eben ein kleiner Algerier. Wenn er den Lebensmittelhändler, dem er einige Francs schuldet, um etwas Grieß oder Öl bittet und dieser ihm die Gefälligkeit verweigert, dann steigt ein riesiger Haß und eine unbändige Lust zu töten in ihm auf, und der Lebensmittelhändler ist ein Algerier. Wenn er eines Tages dem Caid in die Hände läuft, dem er seit Wochen aus dem Wege geht, weil dieser Steuern verlangt, dann bleibt ihm nicht einmal mehr die Zeit, den europäischen Verwalter zu hassen; vor ihm steht der Caid, der seinen Haß hervorruft, und es ist wieder ein Algerier" (Fanon). – „Die Arbeiter sind schon seit ein paar Jahren auf der letzten Stufe der alten Zivilisation angekommen, sie protestieren durch eine reißende Zunahme von Verbrechen, Räubereien und Morden gegen die alte soziale Organisation. Die Straßen sind bei Abend sehr unsicher, die Bourgeoisie wird geprügelt und mit Messern gestochen und beraubt; und wenn die hiesigen Proletarier sich nach den selben Gesetzen entwickeln wie die englischen, so werden sie bald einsehen, daß diese Manier, als Individuen und gewaltsam gegen die soziale Ordnung zu protestieren, nutzlos ist, und als Menschen in ihrer allgemeinen Kapazität durch den Kommunismus protestieren. Wenn man den Kerls nur den Weg zeigen könnte! Aber das ist unmöglich." Dies schrieb Friedrich Engels (1844, aus Barmen); und wie recht hat er, wenn er als Fortschritt ansieht, daß „die Bourgeoisie ... mit Messern gestochen" wird! die Vorform des bewußten Klassenkampfes, Klassenhaß auf den lokalisierten Gegner, ist ihm freuenswürdig, und wie echt ist seine Verzweiflung, vier Jahre vor Niederschrift des Kommunistischen Manifests, man könne den Weg nicht weisen! Und Fanon: wie genau bestimmt er die Situation! und wie unmeßbar nahe verharrt er, zu unsern Lebzeiten, vor dem Problem des internationalen Klassenkampfs!

Das ist das grob sozialhistorische Korrelat zu dem Dickicht, welches in Brechts Thriller Kunstwelt geworden ist.

Dem entspricht eine zweite literarhistorische Traditionslinie, die führt über Hauptmanns Weber-Stück auf Schillers Räuber-Stück; die Weber prügeln, wie Xerxes den Pontus, Gegenstände; Karl Moor stellt sich der Feudaljustiz, weil er den Feind nicht lokalisieren kann (: und das ist ein Zentralproblem des Sturm und Drang; Klingers Faust fährt zur Hölle, sobald er erkannt zu haben glaubt, seine Schläge, gezielt gegen das Ancien régime, hätten Grundfesten sozialer Invarianten erschüttert; diese Sinnverwirrung seines Helden charakterisiert der Autor als das Teufelswerk, ohne doch selbst das Geschling zu lichten. Beide feindlichen Brüder Schillers stehen auf dem Boden der Aufklärung; der kühn vulgärmaterialistische Franz repräsentiert deren barbarisch-bürgerliche Konseqzuenz; die Kongruenz der Ideen verwirrt Karls Topographie der Fronten: er sieht keinen Kampf mehr, der etwas beweist, d. h. dessen Austrag etwas änderte. Aber dem jüngeren Sohn Franz ist die bürgerliche Ideologie Rammbock gegen die feudale Erbfolge im Feudalsystem, zugleich konspiriert er mit dem und gegen den Bastard seines Vaters. Schillers Drama scheint heute nur deshalb kein Dickicht, weil das Quantum innerer Verknotungen teils zu hell, teils nicht ausgeleuchtet ist.) Brechts Beziehung zur Klassik und Vorklassik muß aus dem Kontext des gesamten Werks, nicht allein aus theoretischen Äußerungen bestimmt werden. –

Die zweite Traditionslinie berührt an der Wurzel die erste; die erstaunte Frage des Montaigneschen Wilden, „warum die so armen Hälften eine solche Ungerechtigkeit geduldig trügen, und warum sie die andern nicht bey der Kehle faßten, oder ihre Häuser in Brand steckten?" bezeichnet den Punkt, wo. – Die homoerotische Komponente des Um-

gangs zwischen Shlink und Garga bringt die Haßliebe zweier Männer auf dem gleichen Pol der Gesellschaft im Personenbewußtsein zur Evidenz.
Das Stück steckt voller soziologischer Beobachtungen ersten Ranges, teils entwickelt, teils merkwürdig angedeutet. „Sind Sie aus einer transatlantischen Millionärsfamilie?" fragt Skinny; er fragt, laut Szenenüberschrift, in Chicago. Brecht hat den Widerspruch allen Fassungen belassen; Skinny wiederholt: „Sind Sie der Ölkönig?" – Deutschland ist Chicago; die Amerikanisierung des Lebens nach dem I. Weltkrieg reichte vom Charleston bis zum Dawesplan, vom Boxsport zum Fordismus.
Brecht nutzte später das Chicago-Beispiel, welches er im frühen Stück als apokalyptische Identität gestaltet hat, verfremdend (Johanna; Ui), er schrieb den sarkastisch-komischen Abgesang Verschollener Ruhm der Riesenstadt New York.
Die industrielle Revolution zerstört die Großfamilie; die Proletenställe sind zu enge, Eigentumslosigkeit und Unsicherheit des Arbeitsplatzes brechen die gegenseitigen Hilfsgarantien; Mobilität der Arbeitskräfte wirft die ehemals Seßhaften hier- und dorthin wechselnd auseinander. Wenn die gemeinsame ökonomische Grundlage, das agrarische Anwesen, weggegraben ist, rutschen die Empfindungen und Gefühle nach; die Kneipe ersetzt den Herd; Kräche, die vordem mit Aussöhnung oder Aussperrung des schwarzen Schafs geendet hatten, scheiden nun die Generationen; mündige Söhne verschwinden sofort auf Nimmerwiedersehen, die Post spannt papierene Bande; die Ältern klauben die Mülltonnen durch und fallen, nach Kampf, der Sozialversicherung anheim. – Familie Garga ist aus den „Tabakfeldern Virginias" in die Stadt gezogen, der Vater spielt den Altenteiler, eine Rolle, die auch dem bayrischen Exbauern schon in Augsburg nicht mehr zukommt; Tochter und Mutter gehen ungelernten Aushilfsarbeiten nach; Marie tappt heulend in die Gosse; der Sohn macht noch, mit knapper Not, den Ernährer: eine Frau kann er sich nicht leisten, Schnaps und Jane aller vierzehn Tage, das muß genügen. Am Ende legt er den halben Kontinent zwischen seine Brieftasche und die sogenannten Angehörigen. Die Mutter wartet das Ende nicht ab; sie stellt sich auf eigne Füße, sie

verläßt den Mann, dessen Fußlappen sie war. Sohn George wird, Jahre nach seinem Weggang, Lukkerniddle oder Mauler heißen; Mae Garga sehen wir, unter dem Namen Pelageja Wlassowna, bei den revolutionären Arbeitern ankommen.

Kapitalismus und Industrielle Revolution hatten die Institution Ehe als wirtschaftliche Einheit zwar ausgehöhlt, sie aber, aus den verschiedensten Gründen, nicht gefällt. Mutter Garga trifft eine Entscheidung gegen die Bräuche; wie Shlink Ein Mal gegen sein Eigentum verfügt, verfügt sie, radikaler denn der Edle Wilde, über sich selbst; wie wenn sie sich gehörte. Pelageja Wlassowna findet die Dritte Sache, die ihr gemeinsame Sprache mit dem Sohn gibt; sie und Mae Garga sind komplementäre Personen. –

Brecht hat sich in späteren Jahren wenig über das frühe Stück geäußert. Der Emigrant notiert, das Dickicht sei ihm fremd geworden. Eine andre Notiz hält die „natur", die in jedem Stück jeweils vorwaltet, fest; nur für Trommeln und Dickicht ist die Stadt Natur (ja, die Weltwirtschaftskrise der Johanna ist primär Agrarkrise, der Trust im Ui ein Blumenkohltrust). Wenige Jahre vor seinem Tode schrieb Brecht von einem Kontakt, der „kam nicht in der form der umarmung, sondern in der form des faustschlags, aber es war doch der kontakt"; und als der Dichter seine Gestalten zur Prozession ordnete, war Mutter Garga, laut Protokoll, die dritte Hauptfigur des Stücks.

UMKREIS

Maurers Gluten

Georg Maurer ist der einzige Mensch, der mit herabgezogenen Mundwinkeln lacht; das Lachen bezeichnet in seinen Gedichten Erlösung, Freiheit, Selbstbewußtsein. – Vor Jahrzehnten sagte ihm ein rumänischer Bauernjunge: wenn ich gegessen habe, bin ich schwerer; das war Maurers erste Begegnung mit dem philosophischen Materialismus. – Er hatte in Siebenbürgen, wo er geboren ist, Fußball gespielt, im Tor. Im Deutschland der zwanziger Jahre wohnte er, als zahlender Gast, einem Fußballspiel bei: weil der Stürmer den Hüter, der den Ball unter sich begraben hatte, nicht in den Bauch trat, sondern über ihn wegsprang, glaubte Maurer einige Jahre, daß eine große klassische Literatur die Nation sittigen könne. –

1965, anläßlich des Neudrucks der 1945 gedichteten Hymnen, schrieb er: „Etwa zwischen meinem achtzehnten und meinem achtunddreißigsten Lebensjahr war mir die Welt ein Alptraum." Dieser Satz, der wie ein gewaltiges Fragment aus dem Altertum anmutet, ist ein gewaltiges Fragment aus dem Altertum.

Ich will versuchen, Maurers Haltung zum Altertum zu verdeutlichen, indem ich ein Gedicht analysiere. Ich referiere die Verse, anstatt sie zu zitieren; ich weiß, daß die Vivisektion des poetischen Wesens schmerzt, nur kommt es mir zunächst auf das philosophische Skelett an; der zweifelnde Leser mag die Sauberkeit des Verfahrens am Original prüfen. Das Gedicht heißt Gluten; es stammt aus dem Zyklus Die Elemente (1951/52). – Die Ziffern, sobald sie das erste Mal auftauchen, beziehen sich auf, meist wörtlich zitierte, Textstellen; sie dienen dem Wiederfinden der Zitate. – Wenn Georg Maurer Gedichte liest, liest er sie genau. Lesen wir ihn gründlich.

Der Schmied führt sein Weib durch die Schmiede (1). Die Gesellen schauen dem Weibe mit glühenden Blicken nach: Die Frau wirkt auf Männer (2). Die Schmiede ist riesig (3). Arbeit und Liebe treffen an einem Ort zusammen; die Zeit ist noch unbestimmt: t_n.

Die Frau heißt Aphrodite (4); der Schmied mithin Hephaistos (5). Die Zeit ist dadurch bestimmt als die des griechischen Mythos; t_1; die Schmiede ist nun riesig (3), weil eines

Gottes Werkstatt. Die Begegnung Arbeit/Liebe findet auf Götterebene statt; sie ist exemplarisch.

Aphrodite geht über eiserne Wellen (6); sie ist schleierlos, die Männer sind halbentblößt (7). Sie steht vor tosenden Hämmern (8). Das Amboßfeuer nistet rot auf ihren Brüsten (9); auf dem Rücken der Frau sehn die Gesellen den rußigen Abdruck der liebenden Hand des Gatten (10). Zwischen Kränen und Ketten (11) fragt Aphrodite verständig (12) nach der Bedeutung der Zahnräder und surrenden Bänder (13). Die Arbeit der Männer strahlt dadurch in ungewohntem Licht (14). (7, 9, 10, 12, 14) befestigen die Zeitaussage t_1. Arbeit und Liebe widersprechen einander nicht; indem Hephaistos' Arbeit der Kunst gleichgalt, konnte er offiziell verehrt werden; Schmieden ist, wie Kunst, zugleich Zauber. Kontrapunktisch dazu etablieren (6, 8, 11, 13) eine neue Zeitebene, die der großen Industrie t_2.

Maulfaule (15) Burschen bilden Worte auf schnellbereiten (16) Zungen; die Gegenüberstellung des umgangssprachlichen „maulfaul" mit dem voßisch-homerischen „schnellbereit" wiederholt abschließend in verkleinertem Maßstab die Kreuzung der Zeiten t_1/t_2 als Wortfügung.

Im Rückblick deutet nun (3) voraus auf die riesige Fabrikhalle, und (13) läßt die Zeit innerhalb der Industrieperiode genauer bestimmen: es ist die Fabrik des XIX. Jahrhunderts. Surrende Bänder sind nicht Fließbänder, gemeint ist der lederne Transmissionsmechanismus, welcher, bevor die Maschinen einzeln durch Elektromotore angetrieben wurden, die Kraftübertragung von der zentralen Dampfmaschine zu den diversen Maschinenwerkzeugen bewirkte. Aphrodite befindet sich jetzt an ihrem eigentlichen Unort: in Menzels Eisenwalzwerk. Während ihrer Betriebsbesichtigung hat sich die Szenerie verwandelt. Ist die Göttin noch mit sich selbst identisch?

Mit (15, 16) ist der erste Höhepunkt des Gedichts eingeleitet: Die Liebe verändert die Menschen zur Kenntlichkeit. Mancher, der sein Herz noch nie gefühlt hat (17), spürt in seinem rußgefüllten Innern (18) eine Taube sich regen (19). Alle werden zu Helden vor Aphrodite (20). In ungekannten Kräften (21) trügen (22) sie eiserne Schwellen wie eine Bambusbrücke leicht (23) für die Füße der Gattin ihres Meisters (24). (15 bis 21) bezeichnen die Beziehung der

Liebesgöttin zu den Fabrikarbeitern. Hephaistos ist aus dem Spiel; er wäre Kommerzienrat, wenn er dabei wäre. Auch führte er nicht die Göttin, sondern Frl. Aphrodite Meier, die gediente Soubrette, durchs Werk; der Abdruck der Hand wäre nicht rußig. Das Aufleben der Arbeiter bleibt noch im Bereich der Möglichkeit, (22, 23, 24) ist Konjunktiv, (20) im Kontext Futur: t_3.

Aphrodite hat folglich während und mittels eines im Zeitraffertempo vorgeführten Geschichtsablaufs ihre physisch-sinnliche Existenz verloren und ist zum antizipierenden Begriff geworden. (19) assoziiert Sinnlichkeit, den Heutigen auch Frieden, (20) mithin den Arbeiter als genießenden Friedenshelden; (24) weist die Perspektive roh in die Wirklichkeit t_2 zurück.

Wie das Wunder (25) steht die Göttin zwischen den Arbeitern (26). Die Falle ist gestellt; heimlich späht der Gatte nach der Decke (27), dort hängt ein kunstvolles Netz, klug erdacht von dem grübelnden Hirne desselben (28). Das Netz soll Aphrodite beim künftigen Ehebruch (29) fesseln. Jedoch auch sie sieht es: lachend (30) und mit freier Brust (31); sie mißt es aus mit leuchtenden Augen (32). Die Gesellen lachen mit ihr (33). (25) befestigt für einen Augenblick den Schwebezustand der Abstraktion; die Zeit ist wieder t_n. Dies war vorbereitet in (23); das Bild, welches der Bilderwelt des Kontexts schwer sich einordnet, läßt gleichsam die Unwirklichkeit des schönen Augenblicks aufleuchten. (26) differenziert sofort den Abstraktionsbegriff: Aphrodite ist nun nicht mehr nur Abstraktion von etwas (hier von ihrer sinnlichen Existenz), sondern ebensosehr Abstraktum für Jemanden (hier für die Arbeiter im Sinne von Verheißung). Die Zeit ist jetzt: die Zukunft t_3. Im Rückblick ist nun auch (20) motiviert.

(27) reproduziert t_1 die Zeitmaschine führt nun rückwärts. Die große Industrie bleibt jedoch im neugewonnenen Mythos: das Netz ist ihr Produkt; die große Industrie, wie sie beschrieben ist, stellt Fesseln her, was sie auch herstellt. Das ist der Sinn des klugen Grübelns (28). Der Ehebruch zeigt die Göttin wieder irdisch (29). Aphrodite weiß, was ihr bevorsteht: ihr Lachen (30) ist Vorfreude; die freie Brust (31) nicht länger wie (10) Dekolleté, vielmehr Metapher für das falscher Hemmungen entledigte Individuum.

Ihre Augen messen das Netz aus (32), sie fragen, ob es bequem sei für den Vollzug der Liebe. Das homerische Göttergelächter stimmen an: die Arbeiter:
Bei Homer lachen die Götter, nachdem Hephaistos die Umarmung im Netz fixiert und den Fang zum Olymp geschleppt hat. Die Arbeiter lachen vorher; indes, die Zeitmaschine läuft rückwärts: im Gedicht $t_3 - t_2 - t_1$. Folglich lachen sie in bezug auf die reale, historische Zeitfolge wie die Götter nachher. Sie sind die Götter. „Da die Götter menschlicher noch waren / Waren Menschen göttlicher." Schiller. „Und die Sonne Homers, siehe! sie scheinet auch uns." Schiller. „Jede Falle soll hinter uns ins Leere schlagen / Und das Getöse der sich selbst fangenden Fallen / Soll unser Ohr nicht betrüben." Maurer, Gedanken der Liebe; 11.

Dessau der Lehrer

Paul Dessau ist ein etwa 1,73 großer, kräftig gebauter Mann ohne eine Spur Fett. Sein Händedruck ist kurz und fest und die Beschaffenheit der Handflächen wie bei einem Tischler oder Holzfäller. Er gibt ungern die Hand. Die Haare sind bis dicht an die Haut geschoren, und die Kopfform ist so, als sei die Krümmung des Hinterhauptes auf größtmögliche Widerstandsfähigkeit berechnet. Seine Schrittlänge ist die den Körpermaßen adäquate; die Haltung ist aufrecht, der Blick frei. Beim Dirigieren liegen die Ellbogen am Leib; selten fährt die Linke oder, häufiger, die Rechte, cross geschlagen, jäh heraus. Die Stimme ist ein hoher Baß, die Lautstärke bleibt für gewöhnlich unter der physiologisch bedingten Normal-Phonzahl. Im Gelächter nimmt die Tonhöhe proportional zur Phonzahl zu, im Zorn erreicht die Stimme große Kraft in tiefer Lage.
Wenn ich Paul Dessau nicht kennte, würde ich ihn, beträte er den Raum, sofort für einen bedeutenden Menschen halten, dessen Umgang es zu suchen gälte.
Es begann mit „Spaniens Himmel" und dem „Aufbaulied"; beides wurde am Pioniernachmittag gelehrt (1949). Ich hatte das Singen nie geliebt, aber beim Aufbaulied machte ich das Maul auf: Um uns selber müssen wir uns selber kümmern / Und heraus gegen uns, wer sich traut. Vor allem gefiel mir, daß das Wort „selber" und das Wort „kümmern" gleiches Gewicht hatten, und einmal das eine, ein anderes Mal das andre Wort hervorgesungen werden konnte. Wenn ich übermütig war, krähte ich immer das „selber"; nun schätze ich das Gleichgewicht. – Als ich zum Studium nach Berlin kam, ging ich sofort ins Berliner Ensemble. Die ersten Töne des „Courage-Liedes", noch ehe der Vorhang aufging, sind mir unvergeßlich. Jetzt kommt etwas, was du dein Leben behalten wirst. Vorher war es mir mit Mozarts Don Giovanni so ergangen, danach mit Klopstocks Oden. Das Ungewöhnliche an dieser Musik war, daß die Abweichungen vom Gewohnten auf das Normale, welches das Wichtigste ist, wiesen; das müssen doch alle verstehn, dachte ich. Ich warb Proselyten unter den Kommilitonen und gelangte in 27 Courage-Aufführungen. Brecht/Dessau war nur symbiotische Einheit. Bei der, unbeauftragten,

Werbung half mir ein älterer Student, der von der ABF gekommen war. L... war in der „Lukullus"-Premiere gewesen (1951); er war mit Vorsatz zu pfeifen hingegangen und mit der tumultuarischsten Freude, die sich enthusiastisch beifällig bekundet hatte, aus dem Opernhause gekommen. – Seitdem glaube ich, daß die Künste etwas ausrichten können. Sofern sie das Zentrum der Welt treffen, die wahrhaftigen wirklichen Gründe, nicht die Scheinprobleme suchen (was den größten Teil der Arbeit macht: das Herausarbeiten des Gegenstandes!): sind sie notwendig und sprechen für sich.
Ich hörte dann „Lukullus" in der Leipziger Aufführung und fand die Eindrücke, welche die Courage-Musik aufgeregt hatte, gesteigert. Die Verfasser stellen ein säkularisiertes Weltgericht vor, das Urteil ist Urteil letzter Instanz. Die Kriegsleiden waren jedem eingefleischt, auch den Schuldigen und Mitläufern. Das Nürnberger Urteil war jüngste Vergangenheit, fast noch Gegenwart. Meine Generation meiner Herkunft und Bildung glaubte, sie würde die Welt nun einrenken. – Das Erstaunlichste war die Schönheit des Bühnenvorgangs; große klare Kräfte standen gegeneinander; die Musik, so charakteristisch und auf extremen Ausdruck bedacht sie ist, atmet hohe Gelassenheit, und die wirkendste Kraft läßt wissen, nicht alle Kraft sei angewandt, sondern das notwendige Maß; die Potenz ist stärker. – „Die Namen der Großen / Erwecken keine Furcht mehr hier unten / Hier können sie nicht mehr drohen / Ihre Aussprüche gelten als Lügen / Ihre Taten werden nicht verzeichnet / Und ihr Ruhm ist uns wie ein Rauch / Welcher anzeigt, daß ein Feuer gewütet hat." Ich kann das, leider, nicht singen, aber wenn ich es spreche, spreche ich Dessaus Rhythmisierung. Das öffnete das Ohr für Bachsche Rezitative; in der Johannes-Passion wird die Urteilsbegründung am Kreuz befestigt; der Evangelist referiert; einfache Modulation und Tempoverzögerung machen deutlich, daß die Henker (wie immer), indem sie, was ihnen Verbrechen ist, verkünden, die reine Wahrheit, das Urteil über sich, das Ehrenzeichen des Erschossenen aufstellen und zur Nachfolge rufen; „und war geschrieben in griechischer, lateinischer / und / hebräischer Sprache"; Bach hat das „und" exponiert, d. h., es sind alle Sprachen, daß ja alle es lesen können; Pilatus, der die

Tafel setzt, wird eine ambivalente Figur mit merkwürdiger Tiefe: will er denn, daß alle das lesen können? und warum? – Das ist die Objektivität des Komponisten; die Haltung hätten andre sicher auch gern gehabt; aber sie konntens nicht machen. Man muß die Kunstmittel verstehen, wenn man die Künste als Geschichtsquellen nutzen will, was nötig ist. – Ich schrieb damals, 1954/55, noch nichts; heute weiß ich, die rhythmische Struktur meiner Verse kommt von Dessaus Sprachbehandlung (das hat zu tun mit Brechts gestischem Prinzip, aber nicht nur).

Wie können die Künste sich entwickeln ohne große Lehrer? und zugleich ist nötig, daß die Lehrer ihre Schüler nicht erdrücken. Das Problem ist weniger die Übermittlung von Techniken (ich glaube eher, der Schüler muß mit den Augen stehlen) als das Beispiel, die Lebensleistung. Ich habe enormes Glück; in meinem 25. Lebensjahr lernte ich Dessau, im 26. Maurer kennen. Ich hatte ein Dutzend Gedichte geschrieben, als Dessau anrief und einen Text bestellte. Er wollte Billy Graham, das sog. Maschinengewehr Gottes, welches 1959 in Westberlin gastierte, beschimpfen. Ich war tief erschrocken und brauchte ein viertel Jahr; der Text war zu kompliziert und die Situation vorbei. Trotzdem verhandelte Dessau ernsthaft mit zuständigen Genossen über die Sinnhaftigkeit des Unternehmens. Dann sahen wir die durchfotografierte Lumumba-Tragödie im Fernsehen. Diesmal brauchte ich ein halbes Jahr, aber Dessau komponierte die Kantate, ohne ein Wort zu ändern. Das viertel Jahr zuvor war nicht umsonst gewesen; Dessau sagte es. „Auch wenn ein Versuch mißlingt, er hilft doch“: sagte er. Natürlich war die Kantate für mich eine Ermutigung. – Dessau sprach wieder und wieder von Brecht, ebenso von Mozart und Bach; wenn er Schönberg oder Klemperer nannte, konnte ich in ihm den Schüler erkennen. Das nahm rasch die Befangenheit, die einen jungen Menschen anzuwandeln hat, sobald er einem Meister gegenübersitzt, und es ließ die Achtung, die der Seele des Achtenden wohltut, in der Freiheit. Mich beeindruckte, wie Dessau das Vortreffliche vom Guten oder, was zum Schwersten gehört, vom Sehrguten zu unterscheiden, das Nurgute oder Brauchbare an seinen Platz zu stellen wußte, und dies mit Entschiedenheit und Gleichmut. Allzuoft bilden junge

Leute sich nach dem Mittleren, welches sie für das Beste oder doch für erlangbar halten; was täglich vor Augen kommt, ist der Maßstab. Das Mittlere war Dessau Greuel; die sog. U-Musik (Unterhaltungsmusik) schimpfte er Z-Musik (Zerstörungsmusik); hingegen hörte er Edith Piaf und sogar Beat mit Vergnügen; stolz zitierte er seinen Verwandten, Jean Gilbert. – Lange Zeit hatten in Dessaus Werk Vokalkompositionen vorgeherrscht; Bekanntschaft und Freundschaft mit Brecht hatten den Komponisten aus dem bürgerlichen Musikbetrieb gerissen; Dessau war politischer Mensch, sozial engagierter Musiker geworden. „In memoriam Bertolt Brecht" ist das erste der bedeutenden Orchesterwerke der jüngsten Zeit, die nun mindestens gleichberechtigt neben den Text-Kompositionen stehen. Das liegt keineswegs nur daran, daß der kongeniale Dichter fehlt, welcher in regelmäßiger Folge den Musiker beansprucht. Der Oper „Lukullus" eignet das antifaschistische Pathos par excellence: es ist ihr Element. Die Geste ist die des Weltenrichters in Michelangelos Fresco: „Ah ja, ins Nichts mit ihm." Das Urteil ist Zweck der Darstellung, der Prozeß ein Prozeß, der zum Ende will. Dies ist die Triebkraft, welche eine Künstlergeneration auf den Gipfel geführt hat; mit dem faschistischen Imperialismus Aug in Auge „ist die Kritik keine Leidenschaft des Kopfs, sondern der Kopf der Leidenschaft. Sie ist kein anatomisches Messer, sondern eine Waffe". (Marx) – Indessen ward ein deutscher sozialistischer Staat begründet, Dessau Staatsbürger. Beurteilen, nicht verurteilen war nun die Haltung, verändern statt richten. Die neue Gesellschaft ist die Zukunft der nichtsozialistischen Ordnungen, deren Probleme sind Probleme von gestern, sosehr auch wir mit ihnen konfrontiert sind; Revolution dort hebt die Widersprüche auf: die Höhe der Zeit. – Das Pathos des Urteils, der polemische Anspruch, der pointierte Ruf wirken fort, aber vornehmlich in Nebenwerken. Die Orchesterstücke und Kammermusiken sind weniger pointiert als in sich arbeitend, weniger aggressiv als bedenkend; ein geisterhaft-erörternder Zug waltet vor; der Übergang vom ersten Teil der Trauermusik (mit dem „Courage"-Zitat) zum zweiten ist der markante Umbruch. Die „Bach-Variationen" setzten Geselligkeit anstelle der Satire. – Das sind Worte, und Worte beschreiben Musik be-

stenfalls metaphorisch. Wortlose Musik versagt sich der verbalen Bestimmung und Eingrenzung in eben dem Maße, in welchem der Komponist sich der Bestimmung und Eingrenzung durch eine Textvorlage entzieht. Der homo politicus ist sich selber historisch geworden. Diese neue Haltung drängt wieder zum Wort; Dessau fand, dem wesentlichen Gehalt der Sache nach, annähernd adäquate Texte: Maurers „Dreistrophen-Gedichte", Müllers „Lanzelot-Libretto" und, ich hoffe es, das „Einstein"-Buch. Komplementär zu diesen Wandlungen ist das Verhältnis zu Bach bereichert. Die Forderung, das Kunstwerk sei freudig, ist, so schlicht sie vorgebracht wird, sosehr der gezielte Wunsch auf Surrogat ihr Vater sein mag, berechtigt. Der alte Faust genießt den höchsten Augenblick hustend, blind, an zwei Stöcken am Rande des Grabes, welches ihm die Lemuren (die Proleten dem ursprünglichen Akkumulateur) ausheben; empfindet das Vorgefühl von solchem höchsten Glück: und das Vor-Getäuschte ist zugleich gegenwärtige Realität: uns, den Rezipienten, wie der Gestalt.
Welche ungeheure Konstruktion, welche Kunstanstrengung, das Kollektivwesen Goethe war nötig, um zu leisten, was heute jedem Dutzendtalent abverlangt wird! Dessau, aus Bachs Deklamierschule kommend, hatte Bachs Techniken zur Politisierung der Musik genutzt; nun arbeitete er mit Bach und Mozart (den er einen unheimlichen Menschen nennt), damit in dieser unserer gefährdeten Welt das Schöne im Gesang, der ja ein ihr wesentlicher Gehalt ist, bewahrt sei. Die Instrumentation von fünf Kanons aus dem „Musikalischen Opfer" ist vollkommene Identität von zeitgenössischer und überlieferter Musik; wer Ohren hat, vergißt das Jahrhundert und lebt in mehreren.

Berliner Theater-Rede

Laudatio für Ruth Berghaus

Liebe Ruth, liebe Freunde und Genossen:
Die Bühne ist ein kollektiver Ort. Die Gewerke greifen ineinander, die Jahrtausende ragen herauf, das Säkulum knurrt seine Ansprüche, und der Zeitgeist faselt dazwischen. Es stehen immer mehr Personen auf den Brettern als im Rollenverzeichnis. Der Beruf Regisseur ist jüngsten Ursprungs. Das arbeitenteilende und historisierende 19. Jahrhundert hat ihn hervorgebracht. Zuvor hatten rituelle Normen und gleichfalls ritualisierte orgiastische Improvisationen die Verläufe geregelt gehabt. Seltsamerweise ward der neue Beruf nicht an ein Zertifikat gefesselt. Man darf ihn ausüben, ohne einer Prüfung vor dem Erlaubniswesen sich unterziehen zu müssen. Das Wissen wird außerinstitutionell weitergegeben. Kein Mensch wird Regisseur, der nicht Regisseur ist. Man war oder ist Schauspieler, Philosoph, Schullehrer, Beamter, Politiker, Schwarmgeist oder Maler; Ruth Berghaus ist Tänzerin.

Der Regisseur ist wie der Dichter im Theater recht eigentlich unerwünscht. Er ärgert die unmittelbaren Produzenten. Beide sollten deshalb sich einander verbünden. Indes, sie tun es, im Prinzip, nicht. Jeder usurpierte gern das Amt seines Widerpartners. Gewöhnlich gelingt dem Regisseur die Gewalttat. Was also tut der Regisseur? Wozu ist er nütze? Was ist sein Amt? Ich denke, er hat die Personen auf dem Zettel und die Figuren hinter und unter der Szene für bemessene Zeit und auf begrenztem Raum ins Benehmen zu setzen, da ja die Mächte seit des Euripides Zeit im Verfolg ihrer Eigeninteressen den Kampf- und Tanzplatz, der sie sämtlich gezeugt hat, nachtwandlerisch sicher meiden. Der Dichter verteidigt seine Verse, der Schauspieler seine Rolle, der Politiker seine Politik, das Publikum die Gewohnheit. Der Regisseur ist ein Koordinator; aus Unart und Unart fügt er Art, das heißt Kunst.

Das 19. Jahrhundert hat die Arbeit geteilt und die Kooperation der geteilten Arbeiten zusätzlichen Teilfunktionären überwiesen. Der Industriemanager regelt das Zusammenwirken, genießt und leidet den Zusammenprall materieller

Kräfte. Der Regisseur koordiniert Realwelt und Geisterreich und verantwortet das Resultat vor Aischylos, Shakespeare und Goethe, vor Monteverdi, Gluck und Mozart: seinem Aufsichtsrat.

Realwelt, oder: die Figuren hinter der Szene. Das Zeitalter fordert seinen Spiegel, der aber in den Rahmen passen soll. Kunst ist teuer, wer mißt das Ergebnis? Aktuell-technische Kommunikationsmittel vergatten Jet-Life und Hauspantoffel. Die potentiellen Zierden des Foyers, die jungen Frauen, legen mit dem Sandmännchen die Kindlein schlafen. Welchen Reizen sind die Kinderchen alltäglich ausgesetzt? Schließlich: der Weltzustand selbst hat phantastisch-dramatische Gestalt angenommen. – Sitzt nicht das Publikum vor der Szene? Ja, aber die Gesellschaft, ehe sie in Parkett oder Rang sich einordnet, hat Bühne, Parterre und Ränge gemodelt nach ihrem Maß.

Geisterreich erster Ordnung, oder: die Personen auf den Brettern. Die grobe Behauptung, Kunst spiegele das Leben, trifft ehestens die Oper. Sie ist akustisch spiegelverkehrt. Sie singt, wo das gewöhnliche Leben spricht, und wie das gewöhnliche Leben ausnahmsweise singt, so spricht sie. Der stete Schritt des Tragödienverses stampft unter seine Füße alles Akzidentielle, welches die gemeine Existenz überaus schätzt, ja häufig einzig wahrnimmt, da es die gängigen Freuden stiftet. Dreißigjährige Kriege währen dreißig Jahre, Schillers Trilogie drei Abende. Der Bühnenraum produziert eigenes Zeitmaß, und dies ist ein Diskontinuum. Soll die Spieldauer die Dauer der gespielten Begebenheit decken – man möchte das für makellosen Realismus halten –, wird zusätzliche Künstlichkeit angestrengt. Mit Racines Tragödie und einaktiger Lokalposse erbringt das Theater seine perverseste Leistung.

Geisterreich zweiter Ordnung, oder: die Gestalten der Unterbühne. Es ist ein Irrtum, anzunehmen, daß die Toten unter unseren Sohlen nicht die Schultern zuckten oder daß sie ortsfest wären. Ich habe vor Jahren beschrieben, wie der Bedeutungswandel eines Wortes, des Wortes *jetzo* in Heines Atlas-Gedicht, die Semantik des gesamten Textes ändert, als habe der Dichter eigenhändig posthum das Gefüge verrückt.

Die Werke der Alten spüren unseren Metamorphosen nach. Der Wandel des Werks selbst zwingt die Interpretation.

Brechts Galilei-Stück hat das Genre gewechselt. Buschs Satz: „Es kommt nicht darauf an, nachzuweisen, daß ich recht habe, sondern herauszufinden, ob“, ließ die Herzen stocken. Wolfgang Heinz, kein geringer Schauspieler, erntete für die gleiche Wortfolge Heiterkeit. Das Drama war Komödie geworden. Das nötigt jeder Neuinszenierung Konsequenzen, vom ersten Auftritt an, ab. Bachtin sagt, wir sollten uns nicht klüger dünken denn die versunkenen Generationen, nur, weil wir sie erforschen und nicht sie uns. Aber sie erforschen uns ja! Mißachten wir die verborgenen Winke, so wird Hohnlache aus den Gewölben unser Echo sein.
Die Kooperation derart widerstrebender Kräfte wirkt der Regisseur. Das Produkt ist eine zweite Natur, eine Kunstwirklichkeit, die immer wieder sich verflüchtigt. Ich höre einreden, ich entwürfe Wunschbilder, und die zähe Materie Theater müßte ich doch nun kennen. Richtig. Indes, ich spreche von Ruth Berghaus. Ihre besten Arbeiten beweisen: das Vollkommene ist möglich. Die Laureatin hat kürzlich dem Fernsehpublikum ihr ästhetisches Ideal in zwei Gleichnissen angedeutet.
Erstens, das Gleichnis vom dreifältigen Knaben: Der Knabe sitzt vor den Schularbeiten, gleichzeitig läuft es tonlos über den Bildschirm, und der Recorder verlautet Hard-Rock. Der Moralist würde, oder möchte, dem Jungen eins hinter die Löffel hauen und ihm die Apparate verbieten, die er ihm geschenkt hat, denn: es tut ihm nicht gut. Ruth Berghaus beobachtet: der Knabe ist im Begriff, das Jahrhundert anzunehmen und auszuhalten. Sein abendliches Arrangement ist das kindliche Modell unseres durch reißende Widersprüche gebundenen Weltzustands. Unternehmen Sie bitte einen vergleichbaren Selbstversuch – ich habe ihn hinter mir und wiederhole ihn gelegentlich –, setzen Sie sich den Walkman auf, packen Sie Mozarts C-Dur-Sinfonie hinein, fahren Sie S-Bahn und steigen Sie Ostkreuz um, möglichst während des Berufsverkehrs. Danach werden Sie zu Ihrem Walkman sagen:

Du zerreissest
Du scheidest die Sinne
Und wirfst sie gegen einander
Gesicht und Gehör.

Derartige Wahrnehmungen, ins Bewußtsein gehoben, revolutionieren die ästhetischen Strukturen.
Entsinnen wir uns dreier Details aus Berghaus-Inszenierungen. Während das Fischweib den toten Sohn beklagt, macht Generalissimus Lukull sein Nickerchen. Die Alte wird lange jammern, weiß er, und als Militär wird er jede Pause, in der nichts geschieht, für seine Erholung nutzen. Es schärft unser Ohr, wenn wir den Feldherrn schlummern sehen. Als reine Handwerksleistung betrachtet, hätte die Szene auch von einem guten Langhoff-Schüler stammen können. Generalissimi klare Haltung ist, solange die Arie dauert, fixiert. Aber wer hat die Seelenkraft, die Typen fest anzuschauen, den Mut, das Unwesen in seiner wahren, das heißt plattesten, Gestalt zu ergreifen? – Die Jungfern, sweet zwitschernd, winden den Kranz, nur sind zugleich ihre Ellbogen tätig. Die Körperrhythmen streiten wider die gesungenen. Die artige Gratulationscour entblößt die Giftzähne. Seht, was sie dachten, aber nicht sangen! Ihr Verhalten ist natürlich. Nach dreißigjährigen Kriegen herrscht Männermangel, und Die, ausgerechnet Die, angelt das beste Exemplar. – Don Giovanni fällt siebenmal gegen den Commendatore aus, sechsmal pariert der. Die Noten bezeugen, er ist kein Greis. Der siebente Stoß trifft. Ruth Berghaus läßt Giovanni einmal angreifen, in extremer Zeitlupe. So schafft sie der Musik Raum, in welchem diese autonom wird, und wir hören das, was wir vordem immer lediglich als Background zum Säbelgerassel hatten vernehmen dürfen.
Zweitens, das Gleichnis von den Wegweisern. Soll uns bedeutet werden, wir könnten die andere Seite der doppelt dreispurigen, in beide Richtungen stark befahrenen, Straße ungefährdet zu Fuß gewinnen, wird ein Schild vor unsere Augen getan, welches eine regelmäßig rechtwinklig gebrochene abwärtsweisende Linie zeigt: aha, Unterführung. Ein Blick informiert über Umstände, deren verbale Charakteristik den eben gesprochenen, mittellangen, nicht unkomplizierten, Satz erfordert hatte. Die Heraldik des 20. Jahrhunderts, die optische Weltsprache, universales Pidgin. Ja, Pidgin, aber universales.
Verzweigte Ketten sorgfältig gesetzter Embleme kontrapunktieren die Bühnenfabel, sie exponieren Figuren und

vollenden sie; sie prägen den kaum faßbaren Drehpunkt dauerhaft unserem Gedächtnis ein. Ottavios Arie ruft den Schnee herab. Wie wahr. Denn die innigen Töne des gütigen Jünglings fordern Polizeiaufsicht über die Braut. Dona Anna zieht den Degen des Geliebten aus Vaters Leichnam und sichert sich den Fetisch: und wir erblicken den Fundamentalton ihrer Wahnsinnskoloraturen. Osmin – ha! wie will er triumphieren – breitet den Gebetsteppich, der Engel steht bei ihm. Constanza Melancholia steigt auf den Stuhl. In Henzes Orpheus-Raum verendet Tschaikowskis Schwan.
Sie merken, die Zeichen transzendieren metaphorisch; szenische Metaphern schaffen das theatralische Analogon zu dem, was die Linguisten überstrukturierte Textur nennen. (Dieser Fachausdruck ist nicht Tadel, sondern Bestimmung.)
Man möchte wähnen, serielle Inszenierungstechnik sei erstrebt. Allein, Ruth Berghaus ist, ihren Schöpfern sei Dank, eine Frau, und kapriziöseste Unvernunft irrlichtert wieder und wieder durch die verwirrendste Strenge.

In die Traum- und Zaubersphäre
Sind wir, scheint es, eingedrungen.

Ich bin versucht, eine Aufführung von Kopf bis Zeh zu beschreiben, etwa den Don Giovanni. Fürchtet euch nicht. Ich zitiere nur eine Person. Dona Elvira ist dem großen Hans quer durch Spanien nachgelaufen. Sie war ihm kreuz und quer durch Europa gefolgt. Stand, Pflicht und Sitte hat sie vergessen. Sie lebt auf der Straße. Klüglich verwaltet sie ihren fliegenden Haushalt. Wenn sie den Geliebten ereilt, stellt sie ihm den Brotkorb hin und nestelt Fäden an seinen Zeh. Alles soll nun seine Ordnung haben. Aber zweimal dieselbe Frau, das ist ihm Verschwendung. Sie flucht zärtlich und läßt es sich geschlossenen Auges und fühlenden Sinnes vom Diener besorgen, der ist ja ein Stück von ihm. Misera Elvira, che contraste d'affetto in sento nasce! Sie trägt ein Bündelchen im Arm, als läge der Kinderkopf an der linken Brust, die Arme fallen, der Stoff stürzt vor dem Leibe herab, wie wenn der Fötus in den Straßengraben abginge. Es ist das Nonnenkleid. Sie lehrt das Hemd laufen.

Der Knabe wird – ein Mädchen ist undenkbar – mit der Gebärerin dem Vater baldigst hinterherstolpern müssen. Dann kleidet sie sich ein, per lui pietá. Zur Höllenfahrt putzt die Nonne das Silber: die anderen Weiber sind ja solche Schlampen allesamt.

Erwartet jemand, daß ich jene Silbe ausspreche, welche, unter den Beifall gemischt, die Vorzüge der Laureatin, paradox wirkend, schließlich doch nur erhebt? Muß ich die Werkliste herzählen? Soll ich die Zeugnisse derer, die mit Ruth Berghaus Höchstleistungen erzielt und in der Arbeit sich selbst erkannt haben, jetzt hier beibringen?

Liebe Ruth! Der Preis, der den noblen Namen Konrad Wolf trägt, steht Dir zu.

Mottek und Mann. Skizze für ein Porträt

Wie soll ich einen Menschen loben? Ich denke, indem ich den Einfluß, den er auf mich gehabt hat oder hat, darstelle, ungeachtet, ob er, was ich von ihm gelernt zu haben vermeine, billigt oder ob produktives Mißverständnis (eine der häufigsten und historisch wichtigsten Formen der Informationsübertragung) im konkreten Falle vorliegt. Ich wünsche, Professor Dr. Hans Mottek, Nationalpreisträger, Inhaber des Lehrstuhls für Wirtschaftsgeschichte, zu loben; er ist mein Lehrer und einer der eigentümlichsten Männer, die ich kenne.

Vor nahezu zwei Jahrzehnten gelangte ich auf die Hochschule für Ökonomie, betrat den Kellerhörsaal und erblickte einen Wissenschaftler, welcher diskontinuierlich redete. Sobald er einen Gedanken gepackt hatte, stürzte Sprache aus seinem Munde; sie zeitigte gelegentlich Pseudostottern, weil der Vortragende ein neues Wort ansetzte, ehe das alte zu Ende gesprochen war, so daß die Worte sich übereinanderschichteten; zwischenhinein Generalpausen mit Vor- und Rückblättern. Der rhythmische Verlauf war dergestalt, daß ich den Eindruck hoher Musikalität gewann. – Aus jener Zeit existiert eine Anekdote, die sicher erfunden ist. Ein Student sei während der Vorlesung aufgestanden und habe gefragt: Herr Dr. Mottek, Sie haben uns erzählt, was Professor K. denkt und was Sie selbst meinen. Das ist uns alles zu kompliziert. Können Sie uns nicht einfach sagen, wie es wirklich gewesen ist? – Man schrieb das Jahr 1953; es war durchaus ungewöhnlich, daß ein Dozent den Prozeß der Forschung selber zum Gegenstand der Vorlesung erhob, und der Student, der freilich nicht aussprach, was er doch dachte, stand, sobald er diese Schwierigkeit bewältigt hatte, kopfschüttelnd vor der Dialektik der Geschichte, deren krauses Wesen er, gerade wo es getroffen war, für kauzige Rhetorik zu halten nicht umhinkonnte. Die historischen Widersprüche mußten als bewegte Beweger begriffen werden; die Vorlesungen legten den Grund zum Lehrbuch der deutschen Wirtschaftsgeschichte, für welches der Verfasser 1968 mit dem Nationalpreis geehrt wurde.

Der Bitterfelder Weg führte mich in meinen erlernten Beruf zurück; 1965 wurde ich Wissenschaftlicher Mitarbeiter des Ausgezeichneten. (Diese Art der rechtens geforderten „Verbindung zur Praxis" halte ich für die produktive; Kurzvisiten nützen nichts; wenn ich, zum Beispiel, den jetzigen Sektionsdirektor Professor Reichenberg als Dichter aufgesucht hätte, hätte ich allein den Repräsentationsfonds kennengelernt; nun kenne ich seine Gestik, seinen Wortschatz und seine Handlungen. Ich brauchte zwei Jahre, um zwei Doktoren auseinanderhalten zu können.) Professor Mottek und seine Mitarbeiter, von denen jeder mindestens ein Buch geschrieben hat, waren und sind musisch außerordentlich interessiert; ihr Interesse ist nicht Gegengewicht zu einseitigen geistigen Beanspruchungen, sondern unausschälbares Teil ihrer Denk- und Lebensart. Ich will versuchen, Einblick zu vermitteln in diese Atmosphäre, indem ich ein Gespräch über Thomas Mann knapp kommentiert wiedergebe. Solche Gespräche finden regelmäßig, in Vorlesungspausen, beim Essen, hin und wieder abends statt; es wird laut gedacht, und die Einwände kommen von allen Seiten: Strikt wissenschaftliche Diskussionen sind in Motteks Räumen der Form nach nicht anders.

Frage. Unter allen deutschen Schriftstellern beschäftigt dich Thomas Mann am meisten. Warum eigentlich? Welche seiner Züge ziehen dich besonders an?

Antwort. Die Anziehung eines Schriftstellers ist schwer zu analysieren, weil sie verbunden ist mit der Sympathie, die man für Menschen empfindet und deren Ursachen man nicht immer angeben kann. Wenn ich versuche, das rationale Argument zu finden, das freilich nicht durchschlagend sein muß, meine ich, daß mich vor allem anziehen: die Weite der Problemfelder und das Bündnis der Gestaltung mit der Analyse. „Der Zauberberg" zum Beispiel ist ein intellektueller Roman, ein Roman der Aussprache und Diskussion. Auseinandersetzungen, etwa die zwischen Settembrini und Naphta, nehmen die Auseinandersetzung Liberalismus/Faschismus, die wesentlich später ausgetragen wird, vorweg. Es handelt sich um die echte Prophetie eines großen Künstlers.

Einwand. So großen Vorlauf habe die Prophetie nun wieder nicht gehabt. Heinrich Mann schrieb den Untertan, als Thomas die Betrachtungen eines Unpolitischen zu Papier brachte und den merkwürdigen Untergrund für die folgenden Gedankengebäude legte.

Antwort. Heinrich Mann war der schärfste Kritiker der wilhelminischen Ära, Thomas Mann hat die Widersprüche der bürgerlichen Gesellschaft genauer erfaßt. Heinrich Mann begeisterte sich für das französische Bürgertum im Gegensatz zum preußischen Militärstiefel, Thomas Mann erkannte die Widersprüche, die im Bürgertum schlechthin vorhanden waren, obwohl er das Bürgerliche sehr liebte. Er hat die kritische Darstellung, die häufig derjenige hat, der von der großen Heerstraße des bürgerlich-liberalen Denkens entfernt ist: wie sie in vielem auch Goethe hatte, der manches Mal die Widersprüche der bürgerlichen Gesellschaft sah, weil er nie ein allzu begeisterter Bürger war. Insofern ist Thomas Mann, der konservative Bürger, vielfach unkritischer, was das preußisch-kaiserliche Deutschland betrifft, kritischer, was das generell bürgerlich-imperialistische anlangt. Der begeisterte Anhänger der Französischen Revolution ist zu letzterem weniger gut imstande.

(Die These wurde prononciert und rasch vorgetragen; dem Historiker war die Freude an der durchschauten Verwicklung abzumerken: der Uralte schmiedet dem Totengräber des Alten den Spaten. Dann folgten vorsichtig einschränkende Bemerkungen, wie: Ich weiß nicht, ob man das so sagen kann. Laut denken ist gut; Mottek nimmt seine Gedanken selber erst völlig ernst, sobald er sie formuliert und überprüft hat. Seine Texte sind dicht; er arbeitet angestrengt, um Prozesse, die gleichzeitig ablaufen, auch gleichzeitig zur Sprache zu bringen. Er strebt Perioden an, deren jede mindestens einen Widerspruch ausprägt; die Geschichte macht Umstände: so gerät manches umständlich. – Ich frage deshalb nach dem nichtsoziologischen Genuß.)

Antwort. Sicherlich ist der Eindruck eines großen Schriftstellers nicht beschränkt auf die soziologischen Hintergründe seiner Darstellungen und seines Bildungsganges. Bei Thomas Mann begeistert mich auch sein außerordentlich reicher Sprachausdruck, die Schönheit seiner Sprache, der hohe Bildungswert – – –

Einwand. Bildungswert, was ist das?

Antwort. Thomas Mann hat aufgenommen, was in der deutschen Kultur geschaffen wurde: Trotzdem ist die Einheit des Ganzen weitgehend gewahrt. Damit bin ich wieder beim Soziologischen. Er kann dadurch zu einer Reihe von Gegenwartsproblemen Stellung nehmen, die ohne Einschluß der Geschichte und Kulturgeschichte nicht zu erfassen gewesen wären. Daß er seine Grenzen und Schranken hat, will ich nicht abstreiten, aber (amüsiertes Gelächter) manche seiner negativen Züge führen weiter als die positiven anderer Leute. Ich denke an die Frage: Krieg und Thomas Mann, über die ich mich schon häufig mit dir unterhalten habe. Das läuft wieder auf das Soziologische hin, und du willst vermutlich das Literarische?

Frage. Ich möchte versuchen, den Punkt zu bestimmen, in welchem die Arbeit des Schriftstellers deine Arbeit als Wirtschaftshistoriker stimuliert, außerdem, wie sie auf dein Leben als Ganzes wirkt, das ja wiederum Einfluß auf deine Forschungen nimmt. Der Beruf, namentlich des Wissenschaftlers, deckt sich weithin mit dem Leben des Wissenschaftlers, jedoch nicht völlig. Ist es möglich, daß du darüber sprichst?

Antwort. Ja.

(Ich erwarte keine direkte Antwort. Der Befragte erzählt kaum Geschichten und berichtet nie „über sich". Ich halte das für dezidierte herzliche Höflichkeit, die andere Leute nicht mit eigenen Sorgen zu behelligen wünscht. Wenn er heiter ist, sieht man es ihm an. Diese Haltung traf ich oft bei Menschen, die tatsächlich gekämpft und unter dem Faschismus gelitten haben; sie haben, neben vielen anderen Eigenschaften, gesellschaftliche Kultur erworben, zu deren Ingredenzien Anti-Empfindsamkeit und Schonung der Umlebenden, sofern sie irgend möglich ist, gehören, auch herrscht hier das Wissen um die Gefahren psychischer Ansteckung. Was gesagt werden muß, wird in fremdem, objektivem Material gearbeitet.)

Fortsetzung der Antwort. Ich arbeite jetzt am dritten Band der Deutschen Wirtschaftsgeschichte, das heißt am 20. Jahrhundert. Früher habe ich an anderen Jahrhunderten gearbeitet, war aber immer tief interessiert am Jahrhundert, in dem ich lebe und aufgewachsen bin. Ich möchte glauben, daß Thomas Mann uns sehr viel über die deutsche Geschichte und Sozialgeschichte mitteilt, weniger über die Wirtschaftsgeschichte, welche freilich gleichzeitig auch Sozialgeschichte

ist. In der scheinbaren Isolierung bestimmter Phänomene aus der Wirklichkeit spiegelt sich ja die wirkliche Isolierung, in welche große Teile der deutschen Intelligenz gebannt waren; ohne diese Isolierung wären einige faschistische Tendenzen nicht denkbar gewesen. Ohne diese Isolierung wäre die plötzliche Umkehr zur Beeinflussung wenig wahrscheinlich oder nicht möglich gewesen, die viele deutsche Schriftsteller und Wissenschaftler während des Krieges erlitten; sie wandelten sich rasch, wie Thomas Mann, in Vertreter des Krieges. Die Isolierung schlug um in ihr Gegenteil. Das Werk Thomas Manns gibt uns Aufschlüsse über diesen Prozeß, es partizipiert an ihm und deutet indirekt auf die ausgeklammerten Klassen und Schichten, die von dem Einfluß wesentlicher kleiner Teile des Bürgertums, der Intelligenz, vorübergehend isoliert waren, um dann jäh von ihm überfallen zu werden. Wenn man die Geschichte der deutschen Intelligenz betrachtet, findet man einen auffallenden Rhythmus ihrer Einwirkung.
(Gelächter. Nachdem eingangs, paradoxerweise, die produktive Seite des Konservatismus hervorgekehrt worden war, folgt nun die schädliche. Motteks Interesse an historischen Ambivalenzen erzeugt hier einen nicht wiedergebbaren Gesichtsausdruck: wie wenn der Kopf dem Weltgeist auf die Sprünge gekommen wäre und den Bauplan des Dschungels, welcher deutscher Imperialismus heißt, erblickt hätte.)

Fortsetzung der Fortsetzung. In der Isolierung, ebenso in der zweiten, nach dem ersten Weltkrieg, hat die deutsche Intelligenz der konservativen Reaktion Gedanken geliefert, nicht allein der Kriegspropaganda: das hat Thomas Mann selbst getan in den Betrachtungen eines Unpolitischen. Ein Teil der Intelligenz hat Gedanken geliefert für die Vorbereitung des Nazismus: nietzscheanische Ideen, die zu ihrer Sphäre gehört hatten, fanden sich brutal vereinfacht bei Hitler wieder. Insofern hat Thomas Mann, im Roman „Dr. Faustus", eine gewisse Verantwortung übernommen; „Dr. Faustus" ist für mich die Selbstkritik der Intelligenz in ihrer Isolierung. Die Isolierung hat eine Wirkung erreicht, die man nicht vermutet, wenn man das Wort Isolierung ausspricht. Der Teufel wirft dem Komponisten Leverkühn vor:

Du hast ja selber den Krieg gelobt und gesagt, daß er eine gute schöne Sache war. Damit ist auf Stellen in Romanen und Briefen Thomas Manns angespielt, worin der Krieg als eine Art Erlösung aus der Einöde der Vorkriegsgesellschaft angepriesen worden war.
Frage. Du sprachst vorhin von Wirtschafts- und Sozialgeschichte. Kannst du bitte definieren: Was ist Wirtschaftsgeschichte? was Sozialgeschichte?
Antwort. Die marxistische Politische Ökonomie, das haben auch die bürgerlichen Kritiker anerkannt, ist eine Theorie nicht nur rein ökonomischer Tatbestände, sondern Ökonomie der Klassen. Die Kategorien Klassen und Klassenkämpfe sind soziologische Kategorien. Die marxistische Politische Ökonomie ist soziologisch in viel höherem Maße als die bürgerliche Ökonomie. Das ist einer ihrer großen Vorzüge. Der Unterschied wird im Augenblick deshalb wichtig, weil wir auch eine marxistische Soziologie neben der Politischen Ökonomie haben, und sicherlich, soweit ich das beurteilen kann, hat die Soziologie wertvolle Tatsachenforschung betrieben; allerdings sehe ich manchmal den Unterschied zwischen dem, was man heute soziologische Forschung nennt, und der Politischen Ökonomie darin, daß die Soziologie gesellschaftliche Tatbestände, wie sie in der Gegenwart existieren, beschreibt, während die Politische Ökonomie die gesellschaftlichen Beziehungen in ihrer gesetzmäßigen Entwicklung in engem Zusammenhang mit dem ökonomischen Gesamtsystem untersucht. Die Soziologie sucht im engen zeitlichen und räumlichen Feld durch Experimente zu exakten Beobachtungen von Verallgemeinerungen zu gehen, und vor allem zu Verallgemeinerungen einer Entwicklung, obwohl sie gerade von Entwicklungen und Veränderungen abstrahiert, da sie eben einen engen Zeitraum betrachtet. Insofern trennt sich in gewissem Maße die historische Soziologie von den gegenwärtigen soziologischen Untersuchungen: soweit ich das als Außenseiter sehen kann. Wenn man die Wirtschaft nicht nur nach ökonomischen Kategorien im engeren Sinne betrachtet (Wert, Ware, Preis), sondern auch die gesellschaftlichen Beziehungen analysiert, die in ihnen verkörpert sind, ist jede Wirtschaftsgeschichte zugleich Sozialgeschichte. Da aber die Soziologie als Wissenschaft mit selbständigem Forschungsge-

biet erscheint, ist es notwendig, auch in der Wirtschaftsgeschichte die Bezüge der Gruppen und Klassen, die Fragen der nicht rein ökonomischen Probleme umfassender zu behandeln, das heißt, solche Fragen in den Vordergrund zu stellen, die das Leben des einzelnen in seiner Gruppe, das der Gruppe in ihrer Klasse betreffen und nicht so unmittelbaren Bezug auf die Bewegung der Produktion und der Preise und der ökonomischen Klassenkämpfe haben.
(Was vorliegt, ist anscheinend Spezialinteresse des Historikers. Der Genuß an der Gehalt/Form-Symbiose scheint der Vivisektion, ich weiß nicht: ob des Werks oder des Mannes, geopfert. Nur daß der Historiker, nach Mottek, ex professo kein Spezialist zu sein hat, eher Citoyen. Er lobt die sozialhistorischen Auskünfte des Schriftstellers und fordert zugleich und in gleichem Maße Darstellung des individuellen Problems durch den Geschichtsforscher. An anderer Stelle sagt er:)

Frage. Jüngere sowjetische Diskussionen betonten den Nutzen der Phantasie für die naturwissenschaftliche Forschung. Meinst du, daß Phantasie auch den Gesellschaftswissenschaften nicht schaden könnte?
Antwort. Phantasie kann der Exaktheit unserer Gesellschaftswissenschaften keinen Abbruch tun. David Hilbert, der Mathematiker, sagte von einem seiner Schüler, der Lyriker wurde, er habe nicht hinreichend Phantasie für die Mathematik besessen. Jede Wissenschaft, die ein ungelöstes Problem behandelt, braucht Phantasie, zumindest um sich mögliche Lösungswege vorzustellen. Das heuristische Denken ist immer mit Phantasie verbunden. Der Historiker braucht Phantasie in höherem Umfange deshalb, weil er sich aus den Quellen Situationen vorstellen muß, die über das unmittelbar aus den Quellen Springende hinausgehen. Die Quellen sind die Grundlage; aus den Quellen heraus ist Einfühlung in eine bestimmte Zeit erforderlich; diese Einfühlung muß dann zu neuen Problemstellungen, Gedanken und Analysen führen. Man stellt sich bestimmte Dinge vor und tut etwas, was der Geschichtsforschung verboten schien: nämlich man stellt sich die Dinge vor, wie sie hätten sein können. Man durfte nicht fragen: was wäre, wenn?

Aber indem man die Kausalanalyse in die Geschichte einführt, sagt man, daß ein Faktor Ursache war für einen anderen. Damit sagt man, daß ohne diesen Faktor die Geschichte anders verlaufen wäre. Man führt also durch die Hintertür das Wärewenn doch ein. Die Notwendigkeit, die Geschichte nicht nur als Folge von Tatsachen zu sehen, sondern auch als Realisierung und Liquidierung von Möglichkeiten, ergibt sich aus der ganzen Entwicklung der marxistischen Philosophie, die vom mechanischen Determinismus abgeht. Wir betonen rechtens, daß der Faschismus hätte verhindert werden können, wenn die Arbeiterklasse einig gewesen wäre. Die Geschichte als Realisierung von Möglichkeiten ist übrigens wichtig auch für die Prognose, weil die Prognose ebenfalls Möglichkeiten analysiert und Varianten ihrer Wahrscheinlichkeit abwägt. Das erfordert Vorstellungskraft. Schließlich braucht ein Wissenschaftler Phantasie und intuitives Denken, damit er zu Arbeitshypothesen gelangen kann. Ein Wissenschaftler ohne Arbeitshypothesen ist ohnmächtig; er muß in den Strömungen der Tatsachen untergehen. – Allerdings muß der Wissenschaftler die Phantasie ergänzen durch eine zweite Eigenschaft, die Selbstkritik. Beide Eigenschaften sind selten in einer Person vereint. Wenn er nur die erste Eigenschaft entwikkelt, gerät er in Versuchung, die Tatsachen als Stützpunkte vorgestellter Ideen zu nehmen und so zu mißachten. Erst wenn er imstande ist, das Werk seiner Phantasie zu zerstören, gewissermaßen sein eignes Kind umzubringen, wenn es gestattet ist, diesen häßlichen Ausdruck zu verwenden, ist die Phantasie nicht von Schaden.
Einwurf. „Lehrgebäude, sobald sie fertig sind, werden verbrannt", steht bei Klopstock.
(Den Einwurf hört er freudlos: Ja Klopstock; Klopstock. – Ich habe, zum Hausgebrauch, die Dichter gruppiert in Verdoppler, Richter und Entwerfer. Mischformen, außer zwischen Verdoppler und Entwerfer, sind möglich. Von den Verdopplern kommen Nachbilder, von den Richtern Urteile, von den Entwerfern Entwürfe. Meine Überlegungen, die Arbeit der Entwerfer betreffend, kommen Motteks Vorstellungen über die Wissenschaftsmethodik recht nahe. Ihn beschäftigt die Denkweise der Dichter kräftiger, als ihre soziologischen Auskünfte ihn kümmern. Geistige Kurz-

schlüsse und Infantilismen nimmt er ernst: sie könnten vorschnell sein. Im Gespräch über Einstein, dessen sockenlose Existenz er ebenso verehrt wie die kragenhafte Thomas Manns – die Pointierung des Augenscheins entspricht dem Vorwurf des Folgenden –, heißt es:)
Antwort. Die Journalisten hatten ja damals berechnet, wieviel Energie man aus einem Kieselstein gewinnen kann, sie hatten die phantastischsten Möglichkeiten berechnet, weil sie keine Ahnung von Physik hatten; sie wußten nur, daß sich Masse in Energie verwandeln könne. Einstein hat gesagt, das sei ja alles Unsinn, und das sei gut so. So irrte sich Einstein, und die Journalisten blieben im Recht.
(Mottek lacht ein Lachen, das beim Einatmen auch lacht und seinem Gegenteil nahekommt; was der Groteske folgte, wir kennen es – die ahnungslose Prophetie wurde, auf Umwegen, materielle Gewalt, welche die Massen wegraffte.) Er habe eine Partie Schach verloren, erzählte er, weil sein Gegner so närrisch gespielt habe, daß er, Mottek, keinen feindlichen Zug habe vorausberechnen können. Ein ander Mal lehnte er eine Partie ab, weil das Denken, welches das Spiel fordere, dem Denken, welches er zur Arbeit brauche, gleiche. Er bevorzugt die Sizilianische Eröffnung und findet Gefallen an kompliziertem Mittelspiel. Opfer und Abtausch liebt er nicht; trotzdem ist sein Vorgehen aggressiv. Es wird vermutet, daß er spielt, um zu gewinnen, und zu Hause sich nach Büchern vorbereitet. In den Institutsmeisterschaften spielt er die gleiche Rolle wie im Institut, tritt jedoch ungern gegen Externe an.

Von ferne Brecht

Rede

Es ist schwer, im Jahre 1978 über Brecht nachzudenken. Auf Anhieb fällt einem relativ wenig ein. Doch muß ich hier erklären, daß Brecht einer der Götter meiner Jugend gewesen ist. Damals, also vor etwa 20 Jahren, gab mir die Beschäftigung mit dem Werk Brechts einen rechten Schock, nämlich dadurch, daß er mir als völlig normal und deshalb ganz neu erschien. Das kann daran liegen, daß die Beschäftigung mit Brecht überhaupt zu meinen Urerlebnissen von Literatur gehörte. Vorher hatte ich wirklich nur Jack London und B. Traven gelesen. Es mag auch damit zusammenhängen, daß mir besonders auffiel, daß Brecht über Leute schrieb oder Leute beschrieb, die nichts zu essen hatten: wir hatten damals nichts zu essen. Das ging mich unmittelbar an und war also nichts Höheres aus einer anderen Welt, sondern wirklich der Alltag. Aber mit Größe, so daß es als Weltereignis erschien, daß ich Hunger hatte. Noch als Student habe ich sehr viel Geld abgezweigt, um Brechts Einkommen zu erhöhen.

In der Zwischenzeit lagen sechs Jahre intensiver Arbeit am Berliner Ensemble. Durch praktische Beschäftigung mit einem Gegenstand läßt ja das eigene emotionale Engagement ein bißchen nach, es wird ganz verschlungen in die praktische Arbeit, die sich umsetzen soll in Emotionen anderer Leute.

Das erklärt vielleicht, daß ich heute ein anderes Verhältnis zu Brecht habe. Werner Mittenzwei hat es bei Gelegenheit eines Aufsatzes als ziemlich kühl charakterisiert. So kühl, wie Mittenzwei es sieht, ist es nicht. Im Gegensatz zu den früheren Jahren sehe ich Brecht heute hauptsächlich als Traditionalisten, als einen richtigen Dichter des in Deutschland ausgeprägten klassischen Typs. Um das zu erklären, muß ich ein bißchen ausholen, und zwar auf deutsche Dichtungs- und Versgeschichte.

Im 18. Jahrhundert konnte ein Dichter von einigem Rang im Bereiche der Literatur noch alles, nach seinem Talent, nach seiner Ausbildung. Spezialisierung in dem Sinne, wie wir sie heute kennen, gab es nicht. Ein Dichter konnte ein

Stück schreiben, ein Gedicht machen, eine Prosaarbeit verfassen, Übersetzungen anfertigen (die Alten damals konnten Sprachen wirklich aus dem Effeff). Es gab kein spezialisiertes Interesse an Kunstformen, sondern ein Interesse an zu bearbeitenden Gegenständen. Die Kunstformen waren Medien des Interesses an der Welt. Die Entwicklung der Verskultur in Deutschland zwischen 1750 und 1800 steht in diesem Zusammenhang. Die volle Skala der Möglichkeiten des Verses wird erarbeitet. In der ersten Hälfte des 18. Jahrhunderts herrschten eigentlich nur der Alexandriner, der aus dem Französischen übernommen war; dazu Madrigal- und Liedformen, die aus dem Kirchenlied, d. h. ursprünglich aus der Gregorianik kamen. Und ab 1750 etwa, genauer gesagt mit dem Erscheinen der ersten Gesänge des Messias, begann die Entwicklung der Versformen. Der deutsche Hexameter wurde in ganz kurzer Zeit gebildet, die griechische Odenform ins Deutsche übertragen, die Versfassungen der *Iphigenie* und des *Carlos* machten den Blankvers heimisch etc. etc. Die Zusammenfassung aller dieser Versgestalten scheint mir Goethes *Pandora*. Die volle Skala ist hier entfaltet. Begleitet wurde diese Entwicklung durch eine Debatte über metrische Fragen, im wesentlichen geknüpft an die Namen Klopstock, Voß und Carl Philipp Moritz. (Ich sage auch das nur in einem Satz. Es gehört zu den Voraussetzungen dessen, was uns an Brecht interessiert.) Die volle Skala der Versformen ging im Laufe des 19. Jahrhunderts wieder verloren. Die Arbeitsteilung, die sich in der Industriegesellschaft durchsetzte, begann sich auch auf die geistige Welt zu erstrecken. Spezialisten gingen ans Werk, Dramatiker und Lyriker und Prosaiker und Übersetzer und Essayisten und Literaturwissenschaftler. Böse Folgen für den Gehalt blieben nicht aus: diese Leute konnten nicht mehr die ganze Welt betrachten und dann auswählen, mit welchen Mitteln welche Gegenstände darzustellen wären, sie waren beschränkt auf die Gegenstände, die ihre spezielle arbeitsteilige Fähigkeit wiederzugeben imstande war.

Brechts große Leistung scheint mir darin zu bestehen, daß er versucht hat – mit großem Erfolg versucht hat –, diese der Literatur tödliche Arbeitsteilung zu überwinden, die volle Skala des 18. Jahrhunderts wiederzugewinnen: sowohl Stückschreiber als auch Lyriker als auch Philosoph, Essayist

und Prosaiker zu sein. Und es ist ihm dadurch gelungen, daß er es verstanden hat, sich als Kollektivwesen mit Namen Brecht zu organisieren (freilich in etwas anderem Sinne, als Goethe dies gemeint hat). Auch in der Versdichtung, die irrtümlich immer unter dem Begriff Lyrik zusammengefaßt wird, strebte Brecht eine volle Skala der Ausdrucksmöglichkeiten an. Er hat – wenn wir genau hinsehen – die Ausdrucksmöglichkeiten des 18. Jahrhunderts nahezu wiedergewonnen und Neuerungen nur dann eingeführt, wenn es absolut nötig gewesen ist. Mir scheint, daß bei Brecht das Wiedergewinnen verlorener Formen, das bewußte Anknüpfen an die volle Skala der Ausdrucks- und Gestaltungsmöglichkeiten das Quantum an Neuerungen überwiegt und daß dieses bewußte Anknüpfen die größte Neuerung ist, die Brecht in diesem Jahrhundert hervorgebracht hat.
Ich sage abschließend noch einmal: Es handelt sich hier um Fragen des Gehalts, des Weltinteresses und Weltverständnisses und nicht um rein formale Fragen. In der Form zeigt sich das Weltverständnis.

Die Literatur wird durchforscht werden

Für Martin Andersen Nexö

1

Die auf die goldenen Stühle gesetzt sind, zu schreiben
Werden gefragt werden nach denen, die
Ihnen die Röcke webten.
Nicht nach ihren erhabenen Gedanken
Werden ihre Bücher durchforscht werden, sondern
Irgendein beiläufiger Satz, der schließen läßt
Auf eine Eigenheit derer, die Röcke webten
Wird mit Interesse gelesen werden, denn hier mag es sich
um Züge
Der berühmten Ahnen handeln.

Ganze Literaturen
In erlesenen Ausdrücken verfaßt

Werden durchsucht werden nach Anzeichen
Daß da auch Aufrührer gelebt haben, wo Unterdrückung war.
Flehentliche Anrufe überirdischer Wesen
Werden beweisen, daß da Irdische über Irdischen gesessen sind.
Köstliche Musik der Worte wird nur berichten
Daß da für viele kein Essen war.

2

Aber in jener Zeit werden gepriesen werden
Die auf dem nackten Boden saßen, zu schreiben
Die unter den Niedrigen saßen
Die bei den Kämpfern saßen.
Die von den Leiden der Niedrigen berichteten
Die von den Taten der Kämpfer berichteten
Kunstvoll. In der edlen Sprache
Vordem reserviert
Der Verherrlichung der Könige.

Ihre Beschreibungen der Mißstände und ihre Aufrufe
Werden noch den Daumenabdruck
Der Niedrigen tragen. Denn diesen
Wurden sie übermittelt, diese
Trugen sie weiter unter dem durchschwitzten Hemd
Durch die Kordone der Polizisten
Zu ihresgleichen.

Ja, es wird eine Zeit geben, wo
Diese Klugen und Freundlichen
Zornigen und Hoffnungsvollen
Die auf dem nackten Boden saßen, zu schreiben
Die umringt waren von Niedrigen und Kämpfern
Öffentlich gepriesen werden.

Die auf die goldenen Stühle gesetzt sind, zu schreiben. Wenn ich von Brockes oder Goethe, die Brecht sicher nicht gemeint hat, absehe, bleibt Thomas Mann. Walther von der Vogelweide glaubte sich selber nicht, als er stammelte: Ich han min Lehen, und Archipoeta bettelte um einen Wintermantel. *Werden gefragt werden.* Das ist Futur. Ich kenne erstaunlich wenige Dichter, die, obwohl sie einen Goldstuhl sich hätten leisten können, auf die Mitwelt gekommen sind, und wie vielen Dienstwilligen mangelte die Geschicklichkeit! Die Literatur ist immer durchforscht worden. *Die auf dem nackten Boden saßen, zu schreiben.* Brecht, der andernorts einen Küchenstuhl durchaus zu brauchen wußte, schreibt hier den *berühmten Ahnen Züge* zu; er verübt, indem er tadelt, was er tadelt. Warum wirtschaftet er mit der Leihgabe aus Tausendundeiner Nacht: Thron / Lehmboden? *Die von den Taten der Kämpfer berichteten / Kunstvoll.* Das Prädikat ist, zwischen Verssprung und Satzende, *kunstvoll* isoliert. Brecht, welcher verübt, was er tadelt, vollbringt, was er lobt. Das Gedicht bewegt sich innerhalb des Widerspruchs, dessen Lösung im Werk des Adressaten es preist. *Ja, es wird eine Zeit geben, wo / ... / Die auf dem nackten Boden saßen, zu schreiben / ... / Öffentlich gepriesen werden.* Das ist wieder Futur, aber als extrapolierte Gegenwart: es gab, für Brecht, in den dreißiger Jahren keine Öffentlichkeit. Der Verfasser erklärte sich, notfolglich, zum Mitgenossen, ja Sprecher der Zukunft. Um diesen Anspruch über die Zeit zu bringen, erhebt er ihn *kunstvoll*: und die Metapher durchkreuzt die Realität. Der jüngere Brecht lobt den älteren Andersen Nexö, wie ein alter Mann einen jungen Mann lobt: formelhaft; diese Überhebung ist Subordination; wie wenn einer zugleich sich verneigen und schulterklopfen wollte. Thomas Mann hätte eine solche Szene, nicht ohne Qual, genauestens referieren können: Andersen Nexö wären derartige Subtilitäten heiteren Geistes vorübergegangen. Das berühmte Gedicht Brechts mißt nun die Strecke von der Seite des Proletariats in dessen Mitte, das heißt, um im Bilde zu bleiben, die Größe des Proletariats. *In der edlen Sprache / Vordem reserviert / Der Verherrlichung der Könige.* Wer Ohren hat, hört jetzt die Arbeiter reden.

Brechts Zinsgroschen

Ich bin vollkommen überzeugt, daß morgen ein heiteres
Wetter ist
Daß auf Regen Sonnenschein folgt
Daß mein Nachbar seine Tochter liebt
Mein Feind ein böser Mann ist.
Auch daß es mir besser geht als fast allen andern
Daran zweifle ich nicht.
Auch hat man mich nie sagen hören, es sei
Früher besser gewesen
Die Rasse verkomme
Oder es gäbe keine Frauen, denen ein Mann reicht.
In alle dem
Bin ich weitherziger, gläubiger, höflicher als die Unzufriedenen
Denn all dies
Scheint mir wenig zu beweisen.

Das Gedicht heißt: Da erbittert Klage geführt wurde gegen die Unwirtlichkeit; es wurde geschrieben vor 1926, sein Gegenstand ist die Abgrenzung. Es ist verbindlich. Dieses Wort hat Doppelsinn: einerseits steht es für weitherzig, gläubig, höflich; andererseits für bindend, unverbrüchlich. Die erstere Bedeutung ist scharf umrissen, die letztere nicht benannt, ergibt sich indessen komplementär. Ich lese im Evangelium St. Matthäi, XXII/15–22: „Da giengen die Pharisäer hin / und hielten einen Rath / wie sie Ihn fiengen in seiner Rede. // Und sandten zu Ihm ihre Jünger / samt Herodis Dienern / und sprachen: Meister / wir wissen / daß Du wahrhafftig bist / und lehrest den Weg GOttes recht / und Du fragest nach Niemand / denn Du achtest nicht das Ansehen der Menschen. // Darum sage uns / was düncket Dich? ists recht / daß man dem Käyser Zins gebe oder nicht? // Da nun JEsus merckete ihre Schalckheit / sprach Er: Ihr Heuchler! was versucht ihr Mich? // Weiset Mir die Zinsmüntze. Und sie reichten Ihm einen Groschen dar. // Und Er sprach zu ihnen: Weß ist das Bild und die Ueberschrifft? // Sie sprachen zu Ihm: des Käysers. Da sprach Er zu ihnen: So gebet dem Käyser / was des Käysers ist / und

GOtt / was GOttes ist. // Da sie das höreten / verwunderten sie sich / und liessen Ihn / und giengen davon!“ Jesus konfrontiert die Kollaborateure, die ihn in Gegensatz zur Besatzungsmacht hatten treiben wollen, mit dem nationalen Gesetz: du sollst dir kein Bild machen. Soll doch der Kaiser seine Portraits betrachten! soll er doch um sich alles Geld häufen! Wollen wir sein Bild sehen? brauchen wir die Geldwirtschaft?

Analog Brecht; das Motiv arbeitet lebenslänglich: man solle keinen Gedanken wenden an das Nichtänderbare. Der Fluß verwüstete das Tal, aber der Damm werde im Gebirge gebaut: das ist eine der vielen sozialen Explikationen, die Brecht vorzunehmen nicht müde wurde. Im frühen Gedicht gibt er dem hohen Empfinden seines Werts Ausdruck, indem er Querelen von sich weist; das ist hochmütig und führt in den Klassenkampf. Der Verfasser lehnt die kosmetische Operation ab, wo die Syphilis die Nase gefressen hat. Dem Genauhinmerkenden wird indes nicht verborgen bleiben, daß Rigorismus mit Vorsicht sich paart und in Brechts Hände keine Nägel geschlagen wurden.

Zu Greßmanns Ehrengedächtnis

Greßmann war 36 Jahre alt, als er starb. Er hatte keinen Beruf gelernt und keine höheren Schulen besucht. Fünf Jahre brachte er in Krankenhäusern und Heilstätten zu, dort suchte er die Gewichte gegen das Leiden: Philosophie und Literatur. Danach gewann er seinen Unterhalt aus wenig qualifizierter Arbeit: er war Montierer, dann, in verschiednen Institutionen, Bote. Er war nie in die Verlegenheit gekommen, für andere oder mit anderen Menschen entscheiden zu müssen. Seine Lebenshaltung war armselig; ich entsinne mich der Behausung. Die Tür wurde geöffnet, Parterre, und ich blickte durch einen schmalen Korridor auf einen grünen Kachelofen, den drei uralte aschichte Frauen mit Händen wärmten. Greßmanns Zimmer ging rechts ab, es war anderthalb Meter breit und vielleicht zweieinhalb lang. Bücher waren vom Boden zur Decke gestapelt, zirka drei bis vier Kubikmeter, dahinter das, eiserne, Bett. Im Lauf des Gesprächs zog Greßmann, um zu zitieren, ein Buch aus dem unteren Drittel; der Stapel sackte um 150 Seiten. Ich rechnete, wieviel Mark ihm monatlich, nach Abzug der Bücherkäufe, für elementare Bedürfnisse bleiben konnten; die Bedürfnisse seines Geistes waren seine elementaren: das ist die Lösung. – Krumbholz hat, an Goethe schließend, in bedeutendem Aufsatz, die Krankheit als das eigentliche Wesen der sogenannten Naturdichter bestimmt: sie verschafft ihnen die Zeit, wenngleich nicht die Mittel, gestattet ihnen die Beobachtung und verwehrt ihnen den Versuch, reift treibhausmäßig die Seele und schrumpft den Leib zum Kerker, vor dessen Fenster Platos Schatten umgehen. Für Goethe/Krumbholzens Naturdichter Fürnstein (1783–1841) war der kranke Leib Bedingung des regen Geistes, den hätte sonst der Webstuhl eingearbeitet: so fand der Mann sich ab. Greßmann wäre, ohne Tuberkulose, der Vorteile teilhaft geworden, welche die hohe soziale Mobilität der fünfziger Jahre geisteskräftigen und geschickten Bürgern der DDR gewährt hat; die ABF hätte ihn zum Studium, das Studium ihn in eine Position geleitet. Fürnstein mußte und konnte sich bescheiden; Greßmann kämpfte an.
Er kämpfte um sich. Der Kranke ist die Krankheit: und wird gemieden; der Bote ist die Botschaft; der Vogel Frühling.

Tkaczyk, Hüge, Papenfuß

1

Wilhelm Tkaczyk, Prolet

Wilhelm Tkaczyk ist gestorben. Zeit seines Lebens ist er ein Prolet gewesen. Seine Dichtung ist vom Stamm der Witze, welche die Werktätigen seit 2500 Jahren zu reißen pflegen. Wenn ich mir den jungen Tkaczyk vorzustellen suche, sehe ich Thersites; Aisop, wenn ich an den alten denke. Wie Gottes Herz Jakob Böhmes Element, so ist der Klassenhaß das seinige. Der Ekel vor der Häßlichkeit der Welt, in die er geboren worden ist, war seine Triebkraft; mit dem Schaden hat er den Spott gehabt: „von Dämonen, die dein Flehen / schallend lachen läßt; sie klatschen / sich die Flossen auf die Latschen. / Furzend heben sie die Backen, / auf dein Bittgebet zu kacken. / Rings um dich die feuchten Fladen, / von X-Teufeln abgeladen. / Unflat, Eiter; nach Verwesung / stinkt es, nach verfaulten Fröschen."
Die Künste stärkten gegen Erniedrigung und Beleidigung; aber welche Mühe muß schon die Erkenntnis dessen den Jungen aus Oberschlesien gekostet haben. Er leistete, gegen sotane Umstände, Schwerstarbeit, den Wortschatz 100 zu übertreffen. Krankheit und Arbeitslosigkeit sind die Bildungschancen des Proleten, das heißt nur unter extremem materiellem und psychischem Druck gewinnt die Restenergie etwas Spielraum. Tkaczyk hat sich den Hintereingang zur Kultur freigeschaufelt; vorn stand: Für Herrschaften. Da hatte er auch gleich den Gegenstand seiner Verse, die fügte er der Kultur zu: „Auf dem Kohlenkasten hockend, kann ich nicht Mozart hören." Mehrfach hat der Pykniker sich verfremdet als einen Buckligen, der er nicht war. Die Tochter des Kapitalisten, „die Einzige des Großen, / Mächtigen", sie „geht zum Tennis, zum Tango, / fährt, wohin sie will, autelt, rudert, / schwimmt, reitet": die, „wenn ich komme" (es ist ein Tagtraum) „zerplatzt wie ein Luftballon". Die Klassiker der sozialistischen deutschen Lyrik sind gleichsam Proselyten der revolutionären Arbeiterbewegung, sie sind aus dem Portal auf die Straße getreten; ein Auto hinter dem Schlachtfeld hat jedem von ihnen lange Zeiten

und wiederholt bereitgestanden: letztlich um des Werks willen haben sie es verschmäht. 33 boten die Nazis Tkaczyk (wir bleiben im Bilde:) ein Fahrrad an; um seiner Klasse willen lehnte er schweigend ab. So mußte er schweigen, seine Werke wurden vernichtet, er ward in den Raubkrieg gezwungen.

Den damaligen inneren Zustand des deutschen Proletariats dokumentieren vier klassische Verse, ohne die wir jenen Zustand nicht mehr kennten: „Wie ist nur möglich, daß ich, wenn ich liege, / in vielen Traumgestalten ohne Zeitmaß lebe, / als Mann im Flugzeug mich vom Boden hebe / und durch ein Flakgeschütz mich selbst bekriege?"

1945 ist die geheime Arbeit der zwölf Jahre umgekommen; Fragmente hat der Dichter rekonstruieren können, Prof. Klein (höchsten Dank ihm!) spürte die frühen Gedichte auf. Wilhelm Tkaczyk lebte fortan als Bibliothekar zu Berlin, unablässig schreibend, vom wechselnden Zeitgeschmack nicht unbeeindruckt, doch wieder und wieder vollkommne Verse hervorbringend, mehr und mehr in grotesk-luciden Gleichnissen redend. Gewohnt hat er bis wenige Jahre vor seinem Tode Auguststraße, Hinterhof, ein Zimmer, lichtlos. Er ist der einzige große Lyriker unter den proletarisch-revolutionären Schriftstellern seiner Generation. Sein Ruf ist esoterisch; ein Pole hat die Biografie notiert. Vergäßen wir ihn, wir verlören unsere Identität.

2

Das Einfache, das selten gelingt

WILHELM TKACZYK: Auf den Galápagos

Schildkröten, kleine, kaum dem Ei entwunden,
beeilen sich, die Meerflut zu erreichen.
Ein Heer von Feinden wartet auf die weichen,
schmackhaften Bissen, die uns allen munden.

Kein Zahn, kein Giftzahn, keine scharfe Kralle,
nicht Muskelkraft, nicht Schnelligkeit der Beine
verhilft der Brut. Wie auf dem Opfersteine,
so wehrlos enden sie – zuweilen alle.

Fregattenvögel, Rabengeier prassen,
auch Geisterkrabben fressen, was sie fassen.
Weit ist der Weg zum Meer, dem Ziel der Reise.

Doch auch im Wasser wimmelt es von Fischen,
die eifrig suchen nach den Gabentischen –
Natur – ein Gott – geteilt in Zahn und Speise.

Bernd-Dieter Hüge: Naturs Nachdichter sind die Vögel wohl

Die Sprache der Vögel
kann auch kein Dolmetsch verstehn.
Übersetzen wird sie können
(wenn vielleicht mit Mühn, aber
etwas verständlich), wer selbst
ein Vogel ist, ganz gleich
von welcher Art und aus
welchem Land oder Stamme.
Oder hat einer sich
eine Weile verkleidet
als ein Mensch, auch um Liebe wegen
zu Mutter Natur oder andres,
sich einen Kopf oder Schnabel zu machen.
Weil dort der Tag nur
Stimmen hat, die ich deuten will,
leg ich mein Ohr dicht
dran und lausche, lausche
den Naturalien-Worten, die
sich drängen: eine Schar
Spatzen singend um Hafer-Flocken.

Bert Papenfuss: Foegel

sie fellen ihre steine
  in die farblichten strassen der zeit
wildwegig ferliebt
  in aengstlich noch flikkernde farbluden
  regentraenen schatten irgendden
wer klaubt
  die glaissenden sonnenreste

manchwelche helfen sich zu entwegen
erstens heut sich zu wegen
        zweitens finster zu fliehen
        drittens tueren zu blenden
fergen standen
                wir koennen zusannen sein
fliegen krill kraischned durchs endleben
nachts hoch sich zu mohnen
                        um grellgetoesig
                wir koennen zusannen sein
um einfach zu fallen
                zu schweben
                zu sein ein in n
sie fellen ihre steine
                in die farblichten strassen der zeit
                zeit und ferstand gehen wieder
                zusammen   zusammen
                gehen wieder zeit und ferstand
                zeit und ferstand gehen weiter

Hier sind drei Werke dreier Dichter. Der älteste, Wilhelm Tkaczyk, ist bekannt, ihm gebührt Ruhm; der jüngste, Bert Papenfuß, ist seinen Kollegen vertraut, die Redaktionen beginnen ihn zu studieren; an den mittleren, Bernd-Dieter Hüge, glauben: seine Frau, ich und ein gemeinsamer Freund, der unsern Briefwechsel eingeleitet hat.
Wenn ein Dichter von der Arbeit eines andern sagt: er möchte sie gemacht haben – so ist das höchstes Lob, welches, aus mancherlei Gründen, selten ausgesprochen wird. Alle drei Gedichte, verschieden wie sie sind, möchte ich gern gemacht haben.
Tkaczyks vollkommen schönes Sonett beschreibt biologisches Wesen, nicht-menschliches Leben. Von der Menschengesellschaft ist anscheinend keine Rede; das Nachdenken über diese bleibt dem Leser überlassen. Jedoch nicht derart, daß der Leser das Nachsinnen auch unterlassen könnte. Die Verse induzieren bestimmte Gedankenketten: einem bewegten Magnetfeld vergleichbar, das eine Spannung induziert. Wir sind weder Tier noch Gott: folgern wir zum Beispiel und fragen nach den Mühen, die es

kostet, das menschliche Zusammenleben friedlich zu ordnen. Das Gedicht ist länger als sein Text. Gänzlich ausdeuten will: und kann ich es nicht. Der Kampf um eine Weltgemeinschaft, in der nicht die Großen die Kleinen fressen, ist seine Ausdeutung, und der wird noch seine Zeit dauern.

Hüge betrachtet das Verhältnis zwischen menschlicher Natur und der Natur außer uns von anderem Gesichtspunkt. Wir haben uns zwar über die Natur erhoben (= Bewußtsein erworben), sind aber nicht aus ihr ausgetreten. Wenn Menschen mit Menschen sprechen, spricht Natur mit Natur, und auch Tiere, Pflanzen, Steine antworten auf unsere Fragen. Das Experiment des Wissenschaftlers ist eine solche Frage, und die Natur antwortet ihm. Das heißt: wollen wir mit der Natur außer uns übereinkommen, müssen wir uns ändern, nämlich das sinnvolle Fragen lernen, unser Denken und Fühlen dem Partner annähern. Die Arbeit ist ein fortwährendes Gespräch zwischen Mensch und Mensch und der Natur außer uns. Der Bergmann, der den Berg nicht hört, kommt im Berg um; der Acker bringt die gute Ernte dem, der den Boden versteht. In beiden Fällen kann man keinen Dolmetscher einschalten. – Das etwa ist der Hintergrund des zweiten Gedichts, nicht seine Erklärung. Das Gedicht selber ist eine Art Vogel; der oder der sei ein komischer Vogel, sagen wir über Menschen, die uns erstaunen: und meinen es nicht böse.

Während Tkaczyks Sonett insgesamt ein Gleichnis ist, erregen bei Hüge einzelne Zeilen, Sätze oder Satzteile unsere Gedanken und Empfindungen. Es ist ja nicht so, daß wir, wenn wir einen Satz oder ein Wort hören oder lesen, nur das wahrnehmen, was im Zusammenhang eindeutig gesagt ist. Um jedes Wort lauert ein mehr oder weniger großes Rudel anderer Bedeutungen. Das Wort Bahn zum Beispiel kann Eisenbahn bedeuten oder Schlittenbahn, oder einige Meter Stoff. Stoff kann Anzugstoff sein oder Alkohol oder, für den Philosophen, Materie. Materie kommt aus dem Lateinischen und war das Wort, welches Bauholz bezeichnete. Mehr oder weniger erinnern wir uns immer der ganzen Gesellschaft von Bedeutungen, wenn wir das eine Wort lesen.

Mit dieser Eigenschaft der Wörter und Sätze spielt Papenfuß ernsthaft. Ja, er schreibt die Wörter sogar anders, als sie

im Duden stehen und der Lehrer sie lehrt: um das ganze Rudel gleichzeitig vorzuführen. Also ist jedes Wort, das er verändert schreibt, eigentlich ein verkürzter Satz, das Gedicht ist gewissermaßen ein Stenogramm. Diese Art Verse ist mir sehr erfräulich.
Ich höre aber fragen, warum Papenfuß denn stenografiert? – da wir doch zum Lesen des Stenogramms womöglich mehr Zeit benötigen als zum Lesen einer Langschrift. Es ist indessen ein Unterschied, ob wir bestimmte Gefühle gleichzeitig haben oder nacheinander. Zur gleichen Zeit weinen und lachen – oder: erst weinen, dann lachen. Das (zum Beispiel) macht den Dichter: das, was er darstellt, kann nicht auf eine zweite Weise dargestellt werden, ohne daß es insgesamt etwas zweites würde. – Die vertrackte Verstechnik mündet in eine wunderbare, wunderliche Schlußstrophe:

zeit und ferstand gehen wieder
zusammen   zusammen
gehen wieder zeit und ferstand
zeit und ferstand gehen weiter

So was gehört zu dem Einfachen, welches heutzutage, trotz ehrlicher Anstrengung, selten gelingt. Seit Greßmanns Tod habe ich von Neueren nichts Vergleichbares gelesen. – Die Lücke im Schriftbild bezeichnet das Auseinanderklaffen von Zeit und Ferstand: welches geklammert wird. Am Ende kein Punkt: Zeit und Ferstand gehen ja weiter.
Auch hier habe ich natürlich nicht erklärt, sondern nur den Ort angedeutet, wo man den Zutritt findet.
Unsern drei Dichtern ist doch eins gemeinsam. Tkaczyk blickt zurück auf ein klassisches Proletarierleben; Hüge war Matrose, Autolackierer, kam aus Westdeutschland in die DDR, ist Dispatcher in der Braunkohle; der gelernte Elektriker Papenfuß beleuchtet ein Berliner Theater und besucht den Meisterlehrgang. Bis zu Tkaczyk haben proletarisch-revolutionäre Lyriker die Bourgeois-Lyrik immer bekämpft, indem sie den Seelenproblemen der feinen Leute die elementaren Bedürfnisse der Ausgebeuteten gegenüberstellten. Das war nötig und bedeutend. Seit Tkaczyks frühen Gedichten nun ist das Innenleben der Proleten/Arbeiter dem poetischen Gedanken offen. Was Tkaczyk da

geleistet hat: das konnte (und kann) nur einer leisten, der nicht von außen zum Proletariat gestoßen ist – ein Prolet, der in seiner Klasse sich zum Dichter gebildet hat. Dieses Neue in unserer Dichtkunst setzen Hüge und Papenfuß unter unsern Umständen mit ihren Mitteln fort. Und es ist gut, daß die Umstände sozialistisch und die Kunstmittel individuell verschieden sind. – Soviel ich weiß, erkennen wir noch keineswegs alle den eben skizzierten Qualitätssprung: vielleicht, weil wir zu dicht daran sind, er uns zu nahe geht. Mir scheint, wenn wir Hüge und Papenfuß gut lesen, werden wir Tkaczyks Gedichte besser begreifen; umgekehrt führt der Weg von Tkaczyk zu Hüge und Papenfuß. Wie gut oder schlecht ein Gedicht ist – das hängt nicht unbedingt und in jedem Fall vom Alter des Dichters ab.

Aussagen über Papenfuß

Seine Gedichte weichen von dem Bild ab, das unsre Schriftsprache gemeinhin bietet. Die Wörter sind nicht dudenkonform geschrieben, und der Draufblick erkennt nicht die syntaktischen Einheiten, an die wir uns gewöhnt haben. „Antworte mit einem richtigen Satz!“: hat ja die Lehrerin uns eingeschärft. Will der Verfasser sie veralbern?
Wörter. Der Duden legt Schreib-Konventionen fest; sie konservieren die Einheit der Landessprache als gewognes Mittel der Dialekte. Oft ist das Schriftbild dem einen Dialekt entlehnt, das Klangbild dem andern. Wir schreiben Spatz (niederdeutsch) und sprechen (schprechen) Schpatz (oberdeutsch); die Differenz ist durch Zusatzkonvention (Wörterbuch der deutschen Aussprache) normiert. Das ist sehr umständlich, und mein Gemüt spürte ein kleines inniges Fergnügen, als ich den Schbaz herzusetzen mich getraute. Wer schreibt denn Ferkehr noch mit V? Um ein kohlschwarz Häärlein ist kein deskriptives Gewese nötig. Das Netz ist feinmaschig (-fädig), das Nätz grob. – Über Weiterungen und Folgen unterrichten: Ernst Jandl, das Öffnen und Schließen des Mundes (das sind die Frankfurter Vorlesungen) und Arno Schmidt. Die poetischen Möglichkeiten, die sich aus der akustischen wie optischen Kompo-

nente ergeben, zweigen ins heute Unabsehbare über. Ich kann mir eine Emanzipation der Wörter vorstellen dergestalt, daß deren Assoziationsfelder im Kommunikationsgefüge die grammatische Funktion der Darstellung der Zusammenhänge sukzessive mehr und mehr an sich ziehen (– selbstverständlich vermumme ich absichtlich gerade diesen Gedanken als Satzmonster). – Fachgelehrte haben Wortschätze gezählt. Der Durchschnittsroman kommt mit 1500, die Zeitung mit 800 Vokabeln hin. Schiller gebrauchte aktiv 11000 Wörter, Goethe 30000. Der 28jährige Bert Papenfuß hat fünf schmale Gedichtbände geschrieben und tendiert zu den Klassikern.

Grammatik. Wir sind geneigt, die Grammatik mit der herrschenden Syntax zu identifizieren. Eine Grundregel heißt: Subjekt Prädikat Objekt. Das ist kein Satz, sondern eine Wortgruppe. Unsern Satzbau haben geprägt die Spuren meißnischer Kanzleisprache im Lutherdeutsch; die große Vernunftphase, die Aufklärung, hat die letztlich lateinischen Wurzeln nochmals gekräftigt. Schiller nennt den Satz: der Period(en. – mask.); die weitgespannten, stark geklüfteten, hierarchischen Bögen einen Präzision und drive, potz Luther, Schiller & Mann: ich liebe dieses kalte Feuer. Aber es geht auch anders:

Teufl Teufl Schmöker Kafka
Sünde Seele = Lesen Zeichen
Klapphhh!

Ich kann die Höllenszene nicht knapper schildern, oder lägen Sie lieber in Dantes Inferno? – Das Epigramm gleicht der Interlinear-Übersetzung aus dem Chinesischen. Eine Milliarde Menschen stellt die Wörter nebeneinander und verhakt sie assoziativ. Das Verfahren taugt auch episch, und es dient grundverschiednen Gehalten: den frühhistorischen Drei Reichen wie dem dekadenten Traum der Roten Kammer. – Teufl Teufl – das drückt dreierlei aus: 1) den erstaunt-humoristischen Ausruf 2) die infernalischen Leser 3) als archaische Pluralform die Wiederholbarkeit des Vorgangs. Schmöker ist logisch: wegen des Fast-Gleichklangs mit schmöken. Usf.

Papenfuß ist ein Meister nicht-syntaktischer Grammatik.

Scherz. Sind die Gedichte meines Freundes rätselhaft? Das Rätseln gehört zu den ältesten Vergnügungen der Menschheit; Rätsel sind, neben den Zaubersprüchen, poetische Ursubstanz. Die Scherze der Werktätigen, schriftlich aufgehoben von Archilochos und Aisop bis Tkaczyk und Papenfuß, begegnen forschend dem bösen, rufend dem guten Geschick. Wer, in der Baubude, einen Satz, dessen Informationsgehalt mit zwei Wörtern, oder vier, oder einer Geste, dem Schulterzucken vielleicht, füglich wiedergegeben zu werden vermag, oder gar schon wiedergegeben und verstanden worden ist, gänzlich ausspricht, also beendet, und zwar, trotz hoher Kompliziertheit, syntaktisch korrekt (auf deutsch: einwandfrei), gilt, ungeachtet seiner formalen Leistung, für nichts Geringeres als einen Quatschkopf. Wer aber Wort-Cocktails mixt, z. B. Qualmschüssel. „Menschn sin das, äh nee“: so begründete mein Großvater sein Ja zur Enteignung (Volksentscheid 1946). – Rühmkorf hat über das Volksvermögen (das sprachschaffende) ausführlich gehandelt; sein bedeutendes Buch untersucht vornehmlich den parodistischen Zug. Gibt es aber Gemeinsames zwischen dem Gelall des 16jährigen Halb-Analphabeten und Goethes wundersamen Dornburg-Gedichten? (– die ja syntaktisch nicht stimmen). Ich denke, hm; doch.

Väter. Berts Väter sind ehrwürdig. Von den Lebenden Jandl und Heissenbüttel. Der alte Arendt. Arno Schmidt. Kurt Schwitters. Welemir Chlebnikow. August Stramm, Hugo Ball. Lorenz Oken. Hölderlin. Klopstock als 60er. Die Sturm- und-Drang-Twens. Die Zweite Schlesische Schule. Quirinus Kuhlmann.

Rainer Kirsch: Sterbelager preußisch

Merkbare Sätze, hör ich, sind vonnöten.
So daß, wenn du schon ahnst, daß du bald kippst,
Du immerhin vor Schluß die Zeichen übst,
Die andern ohne dich an Auskunft böten,
Was die, träg lallend, eignen Blicks nicht finden:
Der Stumpfsinn ihre Brunst. So aber bleibt
Was Stachelndes, das sie zum Blinzeln treibt:
Die Mücken, doch noch, tanzen um die Linden,
Mittage wehn, Handwerker kaufen Schnaps,
Systeme blühn und reifen zum Kollaps,
In ferner Landschaft schießt man sich um Reis,
Der Tod hebt an im Mund, sein Farb ist weiß;
Und schneller drehn sich in der Welt die Dinge,
Um die es, ginge es um noch was, ginge.

Oktober 1986

Das Sonett dankt seine Existenz zweien Anregungen, und es enthält vier Gedichte, die einander stereoskopisch durchdringen.

Die Anregungen. 1) Der Titel deutet auf Christian Ewald v. Kleist. Das ist eine Insider-Information; vor Jahrzehnten entdeckten wir, d. h. der nun als Sächsische Dichterschule notorisch gewordene Freundeskreis, diesen Preußen für uns. Kleist hatte einem Kameraden aus seinem Kreis dringlichst geraten, Sex statt Waffenruhm zu erstreben, aber der Rat war adressiert an den Toten; die außerordentliche Elegie *An Hrn. Rittmeister Adler* ist Nekrolog. Wie Adler 46 bei Landshut: endete Kleist 59 bei Kunersdorf. Mit dreizehn *starken Kontusionen* führte er sein Bataillon zum Angriff, die vierzehnte Wunde warf ihn vom Pferd. Während des Verblutens philosophierte er stoisch. Das *Sterbelager preußisch* ist der Ort zwischen Wissen und Tun; wir können ihn auch Stalingrad nennen. – 2) Vor wenigen Jahren wurden Kirsch und andere Dichter gebeten, sie möchten doch Petrarca-Canzonen übertragen (: für das *Poesie-Album*; i. e. eine Lyrik-Publikation, drei Bogen, Auflage 8…12000; unterdessen sind über 250 Hefte erschienen; die Reihe lebt noch heute vom Geist ihres Gründers Bernd Jentzsch). Seither steht Rainer Kirsch petrarkistisches Denken zu Gebote. Wilhelm Heinse hat schlüssig bestimmt, was Petrarkismus sei: Wollust und Metaphysik zu reinster Form amalgamiert. Oder, poetologisch gesagt: der unmittelbar sinnlichen Großstruktur werde, mindestens eine, autonome symbolische Evolution eingefabelt. Das Verfahren säkularisiert die hochscholastische Bibel-Exegese: die Interpretation der Mehrfach-Bedeutungen gleicher Wortlaute.

Das erste Gedicht im Sonett: fragt, ob ein Testament oder Letztes Wort sinnvoll und möglich sei? *Merkbare Sätze, hör ich, sind vonnöten.* Was spräche für sie? *Die andern ohne dich an Auskunft böten / Was die, träg lallend, eignen Blicks nicht finden:* Weitergabe des Wissens also. Der Hochmut zitiert Goethe: *So ist denn ein ausschweifendes Fest, wie ein Traum, wie ein Märchen vorüber, und es bleibt dem Teilnehmer vielleicht weniger davon in der Seele zurück, als unsern Lesern, vor deren Einbildungskraft und Verstand wir das Ganze in seinem Zusammenhange gebracht haben* (Roem. Carn.). *So aber bleibt / Was Stachelndes, das sie zum Blinzeln treibt:* Blinzeln ist visuell, was Lallen akustisch ist. Danach setzt Gedankenflucht ein; Allerwelts-Floskeln bilden ihr fragmentarisches Mosaik. *Mücken/Schnaps/Reis.* Derart faseln die Lebenden auch, der Sterbende lallt und blinzelt wie sie.

Das zweite Gedicht im Sonett: stellt das Sterben von innen vor. Dies hatte bisher, soviel ich weiß, nur Gottfried Keller versucht gehabt; man vgl. sein *Abendlied*, dritte Strophe. – *So daß, wenn du schon ahnst, daß du bald kippst / Du immerhin vor Schluß die Zeichen übst:* das Bewußtsein ist helle; der Moriturus ist privilegiert zu Segen und/oder Fluch; aber der Geist verliert die Schärfe, ehe er die Formel gepackt hat. Rudimentäre Bilder spuken. *Mücken/Linden/Mittage/Handwerker/Schnaps.* Die Sinne wirren: *Der Tod hebt an im Mund, sein Farb ist weiß.* Schmecken und Sehen gehen in Eins. *Ich habe schon den Totengeschmack auf der Zunge:* hatte Mozart geschrieben, *Weiß ist die vollkommene Trübe:* hatte Goethe gelehrt. *Und schneller drehn sich in der Welt die Dinge:* Das schwindende Subjekt registriert den letzten Eindruck, den Strudel, der es hinabreißt.

Das dritte Gedicht im Sonett: erörtert eschatologisch, inwiefern etwa der geargwöhnte Tod der Gattung im indivi-

duellen Sterben trösten könne? Tatsächlich haben ja 150 Jahre große Industrie die Biosphäre an den Rand des Kollaps gepowert. *Und schneller drehn sich in der Welt die Dinge / Um die es, ginge es um noch was, ginge.* Der Ort zwischen Wissen und Tun ist allgemein geworden: Gemeinplatz. *Die Mücken, doch noch. In ferner Landschaft.* Meine Sinne trügen mich nicht, der Strudel existiert objektiv, die Welt verschlingt sich. *Systeme* (Plural!) *blühn und reifen zum Kollaps.* Sie mästen die Todeslust.
Das vierte Gedicht im Sonett: prüft sich selbst. *Merkbare Sätze, hör ich, sind vonnöten. // Um die es, ginge es um noch was, ginge.* Die Interjektion *hör ich* scheint Brecht geschuldet, jedoch, Kirsch hört Kirsch. Andernorts (im Band *Amt des Dichters*) hatte er dargetan gehabt, das gute Gedicht berge einen zitierbaren (: definitorischen) Kern; dieser sei Qualitäts-Kriterium. Der atemraubende Zug von Vers 1 zu Vers 14 (wie Dame A1 auf H8) erfüllt es formell, indem er es verbal verneint. Klare Form widersteht dem Nihil; zugleich spricht sie das Anathem über nichtswürdiges Dichten. Wir können nun die Verse 2...13 lesen als einen polemisch-parodistischen Themenkatalog modischer Poesie: *Lallen. / Blinzeln.*
Jeder Vers, jedes Wort des Gedichts sind in jedem der vier Gedichte am rechten Platz.

Kirschs Essays

Seit einigen Jahren hat sich in unserem Lande ein nahezu reguläres Wechselspiel zwischen Dichter-Essayistik und germanistischer Forschung herausgebildet. Die Germanisten trachten den poetischen Blickpunkt zu gewinnen, hingegen bedienen die Dichter sich mehr und mehr philologischer Methoden; die Germanisten nehmen gegenwärtiges Dichten ernst, und die Dichter untersuchen ihre Vorgänger und Vorbilder auch theoretisch. Was als wechselseitiges Mißbehagen begonnen hatte, ist wesentliche Form interdisziplinärer Zusammenarbeit geworden, die auch mündlichen Austausch einschließt.
Zu den Pionieren des neuen förderlichen Verhältnisses gehört Rainer Kirsch. Er ist ein studierter Mann, Philosoph,

der wissenschaftliches Arbeiten systematisch erlernt und die Jahrhunderte konsultiert hat; sein Lebensgang hat ihn frühzeitig an Übersetzen und Nachdichten herangeführt. Übersetzen aber problematisiert die eigne Sprache, da es sie mit der fremden konfrontiert; Nachdichten fordert souverän beherrschte poetische Technik, weil ja die Eigenheit des andern Dichters, der andern Nation gewahrt werden muß. Die sogenannte persönliche Befindlichkeit wird sekundär; sie bleibt, gewissermaßen instrumental, verfügbar. Auch hat Kirsch die poetischen Gattungen meistern gelernt, und er weiß, welche Stoffe in welchen Formen sich schicken, gegen welche sie sich sträuben.

Seine kunsttheoretischen Schriften sind, dem gemäß, vollkommen gegenständlich, d. h. den Materien zugewandt, die es jeweils zu durchdringen gilt. Dort, wo er von sich spricht (und das geschieht nicht selten), teilt er seine Erfahrungen mit; das und das habe ich so und so befunden, sagt er, nun wünsche ich eure Sicht zu kennen. Seine Äußerungen sind diskursiv.

Er formuliert mit maximaler Bestimmtheit, seine Termini definiert er ausdrücklich; wie sonst könnte debattiert werden? Der Duktus der Darlegungen ist syllogistisch und gesellig; Kirsch entwickelt innere Vernetzungen stufenweise nacheinander. Vom Leser fordert er folgerechtes Mitdenken; es scheint, als ob er zum Leser spräche. Beweise, Behauptungen und Überzeugungen trennt er methodisch sorgfältig. Das ist beste aufklärerische Art. Komplizierteste Dinge treten in leichtester, ja anmutigster Gestalt vor unsern Geist, und oft sind Nebensätze die Schwerpunkte der Gehalte.

Der Band *Ordnung im Spiegel* sammelt die Arbeit eines Vierteljahrhunderts; er vereint Essays und Glossen, Studien und Interviews. Die Wahl der Mittel ist bestimmt von den Modalitäten gesellschaftlicher Aufträge, denen der Verfasser stets die beste, d. h. die schließlich gesellschaftlich nützlichste Seite abzugewinnen weiß. Nie begegnet uns Abgrenzung von der Sozietät, sondern immer vernünftiges Eingehen auf deren Forderungen, welches notfalls die Forderung präzisiert, das Machbare umreißt. Es ist vergnüglich zu lesen, wie er jeweils mehr gibt, als verlangt wird, und dabei öffentlich selber lernt. Charakteristisch dafür ist die Fuß-

note zur Ozymandias-Studie; Kirsch ordnet neuerworbne Kenntnis nicht nachträglich in den, bereits publizierten, Text ein: er nennt seinen Fehler und korrigiert ihn.
Seine Methodik hat möglicherweise den Nachteil, daß dem Laien nicht gar so leicht auffällt, was wirklich Neues in den Texten steht; dies aber ist beträchtlich und wird, glaube ich, in den Folgejahren die Ausarbeitung einer marxistisch-leninistischen Ästhetik nachhaltig fördern. Die Ozymandias-Studie z. E. führt die Winckelmann–Lessing-Debatte über die Spezifik der Künste fort: auch die Perzeption des Bildes ist nicht außer der Zeit; das Auge, sagen die Physiologen, fährt das Bild ab; umgekehrt fügt die Folge sprachlicher Zeichen unter Umständen dem innern Auge eine optische Totale. Ohne Kirschs Studie hätte ich das Geheimnis von Goethes Willkommen und Abschied, oder der Arkadien-Szene Faust II, nicht verstanden. Eine ganze Generation junger Dichter, die gegenwärtig Landschaften gleichsam abschreiben möchte, mag hier lernen, wie poetische Panoramen erzeugt, mittels bewegten Subjekts erschaffen werden können. Eine außerordentliche Übersetzung des Shelley-Sonetts begleitet die Studie; Gefühl für die Schwesterkunst umgibt sie; naturwissenschaftliches Denken leitet zum ästhetischen Kern.
Schon berühmt geworden ist der Groß-Essay: *Das Wort und seine Strahlung;* mir ist er für den Unterricht unentbehrlich. Der Denk-Ansatz: daß die Kollision der Sprachen im Prozeß des Übersetzens die Substanz des Poetischen enthülle, hat sich zu einer kaleidoskopischen deutschen Poetik entfaltet. Wenn wir bedenken, wie unverbunden nebeneinander bisher peotische Ideologie und poetische Technologie standen, wissen wir, was wir an der Arbeit Kirschs haben. Wer Poetologie lehren oder studieren will, ob als Dichter oder Schauspieler, als Literaturwissenschaftler oder Leser, ist nahezu gänzlich auf Primärschriften angewiesen, auf Opitz und Klopstock, Voß und Brecht. Zu diesen Quellen gehört nun auch Kirsch; zugleich enthalten seine Untersuchungen und Betrachtungen Keime einer allgemeinen, für absehbare Zeiten lehrbaren, Theorie.

Thomas Rosenlöcher: Der stille Grund

Von ganz weit oben her wie abgeschüttet
jedoch sich lautlos lösend fiel
rechts links hangab ein kleiner Jubel Glück
als Himmelsvorhang nieder. Kurz, es schneite,
die Luft durchschippernd bis herab zum Grund,
daß jedes Astes Ästlein schneebeladen
ein anderes weiß überfiedert kreuzte,
und ich in immer tiefre Wirrnis ging.
Längst schlief die Brücke unterm Brückenbogen.
Nur zu sich selbst noch redete der Bach,
bauchrednerisch. Und wenn auch meine Stapfe
mir längs des Wegs treulich im Zickzack folgte,
blieb unbegreiflich, daß jemals mein Fuß
das hohe Weiß vor mir betreten könnte,
zumal der Sohle Raster unter sich
die Fußspur jeden Augenblicks begrub.
So lebte ich. Kein Mensch kam mir entgegen.
Nicht mal mein Vater, viel zu lange tot.
Nur noch ein Knochenbündel in der Erde,
da mirs gelungen war, ihn zu vergessen,
und ich nicht ahnte, daß ich längst wie er
im Gehn die Arme hinter mir verschränkte,
und daß vor lauter Frost und Schnee
mir Bart und Haare weiß geworden waren,
als käme er in mir mir selbst entgegen
und keiner stürbe. Irrsinniges Stieben
schräg übern Weg hin. Unter mir im Eis
sehr großer Blasen eiliges Pulsieren.

Dresden ist eine geistige Lebensform. Thomas Rosenlöcher, Dresdner und 43 Jahr alt, hat zwei Gedichtbücher geschrieben; *Ich lag im Garten bei Kleinzschachwitz* heißt das eine, das andere *Schneebier*. Zusammen sind das etwa 200 Seiten. Rosenlöcher war nie versucht, mittels aktueller Effekte Augenblickserfolge zu haschen; er setzte sich selbst einen hohen poetischen Standard, achtete ihn konsequent : und steht nun, nach zwei Jahrzehnten unauffällig stetiger Arbeit, als unverkennbar eigentümlicher Dichter sichtbar da.

Der stille Grund ist ein konkreter Ort, ein Tal im labyrinthischen Elbsandstein-Gebirge. Die Interferenz von Syntax und Metrum (: das nämlich ist der Vers) bildet das komplizierte Gewirre der Schluchten und Klüfte strukturell nach. Der Satzbau folgt Barthold Hinrich Brockes, zitiert also das *Irdische Vergnügen in Gott*. Rosenlöcher beruft den großen Ahn, und beruft sich auf ihn. *Wenn ich von unten auf, den regen Schnee / Herabwärts, recht wie Federn, fallen seh; / Bewundr' ich, daß sein weisser Schein, / So lang er über uns, scheint schwarz zu seyn: / Da doch, so bald er auf der Erden, / Nichts weissers kann gefunden werden* (Brockes, Der Winter). Indem der Wanderer seinen nordischen Vergil *durch die tiefsten Felsengründe* begleitet: wohin gelangt er? – da er *in immer tiefre Wirrnis ging.* Der Fortgang bestätigt expressis verbis, was der Eingang assoziativ uns hatte ahnen machen: *daß vor lauter Frost und Schnee / mir Bart und Haare weiß geworden waren.* Der Raum hat die Zeit verschlungen; einhundert Jahre sind ausgeschritten. *Der Reif hat einen weißen Schein / Mir übers Haar gestreuet: / Da glaubt' ich schon ein Greis zu sein / Und hab mich sehr gefreuet. // Doch bald ist er hinweggetaut, / Hab wieder schwarze Haare, / Daß mir's vor meiner Jugend graut – / Wie weit noch bis zur Bahre! // …* (Wilhelm Müller; Die Winterreise; Der greise Kopf). Jedoch, das Ende ist nicht Verzweiflung. Der Sohn trifft ja den Vater! *als käme er in mir mir selbst entgegen / und keiner stürbe.* Der Aufklärer und der Romantiker sind einander versöhnt. Wer aber ist das Ich des Gedichts? – ist es Wilhelm Müller zur Rechten von Brockes? ist es der Alte, der des jungen Mannes Hand greift? Die Identität beider Bedeutungen definiert, so Thomas von Aquino, das Wesen der dritten Person : des Heiligen Geistes. – Die Schluß-Formel kehrt wieder beim Ältervater ein. Brockes: *Hier siehet man, / So weit das Auge tragen kann, / Ein unbeschneit ein dunckel-graues Eis / Das aber hier und dort gefror'ne Blasen, weiß, / Und grauem Marmor ähnlich, machen.* Rosenlöcher: *Unter mir im Eis / sehr großer Blasen eiliges Pulsieren.* Mariae Fruchtwasser randaliert gegen die Gefrornis; das letzte Wort hat die (– ich weiß, daß, und wem, ich jetzt widerspreche:) ins *Irdische Vergnügen* implizierte natura naturans.
Gebrächen unserer Nation nicht Vernunft, Moral und Autorität, sie erschräke des Lebens vor diesen Versen.

Aufklären heißt umstülpen

Gespräch mit Rudolf Heukenkamp

Rudolf Heukenkamp: Die Gesellschaft stellt ihre Forderungen an die Kunst durch ihre Medien – darunter auch die Kritik. Welche Forderungen, Karl Mickel, stellen Sie an die Gesellschaft?
Karl Mickel: Die Gesellschaft erhebt ihre Forderungen durch ihre Existenz; wie diverse Medien diese Forderungen filtern, ist eine andere Sache. Ich stelle an die Gesellschaft keine Forderungen. Was soll ich von einer Gesellschaft – die ich nur als Zustandsgröße eines Geschichtsprozesses verstehen kann –, was sollte ich von ihr fordern? Ich kann nicht verlangen, daß sich die Geschichte nach meinen Wünschen richtet, und ich weiß nicht, ob meine Wünsche, wenn die Gesellschaft märchenhafterweise sich nach ihnen richtete, überhaupt förderlich wären.
Heukenkamp: Wie verbindet sich beim Schreiben die Darstellungsabsicht mit dem Schicksal der Gesellschaft?
Mickel: Weitläufig, und zwangsläufig. Ich bin ein Prolet aus Sachsen und nun seit über 25 Jahren Parteimitglied. Das muß ich kaum noch reflektieren, und beim Arbeiten bin ich mit technischen Problemen, mit der Lösung von Kunstaufgaben beschäftigt. Wenn ich also zuspitzen will ... Ich mag eigentlich Germanisten eher (: und auch mein Freund Endler hat ja weiland um eine Zusammenarbeit polemisiert; den Bruch dargestellt, beklagt und die Kluft verringern helfen) – die Germanisten (zum Beispiel) reden gern über die Rolle der Bedeutung des Charakters im Wesen –, ich habe immer nachzudenken, wo ich in einem Vers ein Komma hinsetze.
Heukenkamp: Karl Mickel, schließen Sie sich einer Konzeption von Theater an? Würden Sie eine eigene formulieren?
Mickel: Ich weiß nicht, ob es zur Zeit eine Konzeption für Theater gibt, und kann auch keine aus dem Hut zaubern. Moden und scheußlich blau hektographiertes Papier gibt es. – Konzeption heißt Empfängnis. – Alles, was wir machen, ist Suchen, Hineinfinden, Vorfeld – sofern wir das Wort Vorfeld nicht pejorativ brauchen –, also Vorfeld, wie Gerhard Scholz über die erste Phase der deutschen Klassik

spricht. – Ist die heutige Welt auf dem Theater darstellbar? Brecht hat auf diese Frage keineswegs geantwortet; er hat seine Überzeugung ausgesprochen, sie sei, als veränderbar begriffen, überhaupt darstellbar. Die Gattungsspezifik hat er gar nicht gesehen; seine berühmte Antwort auf die bekannte Umfrage ist also nichtspezifisch. – Und wie ist die heutige Welt von der DDR aus zu beschreiben? und auf die Bühnen der DDR zu schaffen? Das ist kein kultur-politisches, das ist ein ästhetisch-gnoseologisches Problem, und zwar ersten Ranges. – Meine Theaterarbeit am „Berliner Ensemble", sie dauerte etwa sechs Spielzeiten, hat ein paar Ansätze lokalisiert und mir, wie auch andern, gewisse Wege bloßgelegt, die ich, wenn ich wieder ein Stück schriebe, zunächst konsequent verfolgen würde. – Die Regieprinzipien von Ruth Berghaus, die ich für noch nicht ausgeschöpft halte, basieren, da die Berghaus von der Oper ausgegangen ist, auf hochgradiger Synchronität des Bühnengeschehens; gleichzeitig auf verschiedenen Ebenen ablaufende Prozesse bedingen, steigern, widersprechen, stützen, stören einander; das Resultat ist etwas, was ich dann als Geflecht szenischer Metaphern definiert habe –: nach der Praxis, versteht sich, aber für sie, zumindest für meine. Ich glaube, Freund Braun hat gleichfalls davon gelernt, auf Braunsche Weise, der „Große Frieden" bezeugt es.

Heukenkamp: Bietet Theaterkunst das eigentlich nicht schon immer an? Sind die Gleichzeitigkeit des Komischen und Tragischen, des Hohen und Niedrigen, das Sich-Widersprechen der Vorgänge nicht gang und gäbe beim Theater?

Mickel: Was ist neu? Neuerungen in der Kunst sind häufig homöopathisch dosierte Gaben, die kaum einer bemerkt (: am ehesten die Künstler untereinander, die es indes selten gestehen) – fehlen sie aber, ist die ganze Masse ungenießbar. Und Neuerungen können relativ sein. Manchmal ist das Wiedergewinnen einer verschollenen Technik eine Neuerung: weil die verschollene Technik im neuen Kontext – Kontext weit gefaßt; zum Exempel Publikum ist Kontext – wunderlich funktioniert.

Heukenkamp: Bezeichnet „szenische Metapher" nicht ein Stück dessen, was wir Verfremdung nennen?

Mickel: Der Terminus ist, erstens, allzu unscharf geworden. Zwanzig orthodoxe Brechtianer reden vierzig Stunden untereinander, ehe sie, vielleicht, bemerken, daß jeder mit der Vokabel andere Vorstellungen verbindet. Und, zweitens, scheint mir der Terminus schon bei Brecht pragmatisch eingeschränkt: die erkannte Wahrheit soll augenfällig dargeboten werden. Wohingegen ich das Erkennen selbst problematisiert und die Abenteuer des Erkenntnisprozesses dem Publikum (= der Öffentlichkeit) zugemutet wünsche. Sagte ich: wohingegen? – Das wär ein zu grobes Wort; der Blickwinkel ist nicht konträr gestellt, er schwenkt, scheinbar, nur um Bogensekunden. – Die Metapher fixiert nicht; sie wirtschaftet fort, unabhängig vom Willen des Dichters, Regisseurs, Schauspielers, Zuschauers, wird selber gegenständlich. – Übrigens scheue ich verbale Metaphern (: gestatte sie mir fast nur als Zitat) und vertraue dem dramaturgischen Ensemble die Produktion metaphorischer Aussagen (: selbst das lyrische Gedicht hat dramaturgische Großstruktur; man vergleiche Rainer Kirschs eminent wichtigen Aufsatz anläßlich Shelleys Sonett „Ozymandias"). –

Heukenkamp: Würden Sie statt „Verfremdung" eher den Begriff „Historisieren" wählen?

Mickel: Historisieren? Ja, sofern wir den Begriff als ästhetischen bestimmen. Ich würde das Etikett notfalls akzeptieren, weil ich ja gelernter Historiker bin. Daher außerstande, historischen Stoff paradigmatisch für Gegenwart zu setzen oder die Gegenwart als Wiederholung von Dagewesenem zu betrachten. Aber: in jedem Stück Geschichte den Geschichtsgang, das bedingte Wechselspiel variabler und invariabler Trieb- und Retardationskräfte. – Ich habe mich zum Theoretisieren verleiten lassen; wir handeln von „Celestina". Mich interssierte wirklich das 16. Jahrhundert in Spanien; kein Beispiel für Lösung vom Glauben, kein Modell des Aufglimmens neuer Gedanken, sondern – ja, kann ich das außerhalb des Stücks überhaupt noch formulieren? Historisieren, als ästhetisches Prinzip gefaßt, könnte bedeuten: die Arbeit erklärt sich durch sich selber; der Gegenstand, anders dargestellt (oder gar nur benannt), wäre ein anderer, wäre nicht mehr mit sich identisch. – Können wir nicht doch lieber über Kommata beraten?

Heukenkamp: Das Spanien des 16. Jahrhunderts interessierte Sie nicht als Vorwand, als Fiktion, über uns etwas zu sagen?

Mickel: Solche Verfahren halte ich für unredlich. Wer den Esel prügeln will, soll den Esel prügeln. Gegenwart ist Spezial- und Grenzfall des Geschichtsprozesses, die ganze Geschichte ist anwesend. Das habe ich schon so oft gesagt, daß ich nun zu vergessen beginne, es zu wiederholen. Wir sind vorhin über die Geschichte eines dunklen Hauses erschrokken, welches SS-Villa, vordem jüdische geburtshilfliche Privatklinik gewesen ist. Was wissen wir von Häusern, die wir bewohnen oder denen wir gegenüberstehen? Es tut aber not, zu wissen, was da spukt – denn es spukt ja, ob wir wollen oder nicht. So interessiert mich das Spanien des 16. Jahrhunderts.
Heukenkamp: Wenn Sie also den Zuschauer über die dunkle Geschichte eines finsteren Hauses aufklären –: ist der Dichter ein Aufklärer?
Mickel: Ich weiß das nicht. Ich glaube, ich geleite den Zuschauer hinein. Wenn im Gedicht zitiert wird, etwa in „Die Elbe" Hölderlin und Pindar, hoffe ich, der Leser gelangt über Hölderlin zu Pindar und wird in diesen Labyrinthen heimisch. Aufklären heißt umstülpen, das Innere nach außen kehren, so daß es offenliegt. Umstülpen ist ein großer Begriff, er impliziert die historisch-gesellschaftliche Praxis, die zuzeiten gefördert wird von aufklärender Literatur. Ich denke, jetzt hilft aufklärende Literatur (im typologischen Sinne) kaum. Die Arbeiterklasse eignet sich die Geschichte an: wie sie sich die Produktionsmittel angeeignet hat. Das kann ich fördern.
Heukenkamp: Wenn sich der Leser, wie Sie es wollen, bei Pindar oder in Hölderlin verliert und Wege sucht, werden ihm die Wege seines täglichen Lebens damit klarer?
Mickel: Auch das weiß ich nicht. Womöglich bedenklicher; er wird, wenn er wirklich in die Schichtungen der Welt und Kunstwelt eindringt, selber ein Anderer. Unweigerlich. Wobei ich die Schwierigkeiten des Eindringens keineswegs unterschätze: und die Folgen des Sich-Änderns absolut nicht überblicke.
Heukenkamp: ... und auch nicht überschätzen?
Mickel: Ich glaube nicht, daß man sie so sehr überschätzen kann.
Heukenkamp: Die Kunst hat auch die Aufgabe, den Humanismus zu formulieren ...

Mickel: Daß der Begriff Humanismus nicht verloren ist und als moralischer Maßstab noch angelegt werden kann, also die Dauer des Humanitätsdenkens, ist großenteils künstlerischer Praxis geschuldet. Auf diesem Feld eben realisiert sich proletarische Politik auch direkt über Kunstwirkungen. – Am Ende des 19. Jahrhunderts schien es, als würde noch hie und da gefoltert werden, aber die Institution Folter schien überwunden, nicht länger denkmöglich. Joseph de Maistre war der letzte, der die Folter verteidigte. Diese Selbstverständigung ist seit dem Hitlerfaschismus verloren. Alle Menschen wissen, es wird gefoltert, das scheint schon wieder normal, Proteste gegen Folterungen müssen die moralische Ächtung der Folter neuerlich erzwingen. Ein mitlebender Politiker diskutierte ernstlich die gesetzliche Wiedereinführung der Tortur. Ein Konfortativ gegen solche furchtbaren geistigen Retardationen, die ihre materiellen Wurzeln haben und fühlbare materielle Folgen zeitigen, kann Kunst sein.
Heukenkamp: Gleichwohl geht es in der „Celestina" nicht um Folter, und wenn es um Inquisition geht, geht es auch nicht um Inquisition allein. Lesen wir das Stück richtig, wenn wir es als einen Vorgang verstehen, der in einer Welt spielt, die in Punkten neues Bewußtsein produziert hat, aber außerhalb dieser Punkte im großen und ganzen nicht über sich hinauskommt?
Mickel: Die jahrhundertelange spanische Stagnation ist eines der Hauptprobleme der neueren europäischen Geschichte, wie die jahrtausendelange chinesische Stagnation eines der Hauptprobleme der Weltgeschichte ist. Mein Lehrer, Hans Mottek, hat die Frage, warum China dreitausend Jahre lang keine Entwicklung der Produktivkräfte gezeitigt habe, umgedreht und gesagt, viel erstaunlicher ist es, daß in West- und Zentraleuropa eine Entwicklung der Produktivkräfte jahrtausendelang relativ kontinuierlich vor sich gegangen ist, und die Frage so herum gestellt. Diese umgestülpte Frage stachelt die Forschung. Insofern ist die spanische Stagnation ein wesentlicher Ansatzpunkt für eine heute sehr notwendige nichtabstrakte Geschichtsphilosophie. Die Inquisition ist im Celestina-Roman nicht dargestellt. Vermutlich ist der Autor de Rojas ihr Opfer geworden. Ich gab ihr einige Punkte vor; das Stück zeigt die

mildeste Inquisition, die je herrschte; sie ist weise, wie die Inquisition gelegentlich sogar war.

Heukenkamp: Sie läßt laufen und weiß das Ergebnis vorweg.

Mickel: So ist es. „Celestina" ist kein Stück über die Inquisition.

Heukenkamp: Ihr ist aber der Exitus von Calisto und Melibea, der Figuren, die diese Flämmchen enormer Gedanken über dem Kopf tragen, durchaus recht?

Mickel: Ja, natürlich. Aber umgekehrt gilt auch: diese jungen Leute, die ein Flämmchen über dem Kopf tragen, und ihre subjektive, ganz auf sich bezogene Revolte sind zum Scheitern verurteilt, in jeder Gesellschaft. Das ist ein großer Zug des spanischen Dialogromans, nach dem ich gearbeitet habe, und das ist auch der Punkt, der mich interessiert hat. Calisto hat dieses verflucht Herrenmäßige und ist zugleich echt Liebender. Nicht zwei Seelen, sondern die Einheit in seinem Leibe. Da ist ja gar nichts, was dem sozialen Kontext und der Inquisition so ohne weiteres widerstreitet. Die Ehe ist ein katholisches Sakrament, hat also ideologisch die oberste Billigung; der höchste Begriff, den Menschheit von sich machen konnte, nämlich das menschliche Paar als eigentliche Individualität des Menschen, ist auf nobelste Weise abgesegnet worden. Ebenso in Übereinstimmung mit der Gesellschaft ist Celestinas Unterwelt. Die Prostitution ergänzt das Sakrament, und wenn die Inquisition ihre Ketzer (Juden, Mohren) findet: dann ist die Welt heil.

Heukenkamp: Und die Gedanken Calistos vom Anfang, an die Stelle Gottes Melibea, die Geliebte, zu setzen?

Mickel: Er sagt: „Ich bin kein Christ, ich bin Melibeer." Er schwatzt alles aus; auch diese seinen Kopf durchzuckenden Augenblicksgedanken, deren Konsequenz er nicht erkennt, mutet er seinen Mitmenschen zu; das rührt daher, daß er (das ist Kalkül der Arbeit gewesen) ein Herrchen ist, der unverschämt erwartet, alle Leute interessiert sein Gefühlsleben, selbst wenn denen die Garotte am Hals sitzt.

Heukenkamp: So daß man sagen könnte: Daß Calisto und Melibea kläglich untergehen, ist nicht so sehr die Schuld des Einspruchs und Widerspruchs der sie umgebenden Figuren, sondern mehr dem eignen Unvermögen geschuldet, über sich hinauszugreifen?

Mickel: Na ja, ihr Unvermögen ist identisch mit ihrem Vermögen; Vermögen heißt hier Potenz. Es ist dasselbe. Man kann ebensogut sagen, sie gehen an ihren Vorzügen zugrunde, als man sagen kann, sie entwickeln ihre Vorzüge aus ihren Begrenzungen, Beschränkungen, aus ihrem Unvermögen, über welches sie fallen.
Heukenkamp: Wäre Ihre „Celestina" einem Aquarium gleichzusetzen für die Fische in einem größeren Aquarium?
Mickel: Versuchen wir es mit einer anderen Metapher? Einer der zentralen Begriffe der Gesellschaftsanalyse im 18. Jahrhundert war der Terminus „polierte Nation", und „Celestina" ist ein glattes Stück, es hat eine hochpolierte Oberfläche. Das war auch Absicht, ich nutzte scherzhafterweise die Mittel der Boulevardkomödie. Es gibt Menschen, Rausschmeißer in bestimmten Bars zum Beispiel, besonders gepflegte und manikürte Typen, wo die Sau oder das Raubtier dicht unter der Haut sitzen; eine solche Struktur suchte ich dem Stück zu geben. Seelen im Autoklav.
Heukenkamp: Ja, die Frage geht eigentlich dahin: Seelen im Autoklav für Seelen im Autoklav?
Mickel: Ich glaube nicht an einen zyklisch in sich selbst zurücklaufenden Geschichtsprozeß.
Heukenkamp: Wiederholen nicht die Scheiterhaufen der Inquisition die Menschenopfer der Indianer?
Mickel: Der edle Wilde ist keine Alternative. Auch diese Illusion, die heute so verführerisch spukt, mußte gekappt werden. – Auf absurd zufällige Weise in intellektuell ungebildeten jungen Hirnen bilden sich Gedanken und gehen zunächst wieder verloren. – Heinrich Mann über die französische Frühaufklärung: „Dennoch, der Geist der Zeit arbeitet selbst in den plattesten Köpfen."
Heukenkamp: Erwartet werden doch aber Figuren, in denen es brennt, und keine Figuren, in denen Fünkchen nur auftauchen, um folgenlos und kalt zu verlöschen; erwartet werden von nicht wenigen immer noch Vorgänge, in denen die Figuren anders behandelt werden, als sich die Menschen in der Wirklichkeit behandeln.
Mickel: Ja, der brennende Held und der glühende Vorkämpfer, das sind schon potenzierte Überbauphänomene. Dort, wo die Fünkchen aufglimmen, sind die Orte, wo Basisprozesse als Bewußtseinsprozesse faßbar werden, wo die Ursa-

chen der Folgen wohnen. Und warum sollte ich die Personen der Szene anders behandeln, als sich die Menschen in der Wirklichkeit behandeln?
Heukenkamp: An der Basis wird sächsisch gesprochen. Auch in der „Celestina"?
Mickel: An meiner Basis wird sächsisch gesprochen. Ich muß zusehen, worauf ich eine Kunstsprache bauen kann. Heute ist das nicht anders als zu Luthers Zeiten: Die treffenden Worte und Wendungen entstehen dort, wo die Dinge bewegt werden. Der Dialekt hat seine eigentümliche Syntax und ist nicht allein Lautfärbung. Eins meiner poetischen Urerlebnisse steht wörtlich in der „Celestina". Der Mönch sagt (IV, 1): „Das ist ja eigentlich ist das ja unerhört ist das!" Mit diesem Satz kommentierte eine Dresdner Oma einen Verkehrsunfall unter ihrem Fenster aus ihrem Fenster herab. Selbstverständlich dürfen die Schauspieler nicht sächseln. Das Stück spielt nicht in Sachsen, seine Sprache gründet auf die Struktur des Dialekts (zum Exempel rhythmisch, die Behandlung des Blankverses betreffend).
Heukenkamp: Zum Schluß nun doch gefragt: bei Lektüre der „Celestina" stößt man hin und wieder auf Abweichungen von regulärer Orthographie und Interpunktion …
Mickel: Schreibweise und Zeichengebung richten sich nicht nach orthographischen und grammatischen Gesichtspunkten, sondern nach rhythmischen: um Gehalte genauer zu notieren. Das war bis weit ins 19. Jahrhundert normale dichterische Praxis. – Womit wir zu guter Letzt doch noch bei den Kommata gelandet wären.

Auf dem IX. Schriftstellerkongreß

Da unser Standpunkt gestern und heute präzise bestimmt worden ist, folge ich nun doch mit gutem Gewissen meiner Neigung, nämlich mit Fachkollegen laut über Fachprobleme nachzudenken.
Unsere Schriftsprache ist ein Zeichensystem zweiter Ordnung. Optische Zeichen – Grapheme – bedeuten akustische Zeichen – Phoneme; historisch gewachsene Konventionen vermitteln den Zusammenhang beider untereinander und den Bezug des Systems der Phoneme zu den Dingen der Welt. Erführen wir die Konventionen nicht, verschwänden die Bedeutungen der Zeichen: und die Konventionen sind auf keine Weise schlüssig fixierbar. Sie werden mündlich und durch Beispiel tradiert, das heißt gelehrt, also auch geändert. Setzt aber die Tradition für zweieinhalb Generationen aus, ist sie gänzlich abgerissen, das Bedeutungsgefüge ist unwiederbringlich dahin. Sind die verlorenen Teilsysteme begrenzt, können wir sie annähernd rekonstruieren, wissen aber nie, inwieweit wir uns wirklich annähern; die Tabulaturen, die Niederschriften mittelalterlicher Musik, sind derart ungewiß geworden.
Von diesem Denkansatz führt eine klare Assoziationskette zu Brechts „Karthago". Ich verfolge diesen Gedankengang nicht, da Sie seiner sowieso hier gewiß sind. Ich versuche, in unserem Kreise einer anderen Folgerung nachzugehen.
Je größer der Kreis derjenigen ist, die eine bestimmte Tradition wahren, das heißt die betreffenden Konventionen lehren – einschließlich ihrer Umbildungen –: desto stabiler ist der Schutz gegen Verluste, und je komplizierter die Konventionen, die Übereinkünfte sind, desto stärkeren Schutzes bedürfen sie.
Seit genau fünf Jahren sehe ich mich mit diesem Paradoxon auf einem Spezialgebiet konfrontiert. Ich unterrichte an der Hochschule für Schauspielkunst „Ernst Busch" praktisch das, was man, abstrakt gefaßt, das Wesen der Kunstsprache nennen könnte. Wie kommt es, daß ein Ungeschulter ein Gedicht, wenn es gut gesprochen ist, beim einmaligen Hören besser versteht, als wenn er es mehrmals liest? Warum habe ich die Gedichte von Bobrowski und Arendt erst ver-

standen, nachdem ich sie von Bobrowski und Arendt gesprochen gehört hatte? Offenkundig sprechen die Dichter, was sie geschrieben haben; der Vers ist eine Notierung, die zusätzliche Informationen, über den Sinn der Wörter und syntaktischen Einheiten hinaus, chiffriert – technisch gesprochen. Das Dechiffrieren, das Lesen, ist ein umständlicher – von Konventionen geregelter – Prozeß, in dessen Verlauf das Wie des Sprechens zum Was des Gesprochenen hinzuschlägt, das heißt: wesentlichen Gehalt artikuliert.
Kunstsprache lesen, nämlich graphisch notierte Phoneme realisieren, ist nicht identisch mit Lesenkönnen schlechthin. Noch deutlicher wird dies, wenn wir an die Bühne denken. Wie viele Menschen folgen allabendlich, mehr oder weniger gespannt, dem Theatergeschehen, obwohl doch die meisten die Lektüre der Stücke scheuen. Der dramatische Vers chiffriert auch – in definierbaren Grenzen – die körperlichen Vorgänge zwischen den dramatischen Personen, abgesehen davon, daß das Sprechen selbst eine physische Aktion ist. Zum Beispiel: Goethes Drama „Die natürliche Tochter" wird seit Erscheinen – seit 180 Jahren – mißachtet. Die Sprachanalyse bis zum Körperlichen hin, für Zwecke des Blankvers-Lernens im 4. Semester unternommen, hat gezeigt, welche Gehalte des Stückes welche Widerstände provoziert hatten, die, zu ästhetischen Vorurteilen geronnen, auf uns gelangt sind. – Noch lange nicht haben wir alle scheinbar ästhetischen Vorurteile bürgerlicher Literaturwissenschaft weggeräumt. – Ich sagte: Die Menschen folgen dem Bühnengeschehen mehr oder weniger gespannt. Dieses Mehr oder Weniger hängt vor anderem davon ab, wie gut die Sprachnotierung in praxi dechiffriert wird; die Klassiker brauchen kaum Regieanweisungen – diese stecken im Text.
Sie verstehen, liebe Genossen und Kollegen, daß ich nur scheinbar pro domo rede. Vor 30 Jahren sah ich Brechts Inszenierungen, konnte also das Wechselspiel zwischen Text, Sprache und Bühne, gleichsam jugendlich unbewußt, authentisch erfahren. Nach jahrzehntelangem Umgang mit Paul Dessau und Georg Maurer verstehe ich Kunstdinge, die mir sonst unweigerlich verborgen geblieben wären; über beide Männer ist Tradition auf mich gekommen. Viele von Ihnen sind ähnlicher unschätzbarer Belehrungen teil-

haft geworden, die noch nicht Gemeingut sind. Ich ziehe für mich daraus die Konsequenz, daß ich meine Arbeitszeit zwischen Schreiben und Lehren zu teilen habe. Das Publikum leidet geringere Verluste, sofern die Interpreten ihr Fach beherrschen und Muster selbständiger Textaneignung aufstellen, damit auch der Leser, allein vor dem gedruckten Vers, das Ende des Fadens ergreife. Um wie vieles besser jedoch ist es, den kleinen Kreis der Kenner zum großen Kreis der Kenner zu erweitern! Von heute auf morgen kann das, wir wissen es, nicht gelingen; wir tun das Unsere, wenn wir sorgen, daß die Aufgabe lösbar bleibt. Sie wird unlösbar, wenn die kleinen Kreise der Kenner dahinschwinden.

Ein esoterisches Problem – das Verhältnis von Graphemen und Phonemen – zeitigt exoterische Folgen, und die Energie, die wir, unter der groben Last gegenwärtigen Weltzustandes, an subtilste Kunstfragen wenden, stärkt tatsächlich die Kräfte, welche das Menschliche zu hüten bestrebt sind.

Auf dem X. Schriftstellerkongreß

Liebe Kollegen, in den letzten Jahren ist unsere Arbeit uns fragwürdig geworden. Wir fragen uns, ob die Welt, wie sie wirklich ist, in unseren Schriften vorkommt. Würde ein Schwarzafrikaner, vorausgesetzt, er könnte sie lesen, sich für die Bücher interessieren, in denen wir unsere Landessitten beschreiben? Ist noch Literatur möglich, die auf nationale Gehalte sich beschränkt und deren Adresse die Nation ist? Oder, konträr gefragt: inwieweit enthalten die Gegenstände unsres Erfahrungs- und Reflexionsbereichs symptomatisch oder symbolisch die Charakteristika des gegenwärtigen Welt-Prozesses? – Wenn heute, mit Recht, gesagt wird, die Welt sei eine Einheit, so bedeutet das: die Menschheit ist zum einheitlichen Geschichtsprozeß zusammengetreten, der in ungeheuerlichen Widersprüchen sich bewegt. Das heißt, die Einheit der Welt ist definiert als Austrag ungeheuerlicher Widersprüche, eben diese Widersprüche sind die Einheit.
Ich will versuchen, gestützt auf allgemein zugängliche Literatur, die Hauptwidersprüche grob zu skizzieren.

1

Der Widerspruch zwischen dem Überlebensinteresse der Gattung und dem der Rüstungsindustrie. Die Hochrüstung zweckt keinesfalls auf Verteidigung und auch, glaube ich, nicht unbedingt auf aktuelle Kriegsvorbereitung ab. Es handelt sich, scheint mir, um eine Art Spekulation a la hausse. Solche Spekulationen müssen, bei Strafe des Zusammenbruchs, in potenzierter Eskalation erhalten werden. Das jedoch ist unmöglich, man schiebt den schwarzen Freitag immer nur vor sich her; vielleicht fällt das Weltende auf den Donnerstag. – Das Dilemma signalisiert einen tiefen innerkapitalistischen Widerspruch. In der Brust des Kapitals streiten seit eh und je zwei Seelen: die eine wünscht solides Investieren, d. h. stabile Reproduktion der Ausbeutung, die andre liebt riskante Gewinne, d. h. spekulative Ausbeutung des Reproduktionsprozesses. Die letztere, die spekulierende Seele, die Spielernatur des Kapitals, ist, denke ich, gegenwärtig hypertrophiert. – Aus der militär-technologischen Spekulation ergibt sich:

2

Der Widerspruch zwischen den gewünschten Zwecken massenhaft angewandter neuer Technologien und ihren, noch so genannten, Nebenwirkungen. Alle Technologien, d. h. Eingriffe der Menschen in Naturprozesse, haben unbeabsichtigte Effekte gezeitigt, die teils Keime künftiger Verfahren bildeten, teils als Schaden des Nutzens in Kauf genommen und, eher unbewußt, gesamtgesellschaftlich bilanziert wurden. Gegenwärtig, scheint mir, kompensiert der Schaden den Nutzen, oder überkompensiert ihn. Und auch der Nutzen selbst muß definiert werden als Nutzen für wen? Rüstungstechnologien dienen dem großen Geld (das ist der gewünschte Zweck), sie treiben, z. E., den Energiebedarf hoch, der dann wiederum auf riskante Weise gedeckt wird (das ist der aktuelle Effekt, den wir als Nebenwirkung nicht länger abtun können. Wir haben den Schaden des Schadens.) Selbstverständlich sparen Hochtechnologien auch Energie; ist die Relation aber bilanziert worden? ist sie bilanzierbar? – Der technische Parforce-Ritt hypertrophiert den moralischen Verschleiß. Produktionsinstrumente werden ausgegliedert, bevor sie physisch verschlissen sind, d. h. ihren Wert auf die Produkte übertragen haben. Ein gewisses Maß moralischen Verschleißes war und ist reproduktionskonform, aber es gibt eine Sättigungsgrenze, jenseits derer das Innovationstempo dem industriellen Reproduktionsprozeß unbekömmlich wird. (Das ist für die DDR heute, wir wissen es, kein unmittelbares Problem: dringt aber, über die weltwirtschaftlichen Verflechtungen, äußerst schmerzlich, als ökonomischer Zwang, auf uns ein.) – Den Terminus Zweite Industrielle Revolution (statt Wissenschaftlich-Technische) halte ich für glücklich. Wie das XVIII./XIX. Jh. die Handarbeit geteilt und durch Maschinenarbeit ersetzt hat, teilt das XX. die Kopfarbeit. Ein umfängliches Intellektuellenproletariat bildet sich heraus. Zu dieser Schicht gehört, wer arbeitsteilige geistige Verrichtungen ausübt und seine Arbeitskraft verkauft. (Arbeitskraft ist, nach Marx, Muskel-, Hirn- und Nervenkraft.)

Komplizierte Qualifizierungs- und Dequalifizierungstendenzen durchdringen einander. Welche sozialpsychischen Eigenheiten wird dieses Intellektuellenproletariat an den Tag legen? – Aus beiden genannten Widersprüchen folgt:

3

Der Widerspruch zwischen, weltwirtschaftlich gesehen, wachsendem hohem Mehrprodukt und Akkumulation des Hungers. Gegenwärtig entfallen, so formulieren das die Statistiker, auf einen Satten 2,85 Hungernde. Die Zahlen über Hungertote schwanken von 6 Mio. bis 50 Mio. pro Jahr. Eine Hochrechnung vermutet, das Verhältnis voller Bauch/leerer Bauch werde in 40 bis 50 Jahren 1:8 betragen (: wir sprechen von Menschen). Wer die Verelendungsfrage nationalökonomisch untersucht, mag, trotz der neuen Armut in den kapitalistischen Industrieländern, an der absoluten Verelendung zweifeln. Wer die Verhältnisse des Planeten betrachtet, sieht die Lehre, Marx würde sagen: auf das glänzendste bestätigt. – Alles das stellt, nahezu bewußtlos, sich selbst dar in:

4

Dem Widerspruch zwischen, technisch zeitgemäßer, ästhetisch perfekt standardisierter, Unterhaltungsindustrie und geistigem Potential der Volksmassen. Produktenwerbung und Produktion exogener Debilität sind einander gleichermaßen Zweck und Mittel. Es geht den sogenannten Medien (ein spiritistischer Ausdruck!) heute nicht um Fall-zu-Fall-Apologetik: die Sendungen (was für ein Wort!) lähmen die Energie, die das apologetische Netz, wenngleich nur hin und wieder, zerrissen hat und gelegentlich zerreißen kann. Es ist nicht das schlimmste an, z. B. den Serien-Krimis, daß sie die Polizei-Brutalitäten human aufschminken – nein, sie paralysieren Vorstellungskraft und Konzentrationsvermögen. Ich hörte von einer Amerikanerin, die hierzulande einen einheimischen Fernsehfilm sah; aller zwei Minuten erlitt sie einen kleinen nervösen Zustand und war nach 20 Minuten unfähig geworden, dem simplen Bildschirm-

Geschehen weiter zu folgen. Es waren Entzugs-Erscheinungen, ihr fehlten die Werbe-Spots. Der Extremfall ist symptomatisch. 45 Minuten Aufmerksamkeit könnten, fürchte ich, bald als Spitzenleistung gelten. (Ich sehe in Radio und Fernsehn durchaus auch das neuartige Kunst-Instrumentarium. Bild-Ton-Speicher wären, z. E., die idealen Publikationsmittel für Ernst Jandls Gedichte, die schriftlich notiert nur unvollständig mitgeteilt werden, und Jandls Texte eben sind ja der Spiegel, in welchem die spukhafte Medialsprache materiell wird, ihr wahres Wesen preisgibt, ihren Gehalt erfährt.)
Was hilft die Kenntnis dieser Widersprüche unsrer Arbeit? Bevor ich eine Antwort versuche, die keine Antwort sein wird, sollten wir eine zusätzliche Schwierigkeit ins Auge fassen: Die Selbstdarstellung, von der ich sprach, ist nicht in die lemurische Mediensphäre gebannt. Der Kampf der Widersprüche selbst nimmt eigentümliche ästhetische Gestalt an. Ich zitiere Prof. Boris Rauschenbach, Mitglied der AdW der UdSSR, W+F 10/87, über das SDI-Programm:
„Angenommen, ein kosmisches Kampfsystem bestünde z. B. aus 40 Satelliten, und es gelänge der gegnerischen Seite, bis zu 10 von ihnen zu vernichten. Dann müssen beim Planen der Software die verschiedenen Varianten der Kampfhandlungen abhängig davon vorausgesehen werden, wie viele und welche Satelliten des eigenen kosmischen Systems außer Gefecht gesetzt sind. Man kann errechnen, daß es über 350 Mio. Varianten sind. Und schon wenn nur ein weiterer Satellit nicht mehr arbeitet, überschreitet die Anzahl der zu untersuchenden Varianten die Ein-Milliarden-Grenze! Diese schwindelerregend wachsende Lawine von Varianten zwingt dazu, die Varianten zu geeigneten Gruppen zusammenzufassen, also nicht die entfernten Auswirkungen jeder Variante zu verfolgen. (Wollte man dies tun, müßte man die Handlungsvarianten nicht nur abhängig von eigenen Verlusten, sondern auch von den möglichen Verlusten der gegnerischen Seite verändern.) Jede nicht konsequent bis zum Ende behandelte (oder behandelbare) Variante der Kampfhandlungen kann jedoch indirekte Folgen in sich bergen, die dem schwersten Fehler gleichzusetzen sind. Hier ist die Analogie zu einer Schachpartie angebracht: Ein Zug, der natürlich und gut erscheint, kann in

Wahrheit die Partie verderben. Das wird aber erst nach Dutzenden von Zügen klar."

Rauschenbach beschreibt eine neue Qualität des uralten Theaters, des rituellen, welches Publikum und Akteure nicht trennt; ein Jeder schaut, ein Jeder agiert. Im modernen strategischen Spiel, in dem, des Rechentempos halber, die beteiligten Computer nur noch von Computern beobachtet werden können, die bekanntlich dumm sind, fallen Spaß, Selbstverständigung, Katharsis aus, obwohl ein ästhetisches Ereignis nach allen Regeln der Kunst stattfindet: das Wechsel- und Widerspiel verquickter Möglichkeiten. Die Kämpfe früherer Jahrhunderte hatten wahrlich auch ihre ästhetische Seite gehabt; neu ist, daß jetzt die Modelle des Kampfes ebenso realer Kampf wie sich selbst genügende Darstellung desselben sind, als Kunstwerke betrachtet: L'art pour l'art reinsten Wassers. Die Sandkasten-Resultate wurden immerhin noch von Generalen beurteilt: nun waltet permanent die Dramaturgie des klassischen Kriminal-Romans, mit dem Unterschied, daß wir, die wir uns Schreiber oder Leser, General oder Muschkote dünken, nirgendwo als in den Disketten vorkommen. –

Ich erinnere an die Eingangsfrage: ob die Welt, wie sie wirklich ist, in unseren Schriften vorkommt? Vorschläge, wie wir uns behelfen möchten, kann ich nicht tun. Jeder von uns geht seinen individuellen Weg, der die Wege seiner Väter und Vorväter fortsetzt. Es wäre Unsinn, eine ästhetische Stunde Null zu postulieren. Aber prüfen, ob und inwieweit wir uns in Quisquilien verrannt haben: das müssen wir.

Ich denke, der erste Schritt, freilich nur dieser erste, ist die politische Selbstbesinnung. Das Minenfeld vor uns (: so Gorbatschow) können wir mit lädierten Knochen nur durchschreiten, wenn die Nationen und Klassen die berühmte Koalition der Vernunft schließen. Wir haben, und das ist ein Imperativ: den spezifischen Beitrag des Sozialismus – ich sage lieber: des Proletariats – einzubringen, der in der allgemeinen Anstrengung nicht sich auflöst, sondern als Agens sich behauptet.

Denken wir historisch? – Die DDR, wo unsre Schreibtische stehen, ist ein kleiner deutscher Staat. Der aber ist, sub specie vanitatis: Vor- und Prüffeld des Kommunismus in Zen-

traleuropa. Ich will über den historischen Blick nicht theoretisieren und nenne ein, leider noch kaum bekanntes, Werk, das ihn im Fleische mitteilt: Peter Gosses Gedicht „Verspielt in der Nuß“. Sein Stoff ist ein Bezirksklassen-Fußballspiel in Leipzig-Schleußig, sein Gegenstand: das proletarische Fest, sein Gehalt: die Welt. Klarster Gedankengang in barocker Form, sittlicher Ernst und nachtwandlerische Heiterkeit. Ich könnte andre Texte nennen, indes, es macht mir Freude, auf ein unbemerktes Hauptwerk der DDR-Dichtung zu deuten; das Opus, NDL 2/87, ist dreieinhalb Seiten lang.
Sprechen wir Urteile? Ich enthalte mich auch hier des Theoretisierens und zitiere eine chinesische Legende: „Es war einmal ein sehr armer Mann. Eines Tages begegnete er einem Reichen. Da sagte dieser zu ihm: ‚Ich gebe dir 1000 Tael Silber, wenn ich dich, lebendig wie du bist, totschlagen darf.‘ Der arme Mann dachte längere Zeit nach und sagte: ‚Gib du mir 500 und schlag mich halbtot.‘“
Wie artikulieren wir? – Ein Journalist fragte Paul Dessau: Wie stellen Sie sich den Kommunismus vor? Dessau antwortete: Nicht laut. – Wir sollten sorgen, daß die leisen Stimmen nicht untersinken. Großes Geschrei hervorgerufen hat der Hollywood-Amadeus-Film. Stille vorübergegangen ist die Mozart-Novelle von Friedrich Dieckmann „Orpheus, eingeweiht“. Dieckmann hat das ästhetische Maß gefunden: der tektonische Bruch in einem Jahrhundert, dem XVIII., ist mit minimalem Aufwand zur Sprache gebracht. Drei Männer verlassen die Versammlung, zwei erörtern das Zeitalter. Windlicht, Kirchturm, Weinflasche und Goldstück symbolisieren es. Der Salto vitale in den Essay-Schluß bringt die novellistische Spitze. Eine verborgne Anspielung auf Goethes Schrift über den Granit enthüllt den festen Sinn des Erzählers. Ich bewundere das Buch; es ist außerordentlich.

Liebe Kollegen, habe ich zu oft das Wort „ich“ gebraucht? Bitte verstehen Sie dies als Einschränkung. Da hat Einer seine Ansicht gesagt, und er behauptet nicht, er habe recht. Wie denn könnten wir uns verständigen, wenn nicht Jeder sein Eigenes beitrüge?

Vorschlag für eine Definition des Begriffs: Gefährliche Technologie

Der Ausdruck Gefährliche Technologie entstammt dem Alltagsdenken. Trotzdem, wie die Erfahrung lehrt, wohnt ihm Wahrheit inne. Während eines Arbeitsgesprächs zwischen Mitgliedern der Akademie der Künste der DDR und Mitgliedern der Akademie der Wissenschaften der DDR in Berlin-Buch, am 16. XI. 1988, hatte ich angeregt, den Terminus begrifflich zu bestimmen. Wenn ich nun eine Definition vorschlage, so ahne ich, in welchen Hinsichten sie der Präzisierung bedürftig, ja anfechtbar sein möchte. Nur die Diskussion der betroffenen Wissenschaftler kann zum schlüssigen, zunächst theoretischen, Resultat führen. Die Trial-and-error-Methode taugt um so weniger, je stärker die errors den künftigen gesamtgesellschaftlichen Reproduktionsprozeß belasten und auf Schaden-Begrenzung einengen.

Ein technologisches Verfahren gilt als gefährlich:

(1)

im engeren Sinne, wenn der kleinstmögliche Unfall im definierten Umfeld irreversible und kumulationsfähige Schäden hervorruft;

(2)

im weiteren Sinne, wenn das Verfahren keine kompensierenden Vorkehrungen gegen, im, unfallfrei gedachten, Dauerbetrieb, mitproduzierte permanente schädliche Nebenwirkungen auf das definierte Umfeld impliziert;

(3)

im weitesten Sinne, wenn die schadenkompensierenden Vorkehrungen sekundäre Schäden in einem neu zu definierenden Umfeld produzieren, deren Kompensation die Kompetenz des als primär gesetzten Verfahrens technologisch und/oder ökonomisch überschreitet.

Die sozial-ökonomischen Parameter fänden ihren Platz in den Sub-Definitionen der jeweiligen Umfelder.

Eine Antwort auf Fragen der Zeitschrift „Voprossy literatury" an Autoren jener Länder, die in Helsinki vertreten waren

Machen wir ein Gedankenexperiment, vernichten wir alles, was (im weitesten Sinne) mit Kunst zu tun hat, als hätte es nie dergleichen gegeben: die menschliche Welt zerfiele; die Atombombe wirkte nicht radikaler. Die Sprache ist Resultat und Basis der Kooperation (welche die Einzelkräfte potenziert); ohne gemeinsames Singen wäre nie ein Busch gerodet und, wahrscheinlich, kein genaues Wort fixiert worden; dem Althistoriker (bisher leider nur ihm) ist die Literatur unentbehrliche Geschichtsquelle (das heißt, die alte Dichtung enthält Einsichten, die Gesellschaften stabilisiert und/oder gesprengt haben); ja selbst der Krieg wäre ohne die Künste unmöglich, der Todesmut korreliert mit der Marschmusik, die Autorität mit dem Offizierspụtz. Wie sollte etwas gänzlich Neues, der Frieden (den es noch nicht gibt, höchstens war/ist an dieser oder jener Stelle des Planeten ab und an kein Krieg) – wie sollte denn Frieden geschaffen werden ohne Mitwirkung der Künste?

Was ich tun kann, ist beschränkt und mittelbar, mir scheint, ich kann versuchen beizutragen, ein öffentliches Bewußtsein zu erzeugen: darüber, daß der Frieden möglich ist. – Wenn ich die Friedenskräfte unterstütze (aktuelle Verse verfasse, diese Erklärung schreibe usw.), tue ich dies außerhalb meiner Arbeit, ich handle nichtspezifisch: als Kommunist, Staatsbürger, Friedensfreund. Der Gedanke von der Notwendigkeit des Friedens ist alt wie der Krieg, Erfahrung hat ihn geboren und wiedergeboren, die Weltliteratur überliefert seine Geschichte. Die Idee von der Möglichkeit des Friedens könnte nun der Dichtung immanent (materielle Gewalt) werden. Dies erfordert aber die stetig auf die ganze Kunst (ganz auf die Kunst) gerichtete lebenslängliche Anstrengung.

Ich muß den gegenwärtigen Weltzustand und die ihm innewohnenden Tendenzen näher und näher verstehen;

die menschliche Natur, ihren Kern und ihre vielfachen Auszweigungen studieren;

die ungeheure, befreiende und lastende, Tradition großer Kunst mir aneignen und weitergeben;

mit mehr und mehr Gleichgesinnten zusammenwirken, gegen Mißwollende polemisieren, Feinde abwehren und von den Feinden lernen;
bedeutende Gegenstände erkennen und meine Kunstmittel aus den Bedürfnissen der Gegenstände gewinnen;
dem Leser offne Probleme klar darlegen, ihm also vertrauen;
mehr Selbstkritik aufbringen als meine Kritiker Kritik, jedoch produktiv bleiben;
ich muß mich verzetteln, um das Zentrum zu finden, darf spielen, um wesentlich zu werden:
und weiß nie, ob ich das, was ich mir vorgesetzt habe, werde leisten können, so daß am Ende, sei es meiner Unzulänglichkeit halber, sei es unüberwindlicher widriger Umstände wegen, alles nichts wäre. Das eben ist das Risiko jedes Bürgers der Gelehrtenrepublik.

Nachweis der Quellen

Was die Hymne leistet: *Karl Mickel, Vita nova mea. Berlin 1966*; Ewald von Kleist an Herrn Rittmeister Adler: *Karl Mickel, Gelehrtenrepublik. Aufsätze und Studien. Halle/Saale 1976*; Gelehrtenrepublik: *ebenda*; Stufen des Verstehens. Zu Schiller: Die Bürgschaft: *Vita nova mea. A. a. O.*; Die Entsagung. Vier Studien zu Goethe: *Sinn und Form 3/1968*; Willkommen und Abschied, eine Übung: *Temperamente 3/1982*; Der Zauberlehrling; Exegese und Übung: *ebenda*; Peregrinus Proteus, oder Die Nachtseite der pädagogischen Revolution: *Sinn und Form 4/1983*; Braut, Natur und Chor. Mannheimer Theaterrede: *Erstdruck*; Die natürliche Tochter, oder: Goethes soziologischer Blick: *Jahrbuch der Goethe-Gesellschaft 1990. Weimar 1990*; Dritte Fassung Stella: *Ursula und Rudolf Heukenkamp: Karl Mickel. Berlin 1985 (Schriftsteller der Gegenwart, Band 29)*; Vorschlag zur Minna: *Neue deutsche Literatur 7/1988*; Freund- und Feindbild in Kleists Hermannsschlacht: *ebenda*; Außer sich: *ebenda*; Der Freischütz und die Bauern: *Sinn und Form 5/1972*; Hohes Paar: *Sinn und Form 5/1979*; Marx wird Marx: *Gelehrtenrepublik. A. a. O.*; Signalement: *Erstdruck*; Vorschlag für ein Fernseh-Programm im Karl-Marx-Jahr 1983: *Erstdruck (vom Fernsehfunk nicht berücksichtigt)*; Büchners Danton: *Erstdruck*; Brechts Dickicht: *Sinn und Form 5/1974*; Maurers Gluten: *Gerhard Wolf (Hg.): Dichtung ist deine Welt. Selbstaussagen und Versuche zum Werk Georg Maurers. Halle/Saale 1973*; Dessau der Lehrer: *Sinn und Form 6/1979 (unter dem Titel „Paul Dessau zum Gedenken")*; Berliner Theaterrede: *Sinn und Form 2/1989*; Mottek und Mann. Skizze für ein Porträt: *Sonntag 23/1969*; Rede: *Brecht 78. Brecht-Dialog Kunst und Politik. Berlin 1979*; Die Literatur wird durchforscht werden: *Neue deutsche Literatur 1/1978*; Brechts Zinsgroschen: *Bärbel Schrader/Christel Berger: Fragen an Brecht. Zum 90. Geburtstag Bertolt Brechts am 10. Februar 1988. Leipzig 1987*; Zu Greßmanns Ehrengedächtnis: *Neue deutsche Literatur 6/1978*; Wilhelm Tkaczyk, Prolet: *Sonntag 51/1982*; Zu Tkaczyk, Hüge, Papenfuß: *Neue deutsche Literatur 8/1980*; Aussagen über Papenfuß: *Sinn und Form 6/1986*; Rainer Kirsch: Sterbelager preußisch: *Frankfurter Allgemeine Zeitung 21. 4. 1990*; Kirschs Essays: *Erstdruck*; Thomas Rosenlöcher: Der stille Grund: *Erstdruck*; Aufklären heißt umstülpen. Gespräch mit Rudolf Heukenkamp: *Neue deutsche Literatur 1/1980*; Auf dem IX. Schriftstellerkongreß: *Neue deutsche Literatur 9/1983*; Auf dem X. Schriftstellerkongreß: *X. Schriftstellerkongreß der DDR. Berlin und Weimar 1988 (Band 2)*; Vorschlag für eine Definition des Begriffs: Gefährliche Technologie: *Erstdruck*; Eine Antwort auf Fragen der Zeitschrift „Voprossy literatury" an Autoren jener Länder, die in Helsinki vertreten waren: *Neue deutsche Literatur 3/1977*

Nachweis der Quellen